easy VBA mit Excel

VBA mit Excel

Mit kleinen Makros zaubern

BERND HELD

Markt+Technik

→ leicht → klar → sofort

Bibliografische Information Der Deutschen Bibliothek
Die Deutsche Bibliothek verzeichnet diese Publikation in der Deutschen Nationalbibliografie; detaillierte bibliografische Daten sind im Internet über http://dnb.ddb.de abrufbar.

Umwelthinweis:
Dieses Buch wurde auf chlorfrei gebleichtem Papier gedruckt.

10 9 8 7 6 5 4 3 2 1

06 05 04

ISBN 3-8272-6634-3

Coverkonzept: independent Medien-Design, Widenmayerstr. 16, 80538 München
Coverlayout: adesso 21, Thomas Arlt, München
Titelbild: getty images
Lektorat: Rainer Fuchs, rfuchs@pearson.de
Herstellung: Monika Weiher, mweiher@pearson.de
Satz: Ulrich Borstelmann, Dortmund
Druck und Verarbeitung: Kösel, Kempten (www.KoeselBuch.de)
Printed in Germany

Inhaltsverzeichnis

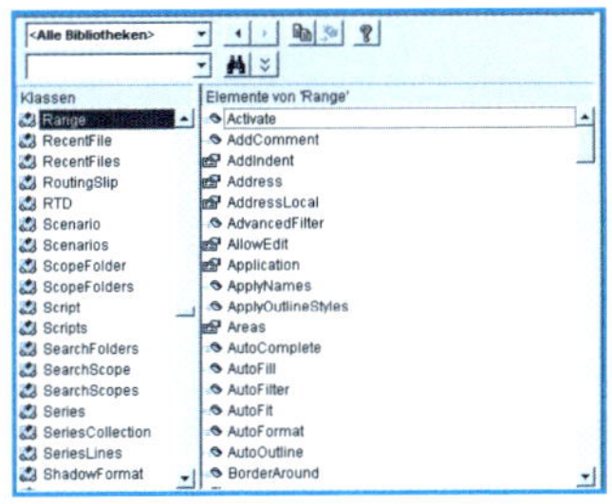

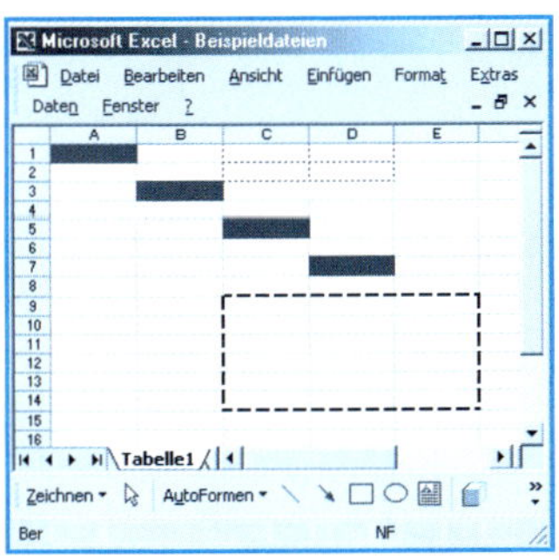

3 Der Zeilen-/Spalten-Workshop 94

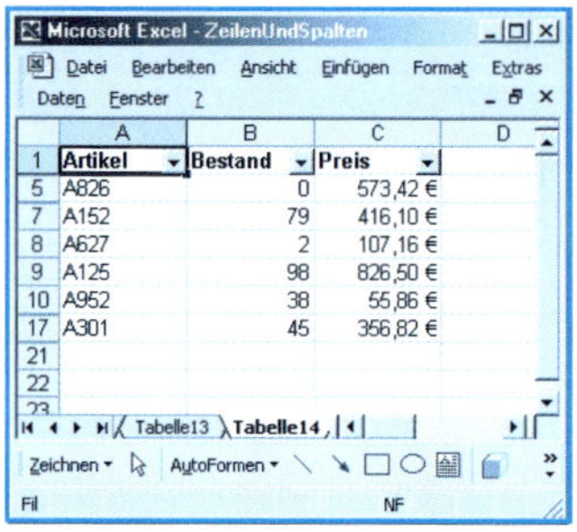

4 Mit Tabellen in VBA zaubern 132

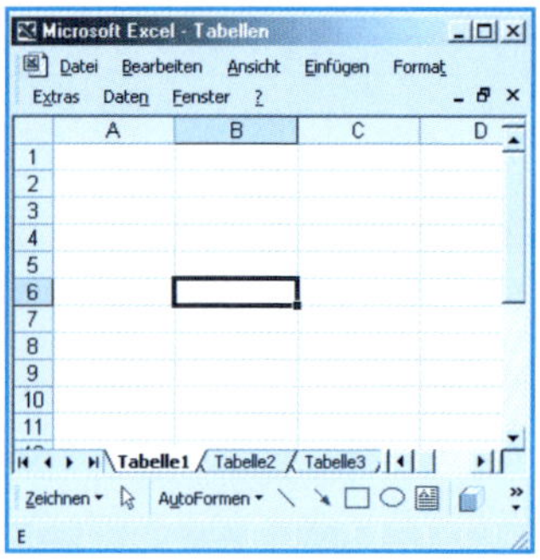

5 Der Arbeitsmappen-Workshop 152

6 Diagramme auf Knopfdruck 174

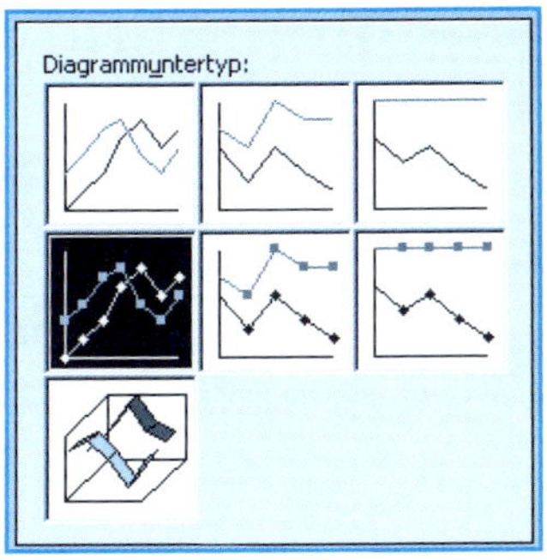

7 Der totale Automatismus mithilfe von Ereignissen 188

8 Eigene Funktionen schreiben 210

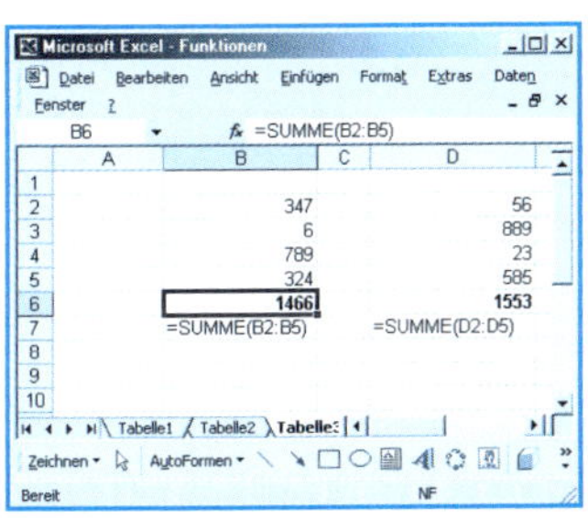

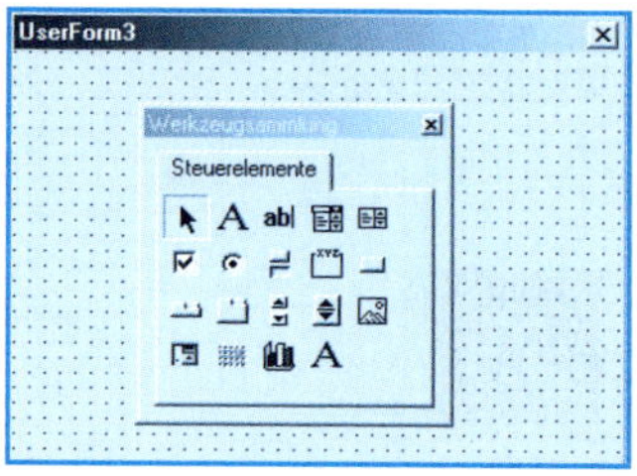

UserForm3
Werkzeugsammlung
Steuerelemente

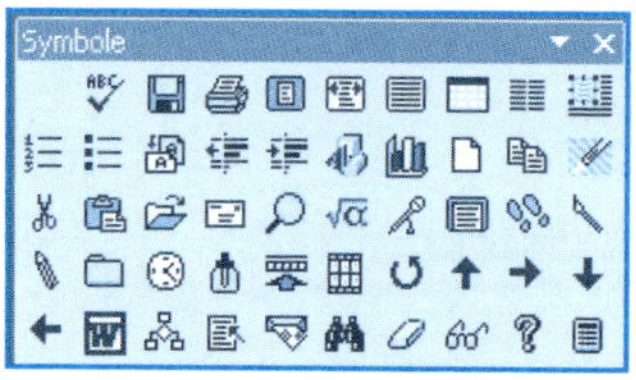

Symbole

Liebe Leserin, lieber Leser!

Sie werden sich vielleicht fragen, warum Sie überhaupt die Programmiersprache VBA lernen sollen. Nun, das Programm Excel ist technisch sehr ausgereift und Sie werden auf den ersten Blick nicht viel vermissen, was Sie für Ihre tägliche Arbeit brauchen. Mit Hilfe von VBA-Makros lassen sich aber gerade tägliche lästige Routinearbeiten weitestgehend automatisieren. Sie haben einmalig den Aufwand mit der Erstellung der dazu benötigten Makros, später profitieren Sie davon, indem Sie viel mehr Zeit für andere Dinge zur Verfügung haben. Außerdem werden Sie immer mehr auf programmierte Excel-Lösungen stoßen, die immer wieder verstanden und weiter angepasst werden müssen. Sie haben dann den Vorteil, wenn Sie diese Arbeiten selbst durchführen und nicht extern vergeben müssen.

Das Buch ist in mehrere Workshops gegliedert, die Sie nacheinander abarbeiten sollten. Am Ende des Buches sollten Sie in der Lage sein, schon recht effektiv mit VBA-Makros umzugehen – ob Sie nun Excel 97, 2000, 2002 oder 2003 nutzen.

Bei Fachfragen und allgemeinem Feedback zu meinem Buch erreichen Sie mich unter meiner Excel-Homepage http://held-Office.de oder unter meiner E-Mail-Adresse Bernd.Held@mut.de. Besuchen Sie auch ruhig einmal das Excel-Diskussionsforum news:microsoft.public.de.excel oder das neue VBA-Forum von Markt+Technik unter www.mut.de/main/main.asp?page =vbaforum. Sie können durch das Lesen in diesen Foren eine ganze Menge lernen.

Übrigens biete ich Ihnen auch Auftragsprogrammierung und VBA-Schulungen an. Auf meiner Homepage finden Sie aktuelle Schulungsangebote, die von privaten Coachings bis hin zu Inhouse-Schulungen und Hotel-Schulungen reichen.

Viel Spaß beim Lesen und bei der Programmierung Ihrer Excel-Arbeitsmappen.

Bernd Held

Kapitel 1

Erste Schritte mit VBA

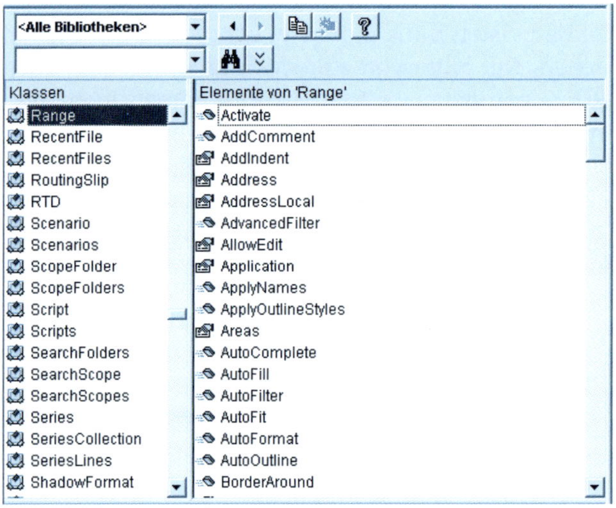

Im ersten Kapitel dieses Buches lernen Sie das Handwerkzeug für die Programmierung kennen und erfassen die ersten Makros.

Das lernen Sie neu:

Die ersten Gedanken beschäftigen sich erst einmal mit der Frage, warum man überhaupt VBA lernen sollte. Dabei sind folgende Punkte von Wichtigkeit, die ich gleich zu Beginn dieses Buches mitteilen möchte.

Sie programmieren, weil:

- Sie Ihre tägliche Arbeit automatisieren möchten.
- Sie Excel um weitere Funktionen erweitern möchten.
- Sie Arbeitssicherheit und Arbeitserleichterung erreichen möchten. Gerade lästige Routinearbeiten können mit VBA sicher und elegant ausgeführt werden.
- Sie erhöhte Arbeitsgeschwindigkeit durch den Einsatz von VBA erreichen möchten.
- Sie Ihre eigene Anwendungen entwickeln möchten, die auch von anderen leicht zu bedienen sind.
- VBA eine universelle Sprache ist, die im ganzen Office-Paket verwendet wird. Außerdem stellen mehr und mehr andere Microsoft-unabhängige Anwendungen auf VBA um.

Wie gehe ich von Anfang an richtig vor?

Wichtig ist, dass Sie sich vorher überlegen, welche Aufgabe Sie mit VBA lösen möchten. Schreiben Sie sich das ruhig in ein paar Stichworten auf. Wenn Sie dann später beginnen zu programmieren, schadet es nichts, die einzelnen Befehle im Code selbst zu beschreiben. Im Verlauf des Lernens werden Sie feststellen, dass solche Aufzeichnungen immer wieder weiterhelfen werden. Vieles, was in Vergessenheit gerät, muss so nicht noch einmal erarbeitet werden. Ein kurzer Blick auf die Aufzeichnungen genügt und Sie sind wieder voll im Bilde.

Tipp

Am meisten können Sie aus der Benutzung des Makrorekorders lernen. Excel bietet die Möglichkeit, automatisch Programmcode aufzeichnen zu lassen. Das läuft dann so ab, dass Sie den Makrorekorder starten und die Aufgabe zunächst manuell durchführen. Haben Sie Ihre Aufgabe ausgeführt, beenden Sie den Makrorekorder und sehen sich die automatisch aufgezeichneten Zeilen einmal an.

Den Makrorekorder einsetzen

Mit Hilfe des Makrorekorders können Sie, wie schon gesagt, einzelne Arbeitsschritte aufzeichnen. Dabei müssen Sie noch keine einzige Zeile VBA-Code programmieren. Diese Aufgabe wird von Excel im Hintergrund durchgeführt. Als erste Aufgabe schreiben Sie in Zelle A1 des Tabellenblatts TABELLE1 das heutige Datum und ziehen das Ausfüllkästchen (links unten in Zelle A1) bis in Zelle D1. Dazu gehen Sie wie folgt vor:

1 Wählen Sie aus dem Menü EXTRAS den Befehl MAKRO/AUFZEICHNEN.

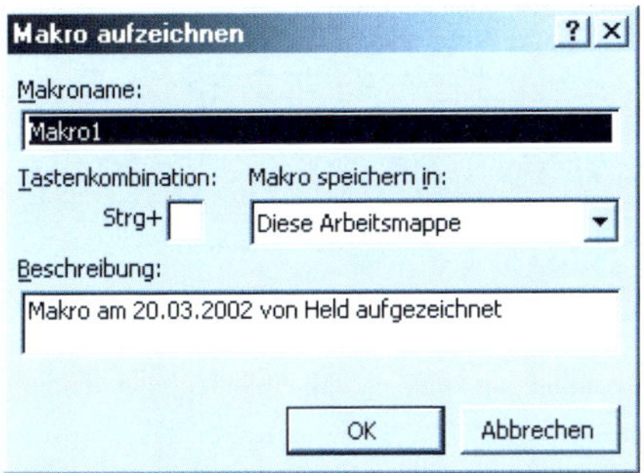

Das erste Makro aufzeichnen

2 Belassen Sie den voreingestellten Namen des Makros.

3 Belassen Sie den Eintrag DIESE ARBEITSMAPPE, wenn Sie das Makro in der momentan geöffneten Arbeitsmappe ablegen möchten. Wenn Sie hingegen ein Makro aufzeichnen, welches immer für jede Arbeitsmappe verfügbar sein soll, dann wählen Sie aus dem Dropdown den Eintrag PERSÖNLICHE MAKROARBEITSMAPPE, ansonsten behalten Sie den standardmäßig eingestellten Eintrag DIESE ARBEITSMAPPE bei. In diesem Fall können Sie die Makros nur nutzen, wenn Sie die entsprechende Arbeitsmappe auch geöffnet haben.

4 Starten Sie die Aufzeichnung mit einem Klick auf OK.

5 Geben Sie in Zelle A1 das heutige Datum ein.

6 Ziehen Sie das Ausfüllkästchen von Zelle A1 nach rechts bis in Zelle D1.

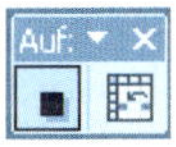

7 Klicken Sie auf das Symbol AUFZEICHNUNG BEENDEN.

8 Schauen Sie sich das Ergebnis des Makrorekorders an, indem Sie den Befehl EXTRAS/MAKRO/ MAKROS auswählen.

9 Markieren Sie das gerade aufgezeichnete Makro im Listenfeld.

10 Klicken Sie im Dialog Makro auf die Schaltfläche BEARBEITEN.

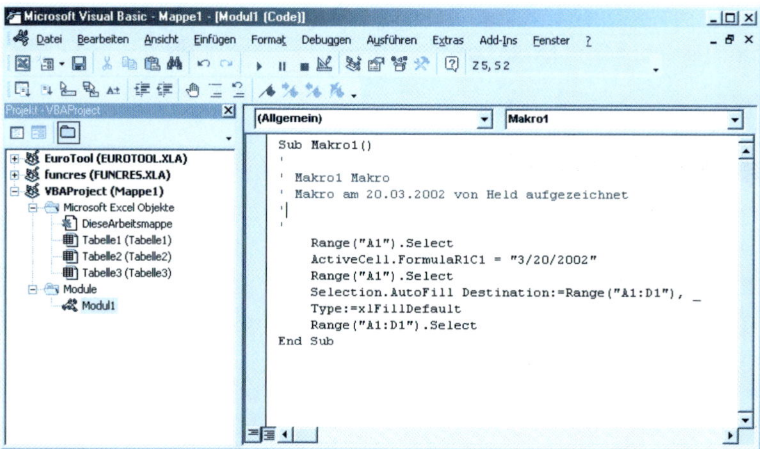

Das erste aufgezeichnete Makro

> **Hinweis**
>
> *Möchten Sie das Makro nun direkt aus der Entwicklungsumgebung heraus starten, dann setzen Sie den Mauszeiger auf die erste Zeile des Makros und drücken die Taste* [F5].

Die Aufzeichnung des Makrorekorders ergänzen

Sie sehen schon, die Programmiersprache in VBA ist englisch. Jedes Makro fängt mit der Anweisung `Sub` an. Danach folgt ein Leerzeichen, gefolgt von einem Namen, den Sie frei wählen können. Abschließend geben Sie ein Klammernpaar ein und drücken auf [↵]. Excel ergänzt Ihnen nun automatisch die Schlusszeile des Makros mit der Zeile `End Sub`. Vermeiden Sie bei der Benennung Leer- und Sonderzeichen. Es empfiehlt sich, den Makros sprechende Namen zu geben. So könnte ein sprechender Name für das obige Makro lauten: `Sub DatumEingebenUndAusfüllen()`. Damit wird schon im Titel des Makros klar, welche Aufgabe das Makro hat. Die Zeilen im Code, welche mit einem einfachen Anführungszeichen beginnen, sind Kommentarzeilen. Standardmäßig werden dabei der Name des Makros, das Erstelldatum und der Makro-Aufzeichner auf diese Art und Weise festgehalten. Der Makrorekorder liefert wertvolle Hinweise über die Syntax der einzelnen Befehle, leider verschluckt er aber auch einige davon bzw. zeichnet Befehle auf, die gar nicht benötigt werden. Aus diesem Grund kann das nur der erste Schritt sein, um ein Makro zu erstellen. Es ist auf jeden Fall noch Nacharbeit notwendig. Das obige erste Makro könnte nach ein wenig Überarbeitung wie folgt aussehen:

```
Sub Makro1()
' Makro1 Makro
' Makro am 20.03.2002 von Held aufgezeichnet

'Ausgangszelle angeben
    Range("A1").Select
'Das aktuelle Datum eingeben
    ActiveCell.FormulaR1C1 = Date
'Das Datum nach rechts ausfüllen (Schrittweite 1 Tag)
    Selection.AutoFill Destination:=Range("A1:D1"), _
    Type:=xlFillDefault
    Range("A1:D1").Select
End Sub
```

Listing 1.1: Das Makro wurde mit Kommentaren ergänzt

Wie Sie sehen, wurde das Makro um zusätzliche Kommentarzeilen ergänzt, die den Zweck des Makros beschreiben. Außerdem wurde das heutige Datum mit der Funktion `Date` getauscht. Diese Standardfunktion liefert immer das aktuelle Datum. Das angepasste Makro stellt immer noch nicht den Idealzustand dar, im Moment soll uns das aber reichen.

Wie starte ich ein Makro?

Zum Starten eines Makros haben Sie mehrere Möglichkeiten:

- Klicken Sie in der Entwicklungsumgebung in der Symbolleiste VOREINSTELLUNG auf das Symbol MAKRO AUSFÜHREN.
- Starten Sie das Makro vom Tabellenblatt aus über den Befehl EXTRAS/MAKRO/MAKROS und die Auswahl des Makros im Listenfeld mit abschließendem Klick auf die Schaltfläche AUSFÜHREN.
- Starten Sie das Makro direkt im Codefenster, indem Sie den Mauszeiger auf die erste Zeile des Makros setzen und die Taste F5 drücken.
- Starten Sie das Makro über eine Schaltfläche auf Ihrem Tabellenblatt.

Um ein Makro über eine Schaltfläche auf Ihrem Tabellenblatt zu starten, verfahren Sie wie folgt:

1 Blenden Sie die Symbolleiste FORMULAR ein.

2 Klicken Sie auf das Symbol SCHALTFLÄCHE und ziehen Sie diese auf Ihrer Tabelle an der gewünschten Position auf.

3 Klicken Sie im Dialog MAKRO ZUWEISEN auf das Makro MAKRO1 und dann auf die Schaltfläche OK.

4 Geben Sie der Schaltfläche einen geeigneten Namen.

Wie erfahre ich mehr über die einzelnen Befehle?

Der zweite Schritt bei der Programmierung sollte sein, mehr über die verwendeten Befehle zu erfahren. Dazu können Sie die eingebaute Online-Hilfe in Anspruch nehmen.

1 Setzen Sie im Listing einmal den Mauszeiger auf den Befehl DATE.

2 Drücken Sie die Taste [F1].

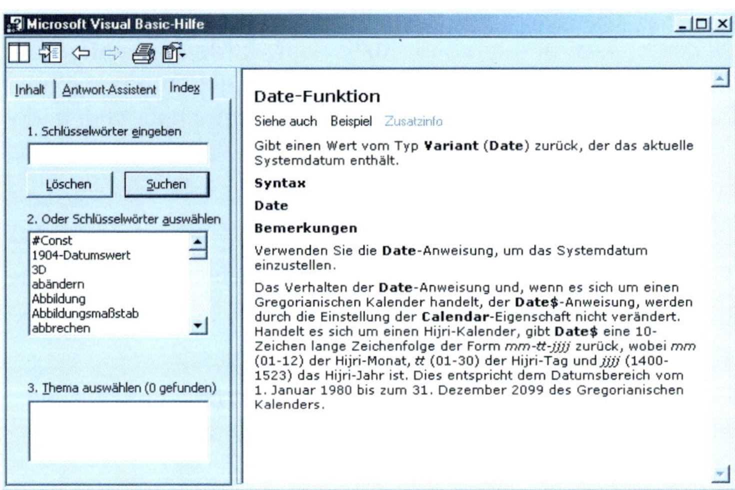

Mehr Infos über Befehle einholen

Hinweis

Wenn Sie einen Klick auf den Hyperlink BEISPIEL *ausführen, dann können Sie sich ein Beispiel zu der Funktion ansehen.*

Die Entwicklungsumgebung von Excel

Wie Sie bereits vorher erfahren haben, können Sie in die Entwicklungsumgebung wechseln, indem Sie die Tastenkombination `Alt` + `F11` drücken. Alternativ zu dieser Vorgehensweise können Sie auch aus dem Menü EXTRAS den Befehl MAKRO/VISUAL-BASIC-EDITOR auswählen, um in die Entwicklungsumgebung zu gelangen.

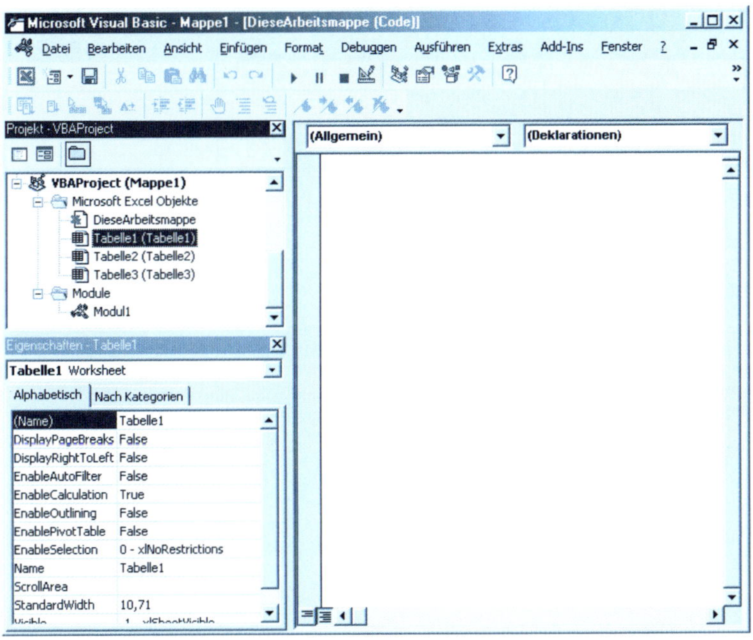

Die Entwicklungsumgebung in Excel

In der linken oberen Ecke sehen Sie den Projekt-Explorer, der alle geöffneten Arbeitsmappen VBAPROJECT (MAPPE1) sowie die darin enthaltenen Tabellen anzeigt. Sehen Sie sich das Eigenschaften-Fenster direkt unterhalb des Projekt-Explorers einmal an. Je nachdem, welches Objekt Sie im Projekt-Explorer markiert haben, werden im Eigenschaften-Fenster dazugehörende

Eigenschaften angezeigt. Diese Eigenschaften z.B. für eine Tabelle können Sie direkt einstellen, ohne ein Makro schreiben zu müssen.

Im Eigenschaften-Fenster können Sie die Einstellungen an den Komponenten einstellen. So können Sie zum Beispiel in einer Tabelle den Bereich festlegen, in dem der Anwender sich in der Tabelle bewegen kann.

Um beispielsweise einen festen Bereich A1:D20 einzustellen, verfahren Sie wie folgt:

1. Wählen Sie im Projekt-Explorer den Eintrag TABELLE1.
2. Setzen Sie im Eigenschaften-Fenster den Mauszeiger in das Feld SCROLLAREA.
3. Geben Sie dort den Zellenbezug $A$1:$D$20 ein.
4. Bestätigen Sie mit OK.

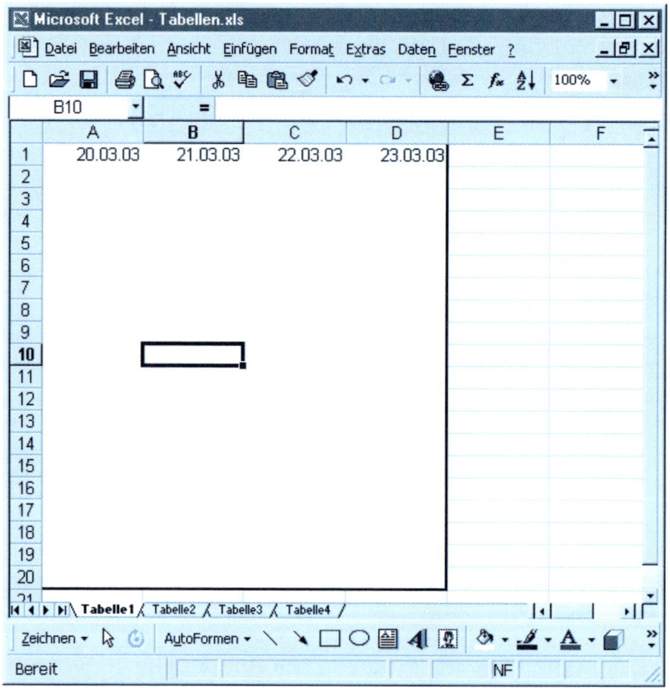

Einen begrenzten Bereich definieren

Tipp

Sie haben jetzt nur die Möglichkeit, innerhalb der Zellen A1:D20 Eingaben vorzunehmen. Alle anderen Zellen sind für Sie nicht aktivierbar.

Neue Module einfügen

Um überhaupt programmieren zu können, müssen Sie zuerst einmal ein Modulblatt einfügen. Dazu gehen Sie wie folgt vor:

1 Klicken Sie im Projekt-Explorer mit der rechten Maustaste und wählen aus dem Kontextmenü den Befehl EINFÜGEN/MODUL.

2 Geben Sie nun Ihr erstes Makro im Code-Fenster ein. Orientieren Sie sich dabei an der folgenden Abbildung. Es reicht dabei, wenn Sie lediglich die erste Zeile erfassen und mit [↵] bestätigen. Excel ergänzt automatisch den Rest des Programmrahmens.

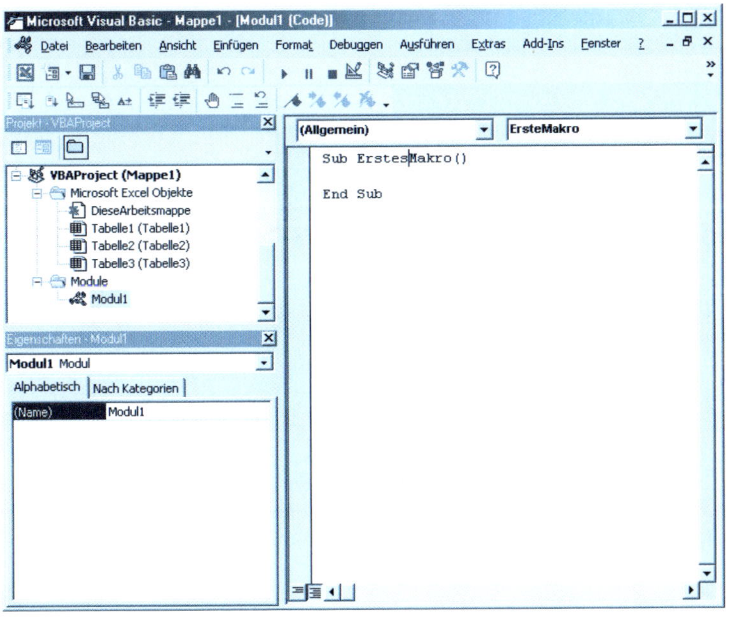

Ein neues Makro anlegen

Klar, das Makro macht momentan noch gar nichts. Wie wäre es, wenn das Makro Ihnen die Uhrzeit anzeigen würde?

Dazu erfassen Sie innerhalb des Makro die folgende Zeile:

```
Msgbox Time
```

Setzen Sie den Mauszeiger auf die erste Zeile des Makros und drücken die Taste [F5]. Als Ergebnis sehen Sie folgende Meldung auf dem Bildschirm:

Die Funktion `Time` meldet Ihnen die aktuelle Uhrzeit. Über die Funktion `Msgbox` geben Sie diese Zeitangabe auf dem Bildschirm aus.

Die Symbolleiste Bearbeiten

Die Symbolleiste BEARBEITEN enthält Funktionen, die Ihnen helfen sollen, den Programmcode schnell und sicher zu bearbeiten.

Die Symbolleiste Bearbeiten

Auf die wichtigsten Funktionen dieser Symbolleiste möchte ich kurz eingehen.

Einzüge vergrößern bzw. verkleinern

Mit dieser Funktion können Sie einzelne Zeilen oder auch mehrere Zeilen auf einmal nach links einrücken. Dies macht den Programmcode leichter lesbar.

Analog zur vorherigen Funktion können Sie mit der Funktion EINZUG VERKLEINERN eingerückte Programmteile wieder nach links rücken und pro Klick jeweils den markierten Text um einen Tabstopp zurücksetzen.

Um einen Text bzw. auch einzelne Befehle einzurücken, verfahren Sie wie folgt:

1 Markieren Sie die Zeilen, die Sie einrücken möchten.

2 Klicken Sie danach auf eines der beiden Symbole EINZUG VERGRÖßERN bzw. EINZUG VERKLEINERN.

Haltepunkte setzen

Wenn Sie ein Makro starten, welches einen Haltepunkt aufweist, dann stoppt es genau an diesem Haltepunkt. Hiermit können Sie Programmzwischenstände abchecken.

Um diese Funktion an einem Beispiel zu üben, wird im nächsten Makro der Zellenbereich A1:A10 durchlaufen werden. Geben Sie dazu einmal folgenden Code ein:

```
Sub Schleifendurchläufe()
Range("A1").Select
For i = 1 To 10
 Debug.Print ActiveCell.Address
 ActiveCell.Offset(1, 0).Select
Next I
End Sub
```

Listing 1.2: Schleifendurchläufe überwachen

Dabei wird der Mauszeiger zu Beginn des Makros auf Zelle A1 gesetzt. Danach wird eine Schleife durchlaufen, was genau zehn Mal wiederholt wird. Über die Anweisung `Debug.Print` geben Sie jeweils die Zellenadresse im Direktfenster der Entwicklungsumgebung aus. Danach aktivieren Sie die nächste Zelle über den Befehl

```
ActiveCell.Offset(1, 0).Select.
```

Bevor Sie dieses Makro jedoch starten, fügen Sie einen Haltepunkt ein. Dabei gehen Sie wie folgt vor:

1 Setzen Sie den Mauszeiger zu Beginn der Zelle `Activecell.Offset(1,0).Select`.

2 Drücken Sie die Taste [F9], um den Haltepunkt zu setzen.

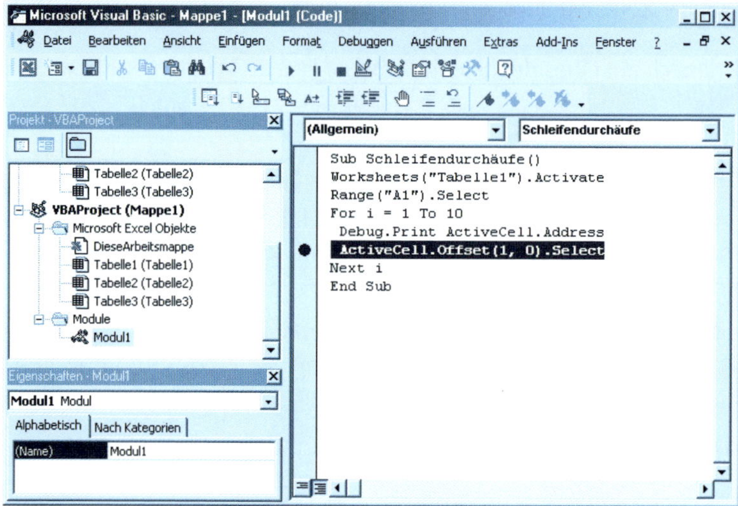

Haltepunkt setzen

3 Starten Sie jetzt das Makro, indem Sie den Mauszeiger auf die erste Zeile des Makros setzen und die Taste `F5` drücken.

4 Das Makro stoppt dann genau am Haltepunkt. Die Zeile mit dem Haltepunkt wird jetzt gelb hinterlegt. Sie können nun beispielsweise auf Ihre TABELLE1 wechseln und kontrollieren, ob der Mauszeiger auch korrekt nach unten wandert. Dazu klicken Sie das Symbol ANSICHT MICROSOFT EXCEL in der linken oberen Ecke der Entwicklungsumgebung.

5 Begeben Sie sich zurück in Ihre Entwicklungsumgebung, indem Sie die Tastenkombination `Alt` + `F11` drücken.

6 Drücken Sie abermals die Taste `F5`, um das Makro fortzusetzen. Mit jedem Schleifendurchlauf wird der Zellenzeiger genau eine Zeile nach unten versetzt.

Hinweis

Über die Anweisung `Debug.Print` *in der Schleife haben Sie die jeweilige Zellenadresse im Direktfenster ausgegeben. Das Testfenster blenden Sie ein, indem Sie aus dem Menü* ANSICHT *den Befehl* DIREKTFENSTER *auswählen.*

Zellenkoordinaten ausgeben

Tipp

Bei längeren Makros empfiehlt es sich, mehrere Haltepunkte zu setzen. Einen Haltepunkt können Sie übrigens wieder entfernen, indem Sie den Mauszeiger darauf setzen und die Taste [F9] *drücken.*

Kommentare im Code hinterlegen

Hinterlegen Sie bitte ausreichend Kommentare in Ihren Makros. Es fällt Ihnen dadurch später leichter, die einzelnen Befehle nachzuvollziehen. Auch Änderungen am Makro selbst können auf diese Art und Weise festgehalten werden.

Einen Kommentar hinterlegen Sie, indem Sie ein einfaches Anführungszeichen vor den eigentlichen Befehl oder Text eingeben. Die Befehlszeile nimmt dann standardmäßig die Schriftfarbe grün an. Diese so kommentierten Zeilen werden beim Makrolauf nicht ausgewertet. Sie können ganze Kommentarzeilen anlegen oder auch innerhalb einer Zeile am Ende einen Kommentar anfügen.

Eine der am häufigsten gebrauchten Funktionen ist die Funktion für das schnelle Auskommentieren von Makrobefehlen. Wenn Sie im späteren Verlauf des Buches richtig anfangen zu programmieren, werden Sie mit Sicherheit auch mal etwas auf die Schnelle probieren wollen. Dazu werden Sie ab und zu auch einzelne bzw. mehrere Zeilen vorübergehend deaktivieren. Klar, die schnellste Methode ist, die Zeilen zu löschen. Der Nachteil daran ist, dass diese Zeilen dann weg sind. Einfacher ist es, die momentan nicht gebrauchten Zeilen als Kommentar zu definieren.

Dazu gehen Sie wie folgt vor:

1 Geben Sie am Anfang der Zeile ein einfaches Anführungszeichen mit der Tastenkombination [⇧] + [#] ein. Damit wird die Zeile als Kommentar betrachtet und Excel ignoriert diese Zeile bei der Programmausführung. Sicher, wenn es sich um einzelne Zeilen handelt, geht das auch ganz gut so – umständlicher wird es aber, wenn Sie gleich blockweise Zeilen auskommentieren möchten.

2 Um gleich mehrere Zeilen zu kommentieren, markieren Sie den Bereich, den Sie auskommentieren möchten.

3 Klicken Sie auf das Symbol BLOCK AUSKOMMENTIEREN. Standardmäßig formatiert Excel auskommentierte, also von Excel ignorierte Zeilen mit der Schriftfarbe grün.

Hinweis

Möchten Sie hingegen einzelne Zeilen oder auch einen ganzen Block wieder aktiv werden lassen, dann markieren Sie die entsprechende(n) Zeile(n) und klicken auf das Symbol AUSKOMMENTIERUNG DES BLOCKS AUFHEBEN.

Automatische Syntaxprüfung

Der VBA-Editor unterstützt Sie schon bei der Eingabe von Befehlen sehr tatkräftig. Sehen Sie sich dazu einmal das nächste Beispiel an.

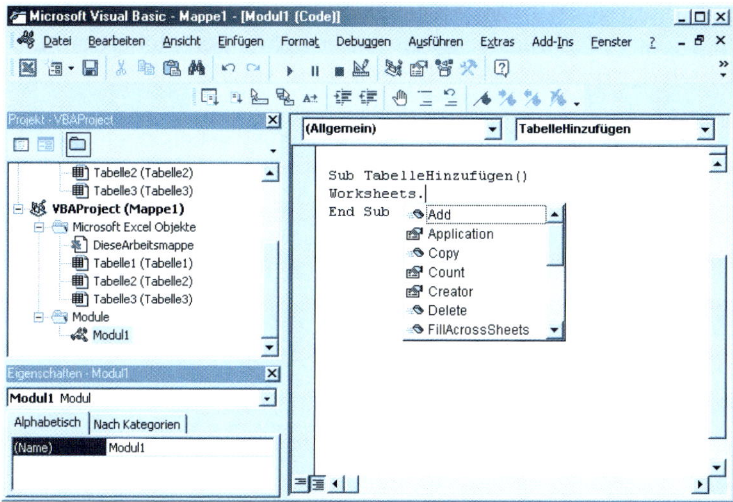

Automatische Syntaxprüfung

Begonnen haben Sie im Makro `TabelleHinzufügen` damit, das Objekt `WorkSheets` einzugeben. Sobald Sie den Punkt eintippen, bietet Ihnen der VBA-Editor an, was er an Befehlen genau für dieses Objekt im Angebot hat. Sie brauchen nichts weiter zu tun, als im obigen Beispiel die Methode ADD aus dem Dropdown zu wählen. Mit diesem Automatismus stellt der VBA-Editor sicher, dass Sie keine Eigenschaften oder Methoden verwenden, die den Objekten fremd sind.

Hinweis

Grobe syntaktische Fehler bemerkt Excel, sobald Sie die Taste [↵] *drücken. Die entsprechende Zeile wird dann in roter Schriftfarbe dargestellt und es erscheint eine Meldung auf dem Bildschirm, welche die Fehlerursache bekannt gibt.*

Befehle in der nächsten Zeile fortsetzen

Selbstverständlich können Sie längere Befehlsketten in einer Zeile eingeben. Der Nachteil daran ist, dass Sie irgendwann so weit nach rechts scrollen müssen, dass Sie den Anfang der Zeile nicht mehr sehen. Hier empfiehlt sich, über ein Trennzeichen dem Editor mitzuteilen, dass der Befehl in der nächsten Zeile weitergeht.

Auch hier leistet die automatische Syntaxprüfung in Excel hervorragende Hilfe, denn nicht jeder Befehl lässt sich an einer beliebigen Stelle trennen. Um einen Befehl in der nächsten Zeile fortzusetzen, verfahren Sie wie folgt:

1 Drücken Sie am Ende der Zeile zunächst die Leertaste und geben anschließend das Unterstrich-Zeichen _ ein. Damit weiß der Editor, dass der Befehl in der nächsten Zeile fortgesetzt werden muss.

2 Schreiben Sie in der nächsten Zeile weiter.

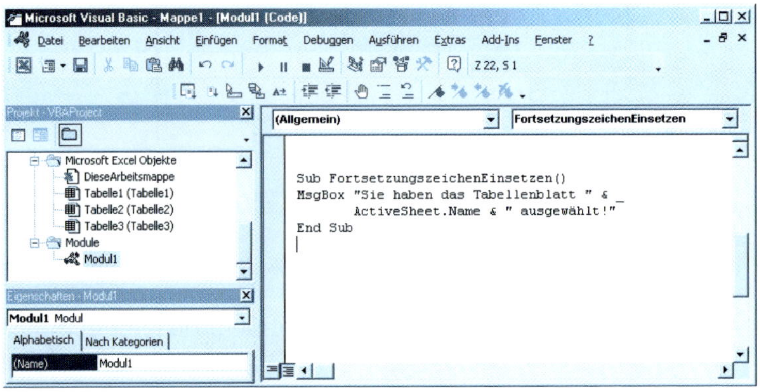

Fortsetzungszeichen einsetzen

Das Verkettungszeichen & wird in der Meldung verwendet, um einen weiteren Befehl, nämlich den zur Ermittlung des Blattnamens, einzubauen.

Hinweis

Selbstverständlich brauchen Sie dieses Zeichen nur, wenn Sie einen zusammengehörigen Befehl zwecks der besseren Lesbarkeit in zwei Zeilen ausgeben möchten.

Automatische Anpassung der einzelnen Befehle

Sicher haben Sie schon gemerkt, dass der Editor Ihre eingegebenen Befehle automatisch umsetzt. Wenn Sie beispielsweise folgende Zeile eingeben:

```
worksheets("tabelle1").range("a1").select
```

erfolgt folgende Umsetzung:

```
WorkSheets("Tabelle1").Range("A1").Select
```

Bei allen Befehlen, die Excel bekannt sind, werden jeweils die Anfangsbuchstaben großgeschrieben. Geben Sie deshalb ruhig alle Befehle in der Kleinschreibweise ein. An der automatischen Umsetzung erkennen Sie dann, ob bei den eingegebenen Befehlen auch keine Schreibfehler gemacht wurden.

Eine weitere automatische Anpassung erkennen Sie, wenn Sie zum Beispiel folgende Zeile eingeben:

```
ergebnis=1000*1,016
```

Dabei werden zwischen den Operatoren automatisch Leerzeichen eingefügt:

```
Ergebnis = 1000 * 1,016
```

Hinweis

Dieser Automatismus hat jedoch keine funktionale Bedeutung, er dient lediglich der übersichtlicheren Darstellung der Befehle.

Der Objektkatalog

Die Entwicklungsumgebung stellt Ihnen einen Objektkatalog zur Verfügung, in dem Sie sich über Objekte, Methoden und Eigenschaften informieren können. Lassen Sie mich an dieser Stelle etwas über die gerade genannten Fachwörter sagen.

Was verbirgt sich hinter Objekten, Eigenschaften und Methoden?

- *Objekte: Als Objekt bezeichnet man alle Teile, die Sie in Excel sehen können. Die wichtigsten Objekte sind die Arbeitsmappe, das Tabellenblatt, die Zeilen bzw. Spalten und die Zelle als kleinste Einheit in Excel.*
- *Eigenschaften: Darunter verbergen sich die Merkmale eines Objektes. So ist zum Beispiel die Formatierung einer Zelle eine Eigenschaft des Objekts Zelle.*

- *Methoden: Wenn wir von Methoden sprechen, fragen Sie sich am besten immer: Was kann ich mit den einzelnen Objekten machen? Angewandt auf eine Arbeitsmappe wären das die Methoden für das Öffnen, Drucken, Speichern und Schließen.*

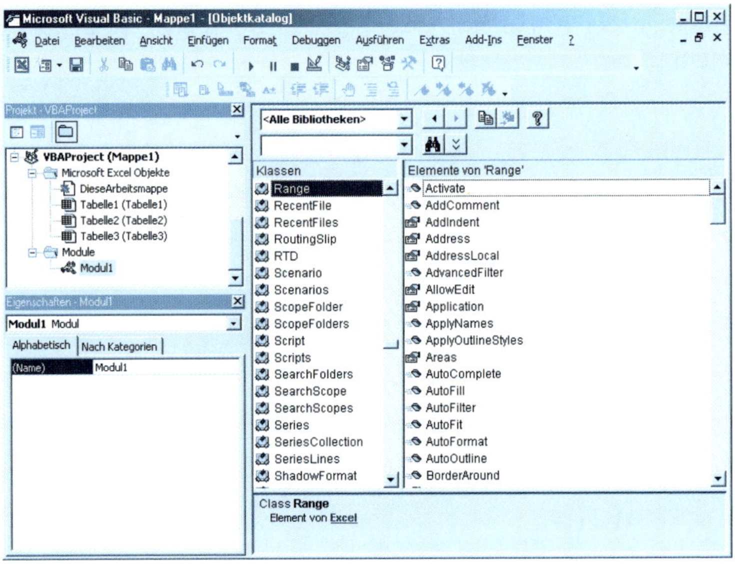

Den Objektkatalog nützen

Wie wird der Objektkatalog aufgerufen? Dazu haben Sie mehrere Möglichkeiten:

- Drücken Sie die Taste F2.
- Klicken Sie in der Symbolleiste VOREINSTELLUNG auf das Symbol OBJEKTKATALOG.
- Klicken Sie im Code-Fenster mit der rechten Maustaste und wählen aus dem Kontextmenü den Befehl OBJEKTKATALOG.
- Wählen Sie den Menübefehl ANSICHT/OBJEKTKATALOG.

Hinweis

Alle in VBA zur Verfügung stehenden Objekte werden in Bibliotheken verwaltet. Standardmäßig ist im ersten Dropdown-Menü der Eintrag ALLE BIBLIOTHEKEN *ausgewählt.*

Die Testumgebung

Im Verlauf der Programmierung wird es nicht ausbleiben, dass Fehler auftreten. Wichtig ist aber immer zu wissen, wie weit das Programm lief, und vor allem, ob es bis zum Fehler richtig lief.

Hilfe im Direktfenster

Sie können beispielsweise bestimmte Inhalte von Variablen, die Sie im nächsten Kapitel kennen lernen werden, im Direktfenster ausgeben. Erfassen Sie zunächst einmal einen kleinen Beispielcode.

```
Sub Testmakro()
Dim i As Integer
For i = 1 To 10
  Debug.Print "Schleifendurchlauf: " & I
Next I
End Sub
```

Listing 1.3: Schleife mehrmals durchlaufen

Im obigen Makro wird eine Schleife genau zehn Mal durchlaufen. Bei jedem Schleifendurchlauf wird dabei ein Eintrag ins Direktfenster geschrieben werden. Setzen Sie den Mauszeiger auf die Sub-Zeile und drücken die Taste [F5], um das Makro zu starten. Kontrollieren Sie jetzt einmal das Ergebnis im Direktfenster. Dabei befolgen Sie folgende Arbeitsschritte:

1 Wählen Sie den Menübefehl ANSICHT/DIREKTFENSTER oder drücken Sie die Tastenkombination [Strg] + [G].

2 Das Direktfenster wird daraufhin angezeigt.

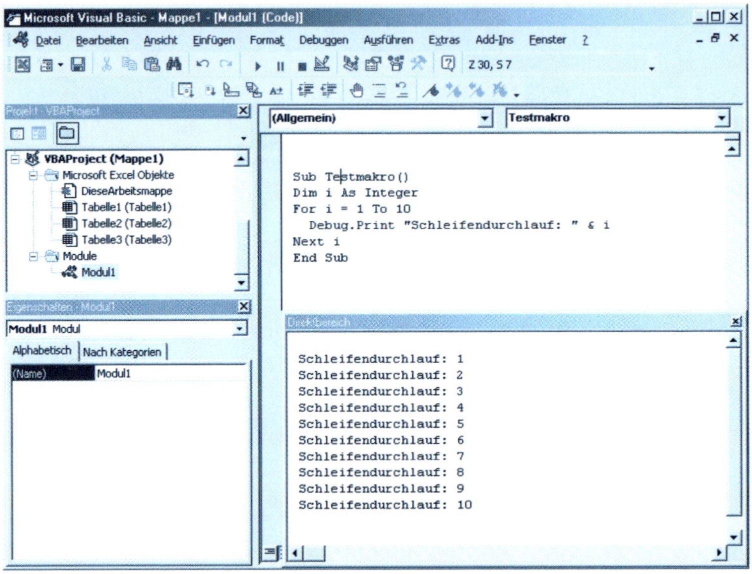

Abbildung 1.13: Makroabläufe im Direktfenster kontrollieren

Der Schleifenzähler `i` wird bei jedem Schleifenzähler hoch gezählt und im Direktfenster ausgegeben.

Wenn Sie viel mit dem Direktfenster arbeiten, dann sollten Sie die Inhalte des Direktfensters auch hin und wieder löschen. Dazu verfahren Sie wie folgt:

1 Öffnen Sie das Direktfenster.

2 Markieren Sie die Texteinträge im Direktfenster.

3 Drücken Sie die Taste `Entf`.

4 Schließen Sie das Direktfenster, indem Sie auf das Kreuzsymbol des Direktfensters (rechts oben) klicken.

Code Schritt für Schritt durchlaufen lassen

Eine weitere Möglichkeit der Fehlersuche in Excel ist es, das Makro Zeile für Zeile abzuarbeiten. Dabei gehen Sie folgendermaßen vor:

1 Setzen Sie den Mauszeiger auf die erste Zeile des Makros.

2 Drücken Sie die Taste [F8]. Alternativ dazu können Sie ebenso den Menübefehl DEBUGGEN/EINZELSCHRITT wählen. Das Makro hält nun nach jedem Befehl an. Sie können dann prüfen, ob das Makro auch das Gewünschte ausführt, indem Sie die Entwicklungsumgebung kurzfristig verlassen und auf Ihrem Tabellenblatt die Ergebnisse kontrollieren.

Die kleine Erfolgskontrolle

Zum Abschluss dieses Kapitels beantworten Sie bitte die folgenden Fragen:

1. Wie können Sie den Makrorekorder einsetzen?
2. Welche VBA-Funktion liefert Ihnen das aktuelle Tagesdatum?
3. Wie können Sie die Adresse der aktiven Zelle im Direktfenster ausgeben?
4. Wie können Sie den Objektkatalog in der Entwicklungsumgebung aufrufen?

Kapitel 2

Programmieren mit Zellen und Bereichen

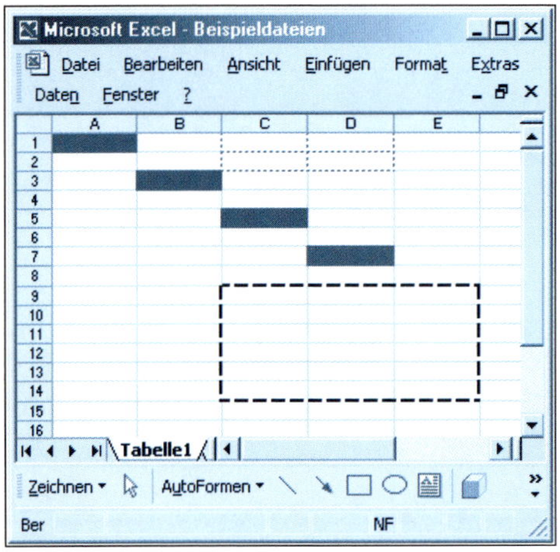

Nachdem wir die Entwicklungsumgebung von VBA bereits kennen, können wir nun loslegen und unsere ersten Makros schreiben. Dabei fangen wir mit der kleinsten Einheit in Excel, der Zelle, an. Von der Formatierung über das Füllen und Auslesen von Zellen mit Formeln und Texten bis hin zum Einfügen von Kommentaren und der Benennung einzelner Zellen finden Sie in diesem Kapitel eine Menge von praxisnahen Beispielen Schritt für Schritt erklärt.

Das können Sie schon:

Das lernen Sie neu:

Der Einsatz von Farben, Rahmen und Schriftschnitten

Sie haben in Excel die Möglichkeit, den Zellenhintergrund, die Schriftfarbe und die Rahmen farblich hervorzuheben. Als Farben stehen Ihnen die 56 Farben aus der Farbpalette von Excel zur Verfügung. Jede Farbe hat eine eindeutige Nummer.

Hintergrundfarbe einstellen

Im nächsten Beispiel soll die aktive Zelle einen roten Hintergrund erhalten. Der Farbindex von Rot entspricht dem Index 3. Wenden Sie diesen Index nun an, indem Sie die nächsten Arbeitsschritte befolgen:

1 Wechseln Sie über die Tastenkombination `Alt` + `F11` in die Entwicklungsumgebung.

2 Fügen Sie ein neues Modul ein, indem Sie aus dem Menü EINFÜGEN den Befehl MODUL auswählen.

3 Erfassen Sie das Makro aus Listing 2.1.

```
Sub ZelleEinfärben()
 Sheets("Tabelle1").Activate
 ActiveCell.Interior.ColorIndex = 3
End Sub
```

Listing 2.1: Die aktive Zelle einfärben

Mit der Eigenschaft `ColorIndex` weisen Sie dem Hintergrund der Zelle die Farbe ROT zu.

Starten Sie das Makro, indem Sie wie folgt vorgehen:

1 Wechseln Sie jetzt einmal auf Ihre Tabelle und setzen den Mauszeiger auf eine beliebige Zelle.

2 Starten Sie das Makro, indem Sie aus dem Menü EXTRAS den Befehl MAKRO/MAKROS wählen.

3 Im Listenfeld setzen Sie den Mauszeiger auf das Makro `ZelleEinfärben` und klicken die Schaltfläche AUSFÜHREN.

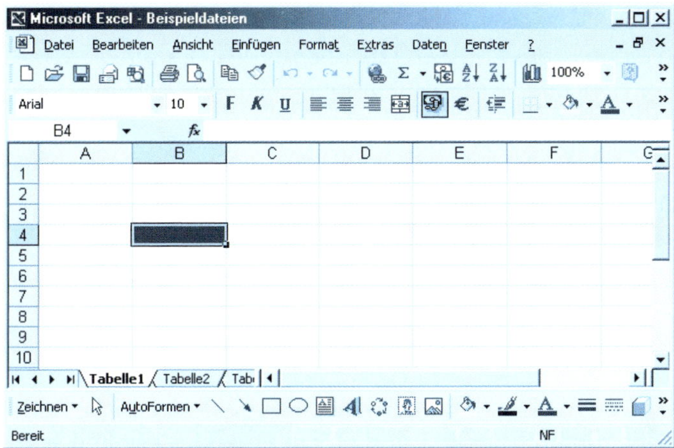

Zellenhintergrund einfärben

Das Makro aus Listing 2.1 können Sie ausbauen, indem Sie alle markierten Zellen mit der Hintergrundfarbe ROT formatieren. Das dazugehörige Makro lautet:

```
Sub AlleMarkiertenZellenFärben()
Dim Zelle As Range

For Each Zelle In Selection
 Zelle.Interior.ColorIndex = 3
Next Zelle
End Sub
```

Listing 2.2: Alle markierten Zellen einfärben

Im ersten Schritt definieren Sie eine Variable vom Typ `Range`. Nun, was ist denn damit gemeint?

Hinweis

Sicher werden Sie sich fragen, warum Sie Variablen in der Programmierung brauchen. Variablen werden unter anderem dazu gebraucht, um Daten zwischenzuspeichern. Mit Variablen können Sie dauerhaft arbeiten, d.h. Sie können jederzeit darauf zugreifen, diese abfragen oder verändern und zum Schluss ausgeben.

Wenn Sie Variablen einsetzen, müssen Sie sich dabei an bestimmte Konventionen für deren Benennung halten:

- *Das erste Zeichen muss aus einem Buchstaben bestehen. Als folgende Zeichen können Sie Buchstaben, Zahlen und einige Sonderzeichen verwenden.*
- *Sie dürfen keine Leerzeichen in einem Variablennamen verwenden. Wenn Sie einzelne Worte trennen möchten, verwenden Sie dazu das Unterstrichzeichen (Dim Miete_Januar as Currency).*
- *Sonderzeichen wie #, %, &, ! oder ? sind nicht erlaubt.*

Im nächsten Schritt setzen Sie eine Schleife auf. Dabei besteht eine Schleife immer aus einem Kopf, einem Mittelteil und einem Ende. Im Kopfteil wird die Bedingung für die Schleife formuliert. In unserem Fall sollen alle Zellen, die markiert sind, nacheinander gefärbt werden. Die Zeile `For each Zelle in Selection` stellt dabei den Schleifenkopf dar. Innerhalb der Schleife wird die jeweils aktive Zelle über die Eigenschaft `ColorIndex` gefärbt. Das Ende der Schleife muss mit der Zeile `Next Zelle` abgeschlossen werden. Damit wird die nächste Zelle, die sich in der Markierung befindet, angesprungen. Die Schleife wird so lange wiederholt, bis alle markierten Zellen abgearbeitet wurden.

Um das Makro aus Listing 2.2 einmal zu testen, gehen Sie wie folgt vor:

1 Markieren Sie in einer Tabelle die Zellen A1, B3, C5 und D7. Halten Sie bei der Markierung die Taste `Strg` gedrückt.

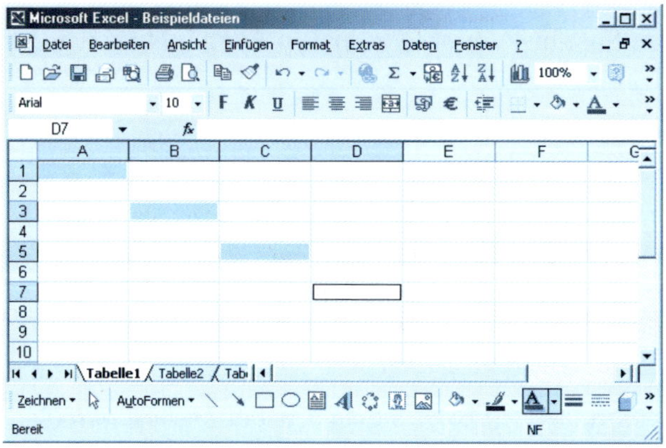

Zellen markieren

2 Wählen Sie aus dem Menü EXTRAS den Befehl MAKRO/MAKROS.

3 Wählen Sie im Listenfeld das Makro ALLEMARKIERTENZELLENFÄRBEN aus.

4 Klicken Sie danach auf die Schaltfläche AUSFÜHREN, um das Makro zu starten.

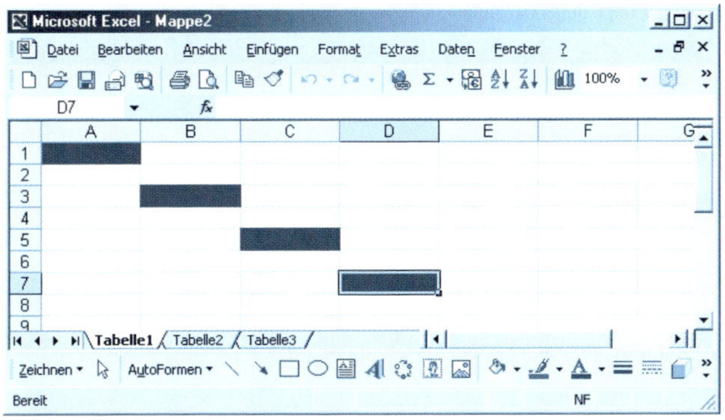

Alle markierten Zellen wurden rot eingefärbt

Schriftfarbe wählen

Was beim Zellenhintergrund geht, funktioniert auch bei der Schriftfarbe. Versuchen Sie einmal der Zelle B1 die Schriftfarbe BLAU zuzuweisen. Das Ganze sieht wie folgt aus:

```
Sub TextFarbeZuweisen()
 Sheets("Tabelle2").Activate
 Range("B1").Select
 With ActiveCell
  .Value = "Texteintrag"
  .Font.ColorIndex = 5
  .Font.Bold = True
 End With
End Sub
```

Listing 2.3: Einen Text erfassen und farblich hervorheben

Sorgen Sie im ersten Schritt dafür, dass die richtige Tabelle, auf der Sie die Texteingabe per Makro vornehmen möchten, eingestellt ist. Dazu verwenden Sie die Methode `Activate`. Danach setzen Sie den Mauszeiger auf die Zelle, die formatiert werden soll. Über die Anweisung `With` sparen Sie sich Schreibarbeit. Da zuerst ein Text in die aktive Zelle eingefügt und danach dieser Text farbig formatiert werden soll, brauchen Sie nicht bei jedem Befehl die volle Syntax zu verwenden. Es reicht, wenn Sie anstelle der Eigenschaft `ActiveCell` einen Punkt erfassen. Denken Sie daran, dass Sie die `With`-Anweisung mit einem `End-With` abschließen. Innerhalb dieser Anweisung setzen Sie die Eigenschaft `Value` ein, um der Zelle einen Text zuzuweisen. Zusätzlich setzen Sie die Eigenschaft `Font` ein. Über die Eigenschaft `ColorIndex` weisen Sie dem Objekt `Font` die Farbe BLAU zu, die den Farbindex 5 hat. Formatieren Sie den Text dann noch mit dem Schriftschnitt FETT und setzen für diesen Zweck die Eigenschaft `Bold` ein, der Sie den Wert `True` zuweisen.

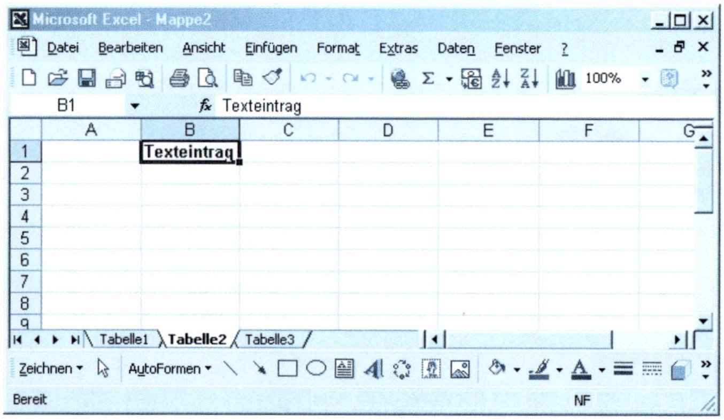

Einen Test eingeben, färben und fetten

Zellenhintergrund ermitteln

Sie haben bereits erfahren, dass Sie unter 56 Farbwerten in Excel auswählen können. Welche Farbe nun aber welchen Farbwert hat, können Sie ermitteln, indem Sie eine bestimmte Zelle mit einer gewünschten Hintergrundfarbe belegen und danach das Makro aus Listing 2.4 starten.

```
Sub FarbIndexHerausfinden()
MsgBox "Die aktive Zelle " & ActiveCell.Address & _
" hat den Farbindex " & ActiveCell.Interior.ColorIndex
End Sub
```

Listing 2.4: Den Hintergrund einer Zelle ermitteln

Mit Hilfe der Funktion `Msgbox` können Sie eine Bildschirmmeldung ausgeben. Dabei ermitteln Sie über die Eigenschaft `Address` die genaue Zellenadresse der markierten Zelle.

Um das Makro aus Listing 2.4 zu testen, gehen Sie wie folgt vor:

1 Belegen Sie eine beliebige Zelle mit der Hintergrundfarbe ORANGE.

2 Setzen Sie den Mauszeiger auf diese Zelle.

3 Starten Sie das Makro aus Listing 2.4.

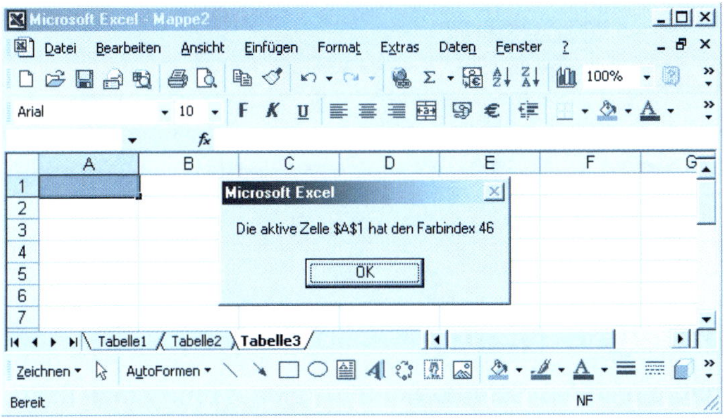

Den Hintergrund der Zelle ermitteln

Hinweis

Ist die Zelle mit keinem farbigen Hintergrund belegt, dann gibt Excel Ihnen den Farbindex `-4142` *aus.*

Schriftfarbe erkennen

Analog zum Makro aus Listing 2.4 können Sie über das folgende Makro aus Listing 2.5 die Schriftfarbe erkennen. Geben Sie als Vorarbeit einen Text in eine beliebige Zelle ein und formatieren diese mit der Schriftfarbe MEERESGRÜN.

```
Sub SchriftFarbenIndexHerausfinden()
MsgBox "Die aktive Zelle " & ActiveCell.Address & _
" hat den Schriftfarbenindex " & _
  ActiveCell.Font.ColorIndex
End Sub
```

Listing 2.5: Die Schriftfarbe der aktiven Zelle erkennen

Um die Schriftfarbe der aktiven Zelle zu ermitteln, setzen Sie die Anweisung `Font.ColorIndex` ein.

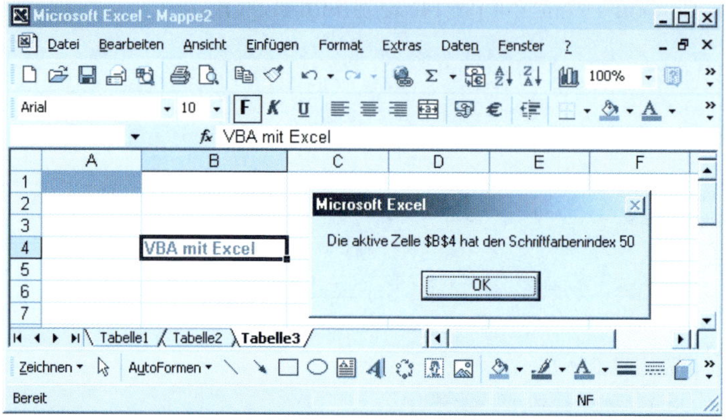

Die Schriftfarbe der aktiven Zelle ermitteln

Weitere Schrifteigenschaften

Neben der Schriftfarbe und dem Schriftschnitt FETT gibt es eine ganze Reihe weiterer Eigenschaften, die Sie einsetzen können. Entnehmen Sie diese Eigenschaften der folgenden Tabelle.

Eigenschaft	Erklärung
`Bold`	Schrift in Fettdruck
`Colorindex`	Farbe der Schriftart festlegen
`Italic`	Schrift in Kursivdruck
`Size`	Schriftgröße festlegen
`Strikethrough`	Schrift horizontal durchstrichen darstellen
`Subscript`	Schrift mit tiefgestellten Zeichen
`Superscript`	Schrift mit hochgestellten Zeichen
`Underline`	Schrift mit Unterstreichung

Tabelle 2.1: Die Eigenschaften bezüglich der Schriftformatierung

Tipp

Damit Sie sich leichter zu Recht finden, können Sie auch einmal den Dialog ZELLEN FORMATIEREN *in Excel aufrufen. Sie finden dort alle Schriftschnitte auf der Registerkarte* SCHRIFT.

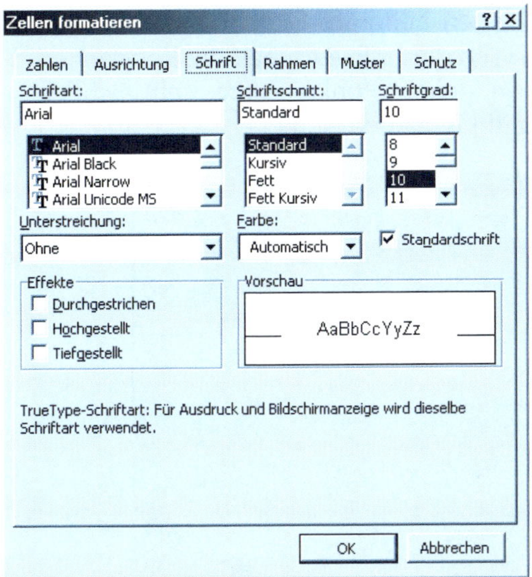

Schriftart einstellen

Rahmenart und -farbe bestimmen

Kommen wir nun zum Rahmen einer Zelle. Dieser Rahmen kann sowohl bezüglich der Farbe als auch der Rahmenart unterschiedlich gestaltet werden. Sehen Sie im Beispiel RAHMENFESTLEGEN, wie Sie einen grün gepunkteten Rahmen erzeugen können.

```
Sub RahmenFestlegen()
Sheets("Tabelle4").Activate
 Range("C2:D2").Select
 With Selection.Borders
  .ColorIndex = 10
  .LineStyle = xlDot
 End With
End Sub
```

Listing 2.6: Den Rahmentyp sowie die Rahmenfarbe festlegen

Aktivieren Sie im ersten Schritt die gewünschte Tabelle. Danach markieren Sie den Bereich, der mit einem Rahmen umgeben werden soll. Jetzt wenden Sie die Anweisung `With` an, um sich wieder viel Schreibarbeit zu sparen. Geben Sie mit dieser `With` Anweisung einmal an, auf welches Objekt sich die nachfolgenden Befehle beziehen sollen, und geben innerhalb der `With`-Anweisung für dieses Objekt jeweils einen Punkt an. Innerhalb dieser Anweisung setzen Sie die Eigenschaft `ColorIndex` ein, der Sie den Wert 10 zuweisen. Damit färben Sie den Rahmen hellgrün. Danach wenden Sie die Eigenschaft `LineStyle` an und weisen dieser Eigenschaft die Konstante `xlDot` zu. Damit wird der Rahmen in kleinen Punkten dargestellt. Schließen Sie die `With`-Anweisung am Ende mit der Anweisung `End With` ab.

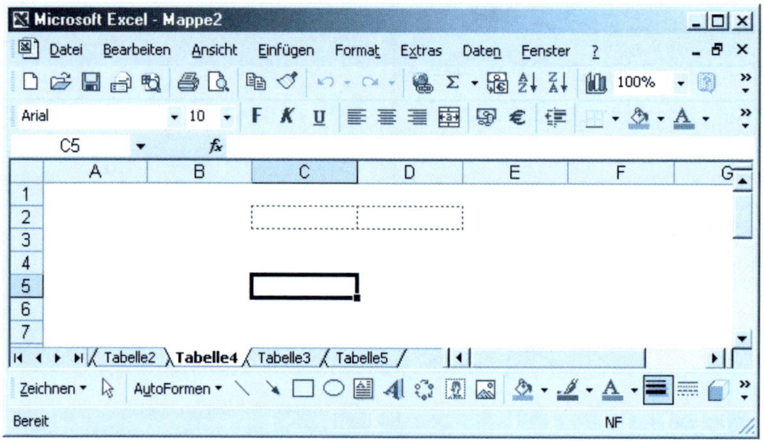

Einen gepunkteten Rahmen einfügen

Neben der gepunkteten Form gibt es eine ganze Reihe weiterer Rahmentypen, die Sie in der nächsten Tabelle sehen können.

Rahmen-Konstante	**Erklärung**
`xlContinuous`	Durchgezogene Linie
`XlDash`	Gestrichelte Linie
`xlDashDot`	Linie aus Strichen und Punkten
`xlDashDotDot`	Linie aus Strich-Punkt-Punkt
`XlDot`	Gepunktete Linie
`xlDouble`	Linie doppelt

Tabelle 2.2: Die verschiedenen Rahmentypen

Rahmen-Konstante	Erklärung
`xlSlantDashDot`	Linie aus Wellenzeichen und Punkt
`xlLineStyleNone`	Keine Linie

Tabelle 2.2: Die verschiedenen Rahmentypen (Forts.)

Tipp

Auch hier machen Sie es sich leichter, wenn Sie den Dialog ZELLEN FORMATIEREN *aufrufen und auf die Registerkarte* RAHMEN *wechseln. Die dort angebotenen Rahmentypen können Sie auch über den Einsatz von VBA verwenden.*

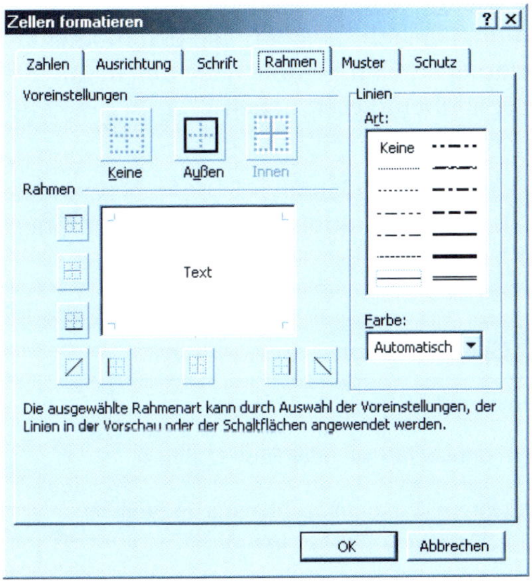

Rahmentyp festlegen

Rechenoperationen mit Excel

Beim Rechnen mit Excel verwenden Sie dieselben Operatoren, die Sie vom Taschenrechner her schon kennen. Auch bei den Rechenregeln rechnet Excel nach den allgemein gültigen Regeln.

Werte addieren

Im ersten Beispiel wird der aktuelle Zellenwert von A2 in die Variable i geschrieben. Danach wird die Variable um den Wert eins erhöht. Zuletzt wird die geänderte Variable zurück in Zelle A2 geschrieben.

```
Sub WerteAddieren()
Dim i As Single

 Sheets("Tabelle5").Activate
 i = Range("A2").Value
 i = i + 1
 Range("A2").Value = I
End Sub
```

Listing 2.7: Werte addieren

Aktivieren Sie zu Beginn das gewünschte Tabellenblatt, auf dem Sie die Rechenoperation durchführen möchten. Danach speichern Sie den momentanen Inhalt der Zelle A2 in der Variablen i. Dann erhöhen Sie den Inhalt der Variablen um den Wert eins und schreiben diesen neuen Wert in die Zelle zurück.

Bei der Definition der Variablen i wurde der Datentyp Single verwendet. Je nachdem, welche Aufgabe Sie in Excel ausführen möchten, stehen Ihnen die folgenden Variablentypen zur Verfügung.

Variablen-Typ	Wertebereich/Speicherbedarf
Byte	Ganze Zahlen zwischen 0 und 255 (1Byte)
Boolean	Wahrheitswert, entweder True oder False (2 Bytes)
Currency	Währungs-Datentyp: Festkommazahlen mit 15 Stellen vor und 4 Stellen nach dem Komma (8 Bytes)
Date	Datums- und Zeit-Datentyp (8 Bytes)
Double	Fließkommazahlen mit einer Genauigkeit von 16 Stellen hinter dem Komma (8 Bytes)
Integer	Ganze Zahlen zwischen -32.768 und +32.767 (2 Bytes)
long	Ganze Zahlen im Wertebereich von -2.147.483.648 und + 2.147.483.647 (4 Byte)

Tabelle 2.3: Die verschiedenen Variablentypen

Variablen-Typ	Wertebereich/Speicherbedarf
`object`	Datentyp gibt einen Verweis auf ein Objekt wieder. (4 Bytes)
`single`	Fließkommazahlen mit einer Genauigkeit von 8 Stellen hinter dem Komma (4 Bytes)
`string`	Der Datentyp für alle Texte (10 Bytes)
`variant`	Standarddatentyp. Wird automatisch gewählt, wenn kein anderer Datentyp definiert ist. (16 Bytes)

Tabelle 2.3: Die verschiedenen Variablentypen (Forts.)

Werte subtrahieren

Auf dieselbe Zelle wie gerade eben führen Sie nun eine Subtraktion durch. Wieder speichern Sie den momentanen Wert von Zelle A2 in der Variablen `i`, subtrahieren den Wert um eins und schreiben ihn dann in die Zelle zurück. Ist der Wert Null in der Zelle erreicht, geht es weiter ins Negative.

```
Sub WerteSubtrahieren()
Dim i As Single

 Sheets("Tabelle5").Activate
 i = Range("A2").Value
 i = i - 1
 Range("A2").Value = I
End Sub
```

Listing 2.8: Werte subtrahieren

Werte multiplizieren

Beim Multiplizieren von Werten definieren Sie zuerst eine Konstante, in der Sie den Faktor, mit dem Sie im nächsten Beispiel eine Erhöhung um 16% durchführen möchten, festlegen. Danach speichern Sie wiederum den momentanen Zustand der Zelle A5 in der Konstante `Betrag`. Jetzt wird mit dem Faktor multipliziert und das Ergebnis daraus in die Nebenzelle B5 geschrieben.

```
Sub WerteMultiplizieren()
Dim Betrag As Currency

Const Faktor = "1,16"
Sheets("Tabelle5").Activate
 Range("B5").Select
```

```
    Betrag = Range("A5").Value
    Betrag = Betrag * Faktor
    ActiveCell.Offset(0, 1).Value = Betrag
End Sub
```

Listing 2.9: Werte multiplizieren

Geben Sie die prozentuale Erhöhung in der Konstante `Betrag` gleich zu Beginn des Makros an. Aktivieren Sie danach sowohl die Tabelle als auch die gewünschte Zelle. Lesen Sie den momentanen Zellwert in die Variable `Betrag`. Diese Variable multiplizieren Sie mit Ihrem vorher definierten `Faktor` und schreiben diesen neuen Wert in die Nebenzelle. Dabei setzen Sie die Eigenschaft `Offset` ein.

Mit Hilfe der Eigenschaft `Offset` können Sie eine Verschiebung des Zellenzeigers erreichen, indem Sie im ersten Argument die Anzahl der Zeilen angeben und im zweiten Argument die Anzahl der Spalten, um die der Zellenzeiger verschoben werden soll. Da es die Nebenzelle sein soll, muss das erste Argument den Wert `0` und das zweite Argument den Wert `1` haben. Erfahren Sie dazu mehr im weiteren Verlauf des Kapitels.

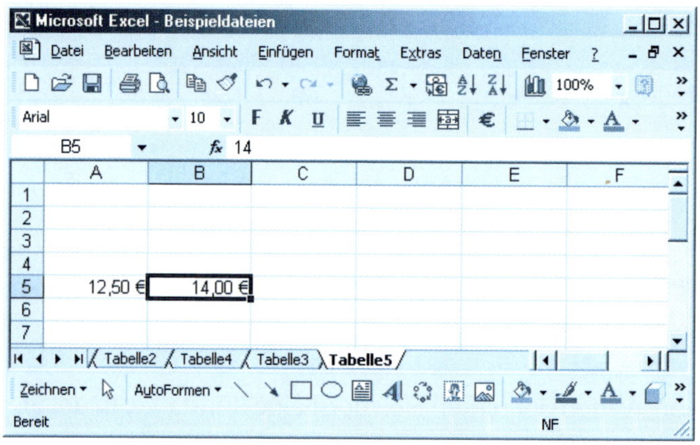

Werte multiplizieren

Werte dividieren

Bei der Division von Werten gehen Sie vor wie bei der Multiplikation, außer dass Sie statt einer Multiplikation eine Division durchführen. Achten Sie darauf, dass Sie nie auf die Idee kommen, als Divisor den Wert Null zu verwenden, das mag Excel nämlich gar nicht und reagiert dann prompt mit einer Fehlermeldung. Als typisches Beispiel führen Sie einmal eine Währungsumrechnung durch. Dabei sollen alte Excel-DM-Daten in die Euro-Währung umgerechnet werden.

```
Sub WerteDividieren()
Const divisor = 1.95583

 Sheets("Tabelle6").Activate
 Range("A2").Select
 Do Until ActiveCell.Value = ""
  ActiveCell.Offset(0, 1).Value = _
  ActiveCell.Value / divisor
  ActiveCell.Offset(1, 0).Select
 Loop
End Sub
```

Listing 2.10: Werte dividieren

Zu Beginn des Makros aus Listing 2.10 geben Sie den Umrechnungsfaktor an. Danach aktivieren Sie die gewünschte Tabelle und positionieren den Mauszeiger auf die Zelle, in der die Umrechnung beginnen soll. Danach basteln Sie sich eine Schleife, die so lange durchlaufen wird, bis die erste leere Zelle erreicht ist. Setzen Sie für diesen Zweck eine `Do Until`-Schleife ein. Bei dieser Art von Schleife wird jeweils zu Beginn eines jeden Schleifendurchlaufs geprüft, ob das Endekriterium (hier die erste leere Zelle) erreicht ist. Wenn ja, dann wird die Schleife verlassen. Innerhalb der Schleife geben Sie zuerst an, in welche Zelle das Ergebnis der Division geschrieben werden soll. Dazu verweisen Sie über die Eigenschaft `Offset` genau eine Spalte weiter nach links und schreiben das Ergebnis der Division dort hinein.

Achtung

Vergessen Sie danach nicht, den Zellenzeiger eine Zelle weiter nach unten zu setzen, da Sie sonst eine Endlosschleife erzeugen. Setzen Sie dazu in der Eigenschaft `Offset` *das erste Argument auf den Wert* `1`*.*

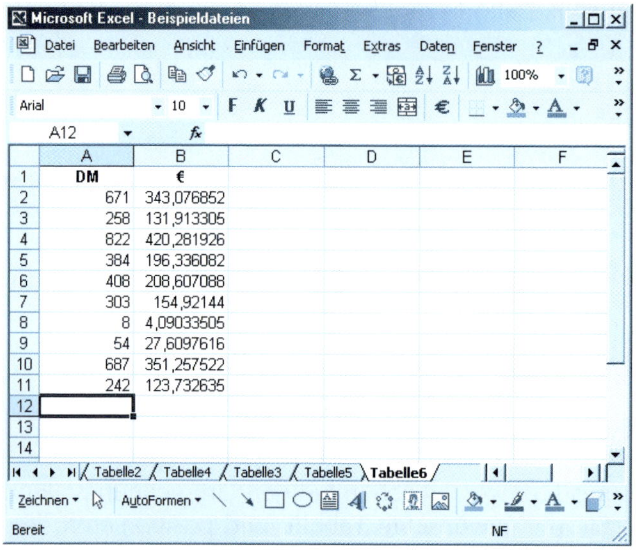

Die Umrechung von DM in Euro

Werte potenzieren

Bei der Potenzierung von Werten verwenden Sie das kleine Dach auf der Tastatur. Dazu drücken Sie auf die Taste [^] und anschließend auf die Taste [Leer], um das Zeichen auf den Bildschirm zu bringen.

Im folgenden Beispiel geben Sie über eine Maske eine Zahl zwischen eins und zehn ein. Diese Zahl wird dann mit der Zahl Zwei potenziert. Das Makro für diese Aufgabe können Sie in Listing 2.11 sehen.

```
Sub WertePotenzieren()
Dim i As Single
Const pot = 2

i = InputBox _
("Geben Sie eine Zahl zwischen 1 und 10 ein!", _
 "EINGABE")
If i = 0 Then Exit Sub
i = i ^ pot
MsgBox "Das Ergebnis der Potenzierung lautet: " & i
End Sub
```

Listing 2.11: Werte potenzieren

Definieren Sie zu Beginn des Makros aus Listing 2.11 eine Variable, in der Sie die Eingabe des Benutzers speichern. In der Konstante `pot` legen Sie als Potenz den Wert `2` fest. Rufen Sie im Anschluss daran die Funktion `Inputbox` auf. Mit Hilfe dieser Funktion können Sie eine Eingabemaske aufrufen und den eingegebenen Wert abfragen. Der eingegebene Wert wird in der Variablen `i` gespeichert. Wurde ein Wert eingegeben, dann potenzieren Sie diesen und geben das Ergebnis dieser Rechenoperation mit Hilfe der Funktion `Msgbox` auf dem Bildschirm aus.

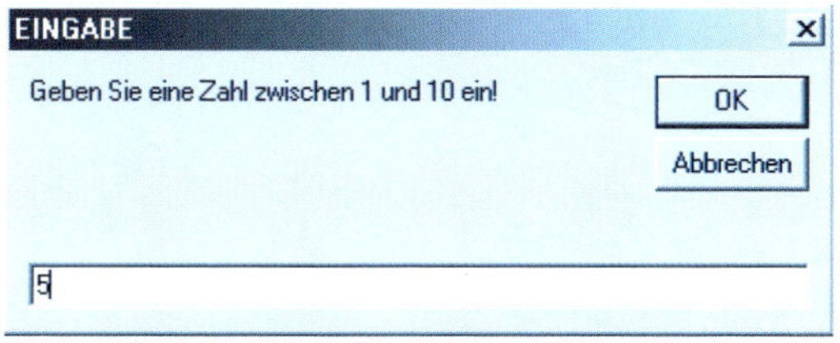

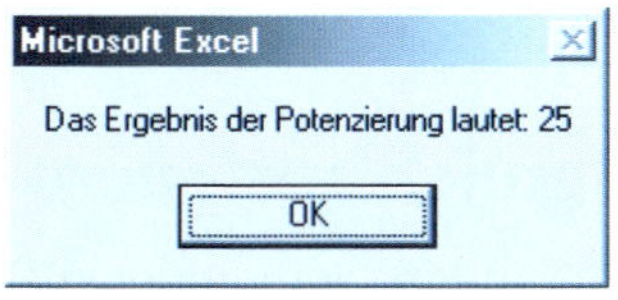

Eingabe über einen Dialog vornehmen

Navigationsbeispiele

Unter Navigation in Excel versteht man das Bewegen des Mauszeigers auf einer Tabelle oder auch innerhalb einer Arbeitsmappe.

Erste freie Zelle in Spalte anspringen

Im ersten Beispiel versuchen Sie einmal die letzte Zelle in einer Spalte anzusteuern. Dazu setzen Sie die Eigenschaft `End` ein und gelangen mit der Eigenschaft `Offset` eine Zelle weiter nach unten in die erste leere Zelle dieser Spalte. Anschließend geben Sie die Zellenadresse in einer Bildschirmmeldung aus.

```
Sub LetzteZelleAktivieren()
 Sheets("Tabelle6").Activate
 Range("A65536").End(xlUp).Offset(1, 0).Select
 MsgBox "Die erste freie Zelle in Spalte A lautet: " & _
 ActiveCell.Address
End Sub
```

Listing 2.12: Die erste freie Zelle einer Spalte ermitteln

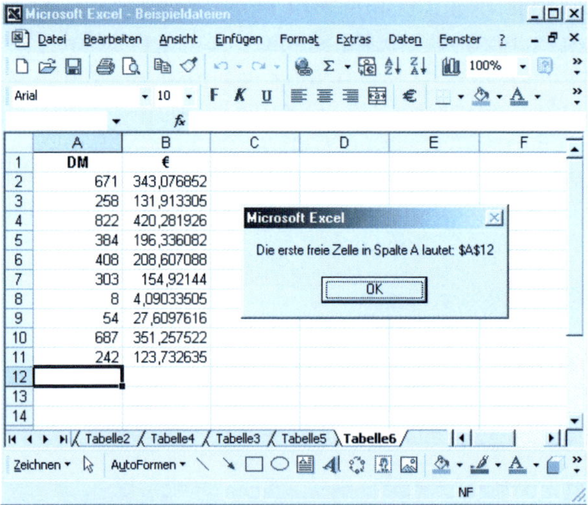

Die erste freie Zelle in Spalte A ermitteln

Letzte Zelle im verwendeten Bereich ansteuern

Im nächsten Beispiel möchten Sie die letzte Zelle im verwendeten Bereich ermitteln. Dazu setzen Sie die Methode `Specialcells` ein, der Sie die Konstante `xlCellTypeLastCell` mitgeben. Die Lösung dieser Aufgabe sehen Sie in Listing 2.13.

```
Sub LetzteZelleImBenutztenBereichErmitteln()
 Sheets("Tabelle6").Activate


 MsgBox "Die letzte Zelle im benutzten Bereich lautet: " & _
 Selection.SpecialCells(xlCellTypeLastCell).Address
End Sub
```

Listing 2.13: Letzte Zelle im benutzen Bereich ermitteln

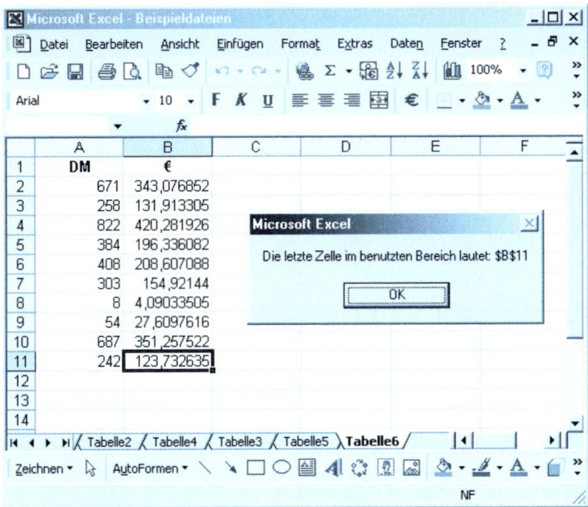

Die letzte verwendete Zelle ermitteln

Weitere interessante Konstanten dieser Methode entnehmen Sie der folgenden Tabelle.

Konstante	Erklärung
`xlCellTypeAllFormatConditions`	Zellen mit Formatierung
`xlCellTypeAllValidation`	Zellen mit Gültigkeitsregeln
`xlCellTypeBlanks`	Leere Zellen
`xlCellTypeComments`	Zellen mit Kommentaren
`xlCellTypeConstants`	Zellen mit Konstanten
`xlCellTypeFormulas`	Zellen mit Formeln
`xlCellTypeLastCell`	Letzte Zelle im benutzten Bereich
`xlCellTypeSameFormatConditions`	Zellen mit gleichem Format
`xlCellTypeSameValidation`	Zellen mit gleichen Gültigkeits-Kriterien
`xlCellTypeVisible`	Alle sichtbaren Zellen

Tabelle 2.4: Die Konstanten der Methode SpecialCells

Auf Zellen zugreifen, ohne darauf zu sitzen

Wie Sie an bestimmte Stellen des Tabellenblattes springen, wissen Sie jetzt. Wie aber verbleiben Sie auf der momentanen Zellenposition und sprechen dennoch andere Zellen an? Dazu verwenden Sie die Eigenschaft `Offset`, die schon im Verlauf dieses Kapitels verwendet wurde. Das erste Argument der Eigenschaft `Offset` ist die Anzahl der Zeile(n), auf die Bezug genommen werden soll. Das zweite Argument steht für die Anzahl der Spalten, auf die Bezug genommen werden soll.

Im nächsten Beispiel aus Listing 2.14 werden Sie auf einer noch leeren Tabelle einzelne Eingaben vornehmen. Dabei verbleibt der Mauszeiger während der ganzen Zeit auf Zelle A1.

```
Sub ZellenAnsprechen()
 Sheets("Tabelle7").Activate
 Range("A1").Select
 Range("A1").Value = "Text1 - 1. Zeile"
 ActiveCell.Offset(0, 1).Value = "Text2 - 1. Zeile"
 ActiveCell.Offset(0, 2).Value = "Text3 - 1. Zeile"
 ActiveCell.Offset(0, 3).Value = "Text4 - 1. Zeile"
 ActiveCell.Offset(1, 0).Value = "Text5 - 2. Zeile"
 ActiveCell.Offset(1, 1).Value = "Text6 - 2. Zeile"
End Sub
```

Listing 2.14: Mit Offset einzelne Zellen füllen

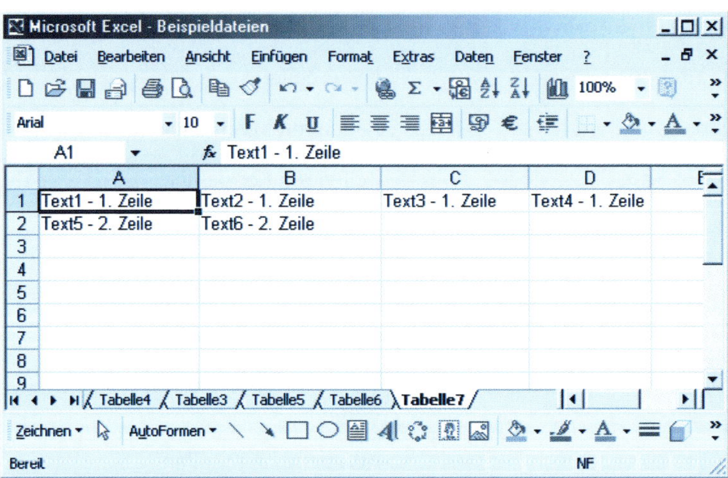

Navigationsbeispiel für die Eigenschaft Offset

Markierungen auslesen

Wenn Sie eine Markierung bzw. den benutzten Bereich auf einem Tabellenblatt auslesen möchten, stellen sich je nach Aufgabe folgende Fragen:

- Wie viele Zellen enthält der markierte Bereich?
- Wie lautet die Adresse der letzten Zelle im markierten Bereich?
- Wie lautet die Adresse der ersten Zelle im markierten Bereich?
- Wie lauten die Eckdaten einer Markierung?

Zellen in der Markierung zählen

Markieren Sie auf der TABELLE7 ein paar Zellen und starten danach das Makro aus Listing 2.15.

```
Sub AnzahlMarkierterZellenErmitteln()
Dim l As Long

Sheets("Tabelle7").Activate
l = Selection.Count
MsgBox "Es sind genau " & l & " Zellen markiert!"
End Sub
```

Listing 2.15: Markierte Zellen zählen und ausgeben

Die Methode `Count` ermittelt die Anzahl der Objekte im markierten Bereich und speichert diese in einer Variable vom Typ `Long`. Diese Anzahl geben Sie über die Funktion `Msgbox` am Bildschirm aus.

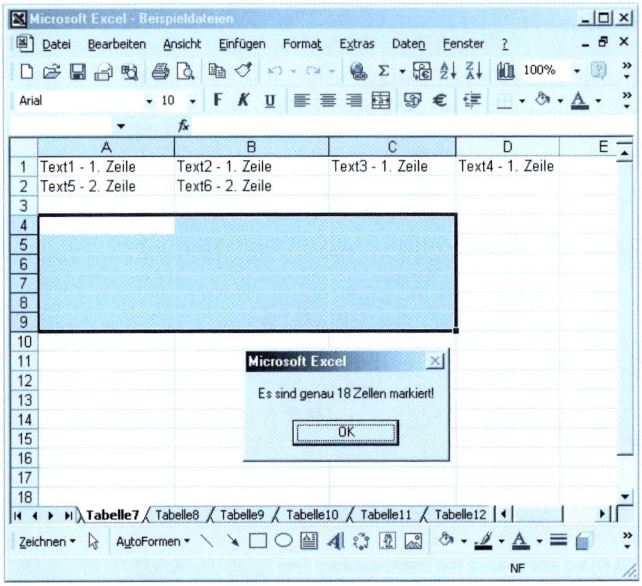

Zellen in Markierung zählen

Letzte Zelle in Markierung ermitteln

Markieren Sie im nächsten Beispiel ein paar Zellen in der TABELLE7. Starten Sie danach das Makro aus Listing 2.16.

```
Sub LetzteZelleInMarkierung()
 Sheets("Tabelle1").Activate
 MsgBox _
"Die letzte Zelle in der Markierung lautet: " & _
 Selection.(Selection.Count).Address
End Sub
```

Listing 2.16: Letzte Zelle in Markierung ermitteln

Setzen Sie die Methode `SpecialCells` ein und übergeben dieser Methode die Konstante `xlCellTypeLastCell`. Damit erhalten Sie die letzte Zelle in der Markierung, wenn Sie diese Methode auf die Eigenschaft `Selection` anwenden.

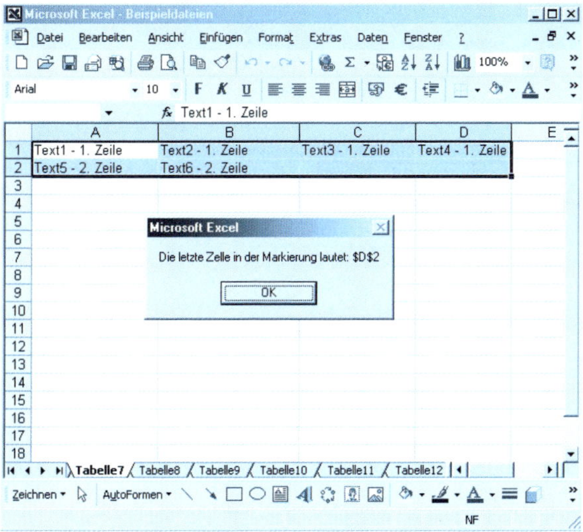

Die letzte Zelle in der Markierung ermitteln

Erste Zelle der Markierung ermitteln

Beim Ermitteln der ersten Zelle eines markierten Bereichs ist es relativ einfach, diese Zelle zu ermitteln. Beim Markieren eines Bereichs bleibt die erste Zelle automatisch gekennzeichnet. Das sehen Sie, wenn Sie sich die folgende Abbildung auf S. 56 ansehen. Dort ist die erste Zelle in der Markierung mit einem weißen Hintergrund belegt. Diese Zelle können Sie mit dem Makro aus Listing 2.17 ermitteln und auf dem Bildschirm ausgeben.

```
Sub ErsteZelleInMarkierung()
 Sheets("Tabelle7").Activate
 MsgBox "Die erste Zelle in der Markierung lautet: " & _
 ActiveCell.Address
End Sub
```

Listing 2.17: Die erste Zelle in einer Markierung ermitteln

Mit Hilfe der Eigenschaft `Address`, die Sie auf die aktive Zelle der Markierung, nämlich der ersten Zelle der Markierung, anwenden, können Sie die Zellenadresse ermitteln. Geben Sie diese über die Funktion `Msgbox` am Bildschirm aus.

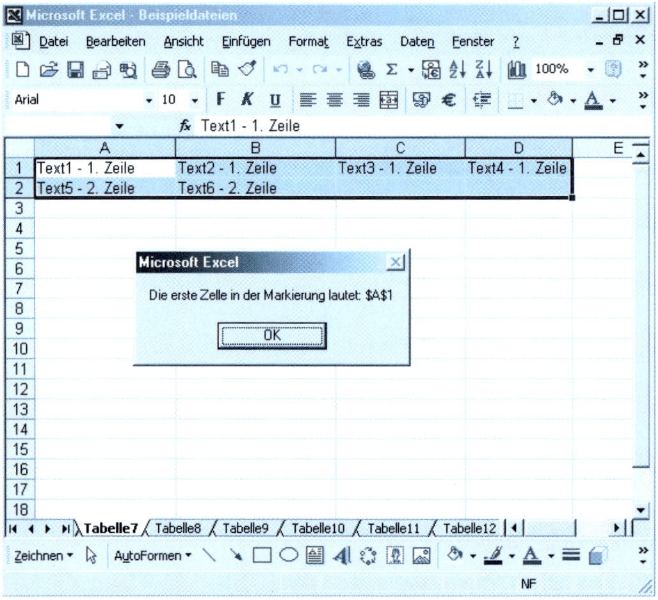

Die erste Zelle einer Markierung ermitteln

Die Eckdaten einer Markierung abfragen

Um die erste Zelle der Markierung links oben zu ermitteln, brauchen Sie nur die `Address`-Eigenschaft der aktiven Zelle auszugeben. Die letzte Zelle in der Markierung bekommen Sie, indem Sie die Methode `Count` auf die Markierung anwenden.

```
Sub EckpositionenDerMarkierungErmitteln()
 Sheets("Tabelle7").Activate
 MsgBox "Start Zelle: " & ActiveCell.Address & Chr(10) _
 & "Ende Zelle: " & Selection(Selection.Count).Address
End Sub
```

Listing 2.18: Die Zellenkoordinaten einer Markierung ermitteln

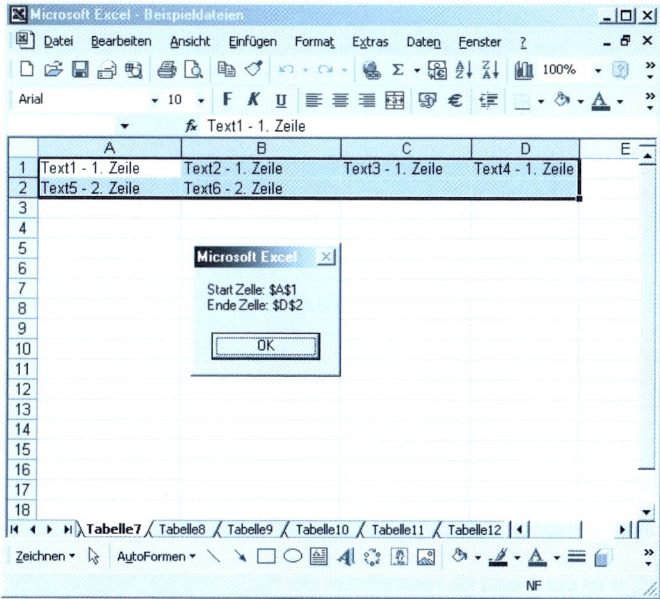

Start- und Endzelle einer Markierung ermitteln

Kopieren und Einfügen von Daten

Das Kopieren von Zellen funktioniert mit Hilfe der Methode `Copy`. Dabei können eine einzelne Zelle oder auch ein Bereich aus mehreren Zellen kopiert werden. Die Methode `Paste` fügt den Inhalt der Zwischenablage in das Tabellenblatt ein.

Kopieren und alles einfügen

Im folgenden Beispiel kopieren Sie den Zellenbereich B1:B11 und fügen diesen Bereich ab Zelle C1 ein.

Erfassen Sie für diesen Zweck das Makro aus Listing 2.19.

```
Sub KopierenUndEinfügen()
 Sheets("Tabelle6").Activate
 Range("B1:B11").Copy
 Range("C1").Select
 ActiveSheet.Paste
 Application.CutCopyMode = False
End Sub
```

Listing 2.19: Bereich kopieren und einfügen

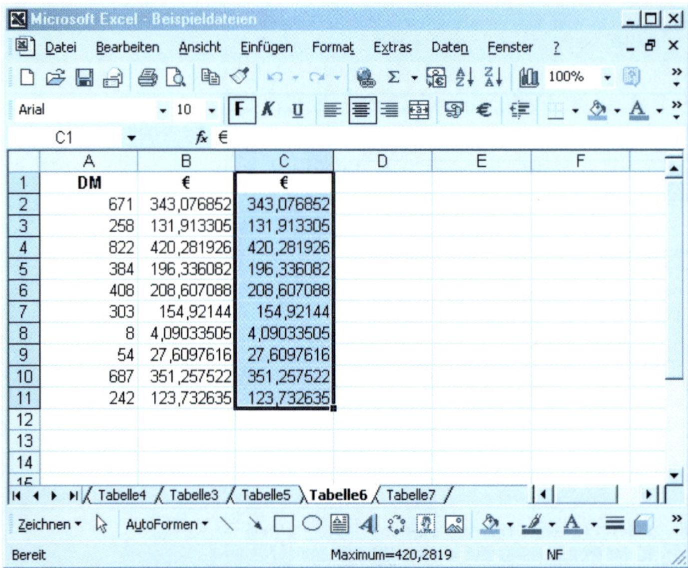

Das Ergebnis der Kopieraktion in Spalte C

Die Eigenschaft `CutCopyModus` gibt den Status des Ausschneide- oder Kopiermodus zurück bzw. stellt diesen ein. Indem Sie diese Eigenschaft auf den Wert `False` setzen, deaktivieren Sie den Ausschneide- bzw. Kopiermodus und entfernen somit den Laufrahmen, der nach dem Einfügen normalerweise erhalten bleiben würde. Über die Methode `Paste` fügen Sie den Inhalt der Zwischenablage in den Zielbereich ein.

Nur kopierte Werte einfügen

Im nächsten Beispiel werden Zellen, die teilweise Formeln und Formatierungen enthalten, kopiert. Dabei werden jeweils nur die Werte der kopierten Zellen eingefügt.

Sehen Sie sich dazu das Makro aus Listing 2.20 an.

```
Sub KopierenEinfügenNurWerte()
 Sheets("Tabelle8").Activate
 Range("B1:B13").Copy
 Range("D1").Select
 Selection.PasteSpecial Paste:=xlValues
 Application.CutCopyMode = False
End Sub
```

Listing 2.20: Nur Werte kopieren und einfügen

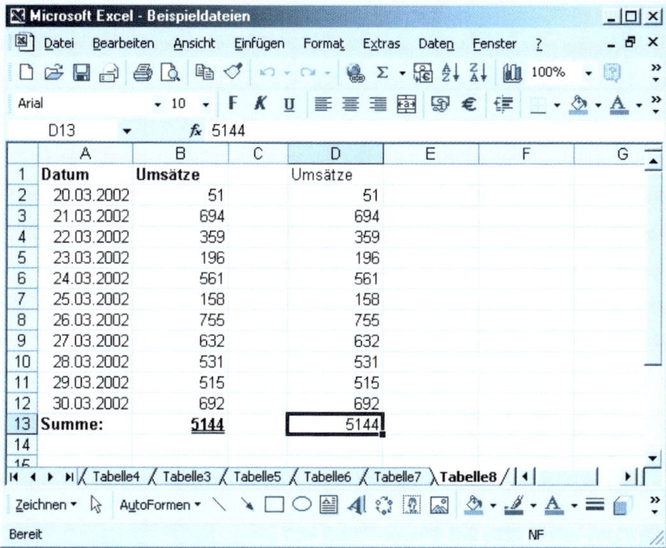

Nur Werte kopieren

Mit Hilfe der Methode `PasteSpecial` können Sie selbst bestimmen, was Sie im Zielbereich einfügen möchten. Folgende Optionen sind dabei möglich:

Konstante	Erklärung
`xlPasteAll`	Alles wird eingefügt.
`xlPasteFormulas`	Nur Formeln werden eingefügt.
`xlPasteValues`	Nur Werte werden eingefügt.
`xlPasteFormats`	Nur Formate werden übertragen.
`xlPasteNotes`	Nur Kommentare werden eingefügt.
`xlPasteAllExceptBorders`	Alles außer Rahmen wird eingefügt.

Tabelle 2.5:Die Konstanten der Methode PasteSpecial

Zellen oder Bereiche löschen

Das Löschen von Zelleninhalten erreichen Sie über die Methode `Clear`. Im Listing 2.21 wird ein Bereich auf einer Tabelle ohne weitere Rückfrage gelöscht.

```
Sub BereichLöschen()
 Sheets("Tabelle8").Activate
 Range("D1:D13").Clear
End Sub
```

Listing 2.21: Bereich löschen

Möchten Sie eine Sicherheitsabfrage einbauen, bevor Sie einen Bereich löschen, dann nehmen Sie das Makro aus Listing 2.22.

```
Sub BereichLöschenNachRückfrage()
Dim i As Integer
 Sheets("Tabelle8").Activate
i = MsgBox _
("Wollen Sie den Bereich wirklich löschen?", vbOKCancel)
If i = 1 Then Range("D1:D13").Clear Else _
MsgBox "Sie haben die Aktion abgebrochen!"
End Sub
```

Listing 2.22: Löschabfrage einbauen

Mit Hilfe der Variablen `i` speichern Sie den Rückgabewert des Meldungsfensters. Wurde die Schaltfläche OK geklickt, dann ist der Wert der Variablen `1`. Klickt der Anwender jedoch die Schaltfläche ABBRECHEN, dann steht in der Variablen `i` der Wert `2`. Genau diese Rückmeldung können Sie in einer `If`-Anweisung abfragen und entsprechend reagieren. Die `If`-Anweisung besteht aus zwei unterschiedlichen Zweigen, einem `Then`-Zweig sowie einem `Else`-Zweig. Wird die Schaltfläche OK geklickt, dann wird die Aktion durchgeführt, die im `Then`-Zweig steht. Im anderen Fall wird der `Else`-Zweig angesteuert, der eine Bildschirmmeldung mit einem Abbruchhinweis anzeigt.

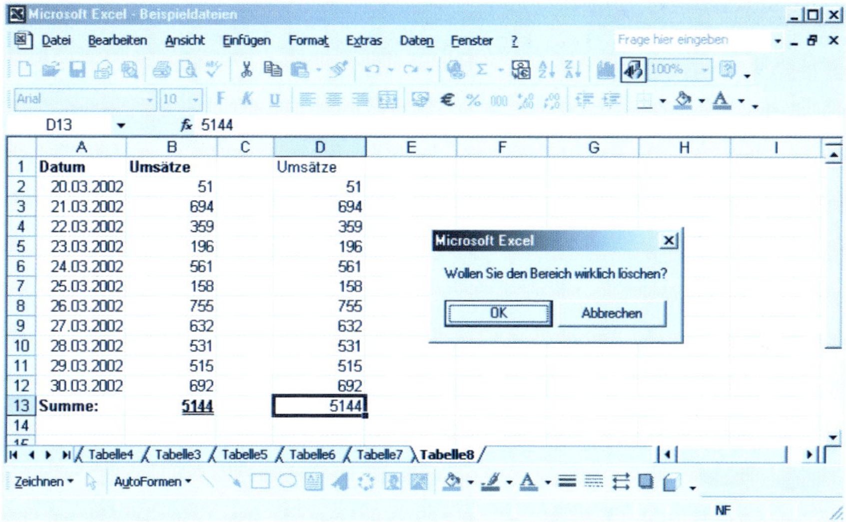

Bereich erst nach Rückfrage löschen

Zellenfunktionen anwenden

Sicher kennen Sie die wohl am häufigsten verwendete Zellenfunktion Summe. Diese können Sie in VBA wie folgt einsetzen:

```
Sub BereichSummieren()
 Sheets("Tabelle9").Activate
 Range("A10").Value = WorksheetFunction.Sum _
 (Range("A1:A9"))
End Sub
```

Listing 2.23: Zellenbereich summieren

Beim Beispiel in Listing 2.23 wurde die Funktion `Sum` angewendet. Diese Funktion wird Ihnen durch die Eigenschaft `WorksheetFunction` bereitgestellt. Das Ergebnis liegt bei diesem Beispiel als Festwert vor.

Hinweis

Weitere wichtige Worksheet-Funktionen sind `Max`, `Min`, `Average`, *welche den höchsten, den kleinsten und den Durchschnittswert einer Liste ermitteln.*

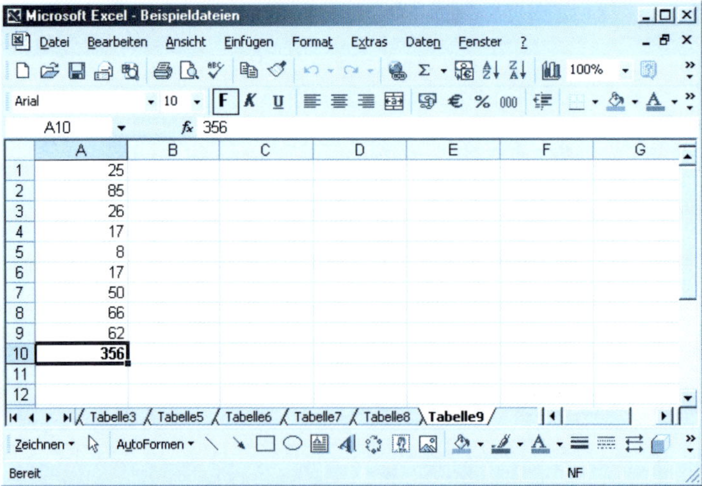

Einen Summenwert mit VBA bilden

Eine variable Funktion einfügen

Möchten Sie in Zelle A10 keinen festen Wert, sondern die Funktion SUMME(A1:A9) stehen haben, dann lautet die Lösung dieser Aufgabe wie folgt:

```
Sub BereichSummierenMitFunktion()
 Sheets("Tabelle9").Activate
 Range("A10").FormulaLocal = "=SUMME(A1:A9)"
End Sub
```

Listing 2.24: Eine Funktion in eine Zelle einfügen

Setzen Sie die Eigenschaft `FormulaLocal` ein und weisen Sie dieser Eigenschaft die gewünschte Tabellenfunktion zu.

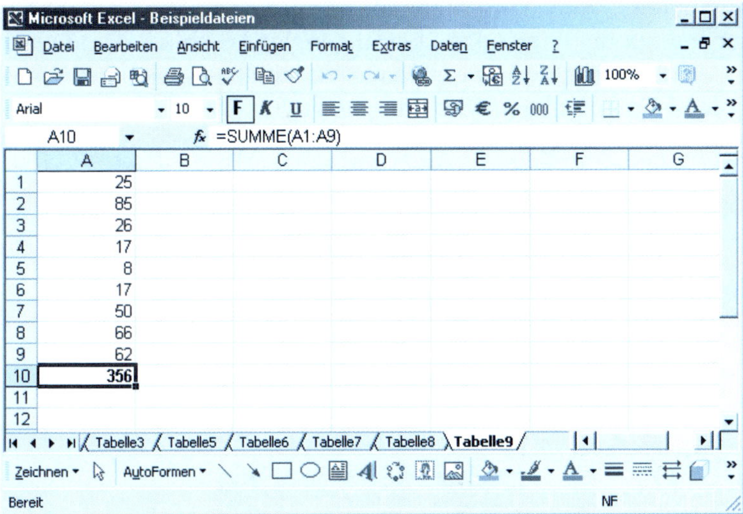

Die Funktion bleibt in Zelle A10 erhalten

Variable Summenbildung

Möchten Sie selbst entscheiden, welche Bereiche Ihrer Tabelle Sie summieren möchten, dann können Sie einen Bereich über eine Inputbox markieren und dann summieren.

Setzen Sie den Mauszeiger auf die Zelle, die die Summenfunktion erhalten soll, und starten Sie danach das Makro aus Listing 2.25.

```
Sub SummeInMarkiertemBereich()
Dim Bereich As Range
Dim s_Zelle As String

 Sheets("Tabelle10").Activate
 s_Zelle = ActiveCell.Address
 Set Bereich = Application.InputBox _
 ("Bereich auswählen", Type:=8)
 Range(s_Zelle).Activate
 ActiveCell.FormulaLocal = _
 "=SUMME(" & Bereich.Address & ")"
End Sub
```

Listing 2.25: Den zu summierenden Bereich über eine Inputbox markieren

Wenn Sie bei der Funktion `Inputbox` den Typ `8` angeben, dann haben Sie die Möglichkeit, einen Bereich in Ihrer Tabelle frei auszuwählen. Der ausgewählte Datenbereich wird dann automatisch in die Inputbox übernommen. Sie brauchen nur noch mit OK zu bestätigen. Im Anschluss daran wird die Zielzelle, deren Adresse Sie vorher in einer Variablen gespeichert haben, aktiviert und die Summenfunktion wird dann eingefügt. Dabei setzen Sie die Funktion aus mehreren Bestandteilen zusammen. Zum einen geben Sie die Funktion =SUMME als Text an, zum anderen greifen Sie über die Eigenschaft `Address` auf den Bereich zu, den Sie über die `Inputbox` ausgewählt haben. Verbinden Sie diese Bestandteile mit Hilfe des Operators `&`.

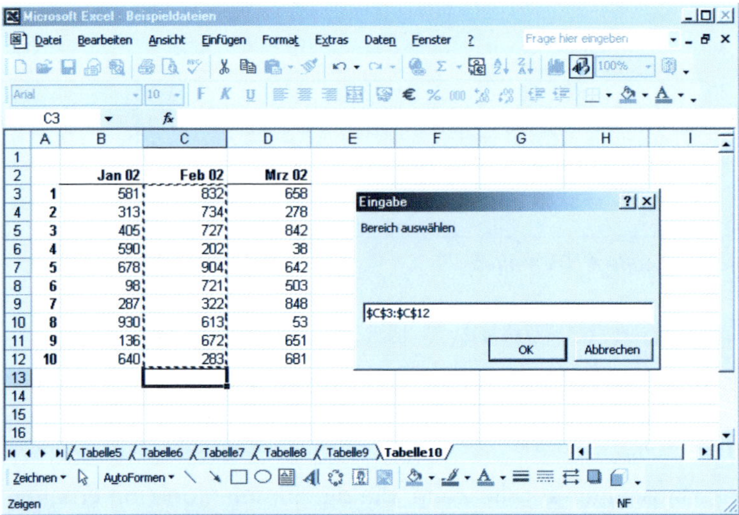

Summen variabel bilden

Zellen ausschneiden

Verwandt mit dem Kopieren der Zellen, welches weiter oben im Kapitel bereits angesprochen wurde, ist das Ausschneiden der Zellen mit dem Unterschied, dass beim Kopieren die Ausgangszelle erhalten bleibt, während beim Ausschneiden die Zelle nach dem Einfügen verschwindet. Die Methode für das Ausschneiden von Zellen heißt `Cut`.

Im folgenden Beispiel wird ein Zellenbereich ausgeschnitten und um eine Spalte weiter nach rechts versetzt.

```
Sub ZellenAusschneiden()
 Sheets("Tabelle10").Activate
 Range("D2:D12").Select
 Selection.Cut
 ActiveCell.Offset(0, 1).Select
```

```
    ActiveSheet.Paste
    Application.CutCopyMode = False
End Sub
```

Listing 2.26: Bereich ausschneiden

Aktivieren Sie im ersten Schritt die Tabelle und markieren den Zellenbereich, der ausgeschnitten werden soll. Danach wenden Sie die Methode `Cut` gerade auf diese Markierung an, die in der Eigenschaft `Selection` verzeichnet ist. Versetzen Sie jetzt den Mauszeiger genau eine Zeile weiter nach rechts und wenden die Methode `Paste` an, um den ausgeschnittenen Inhalt dorthin einzufügen. Setzen Sie die Eigenschaft `CutCopyMode` auf den Wert `False`, um den Laufrahmen, der nach dieser Aktion leider nicht von allein verschwindet, zu entfernen.

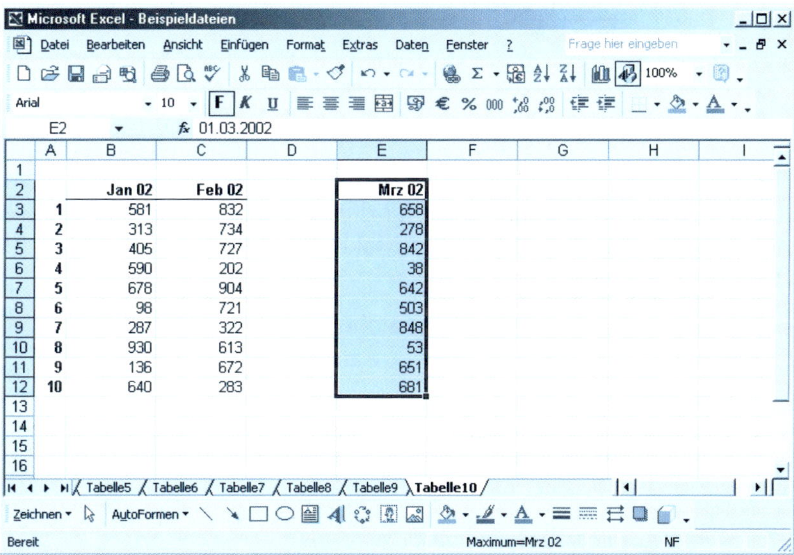

Bereich ausschneiden und einfügen

Zahlenformate festlegen und ermitteln

In Excel können Sie über den Dialog FORMAT aus zahlreichen Formaten die passende Formatierung für Ihre Daten auswählen. Des Weiteren sind Sie in der Lage, eigene, benutzerdefinierte Formate anzulegen. Wie aber können Sie über VBA eine Zelle mit einem Format belegen? Diese Aufgabe können Sie erledigen, indem Sie die gewünschte Zelle markieren, den Dialog ZELLEN FORMATIEREN aufrufen und auf die Registerkarte ZAHLEN wechseln.

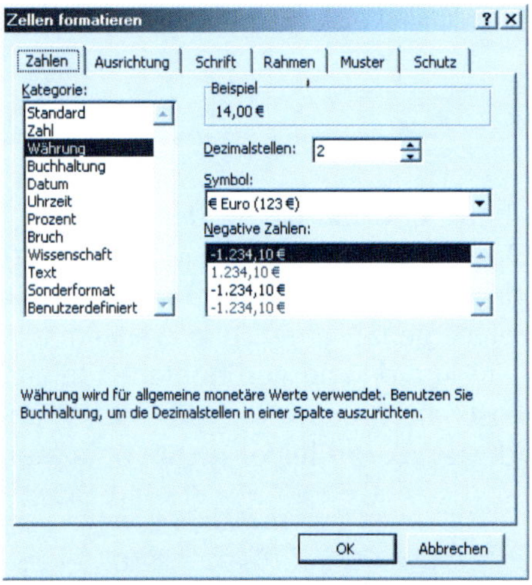

Zahlenformat festlegen

Zahlenformate festlegen

Im nächsten Beispiel weisen Sie der Zelle A1 der TABELLE11 ein Zahlenformat ohne Nachkommastellen zu. Geben Sie für diesen Zweck die Zahl 1500,99 ein. Excel müsste nach dem Ablauf des Makros aus Listing 2.27 die Zahl 1501 anzeigen.

In Zelle A2 erfassen Sie zunächst einmal nichts.

```
Sub ZahlenformateFestlegen()
 Sheets("Tabelle11").Activate
 Range("A1").NumberFormat = "#,##0"
 Range("A2").NumberFormat = "@"
End Sub
```

Listing 2.27: Zellen mit Zahlenformaten formatieren

Das Zahlenformat wird in Excel über die Eigenschaft `NumberFormat` zugewiesen.

Geben Sie jetzt in Zelle A2 eine Telefonnummer ein. Standardmäßig schluckt Excel führende Nullen bei Telefonnummern. Nach dem Ablauf des Makros aus Listing 2.27 bleiben jedoch diese Nullen in Führungsposition erhalten.

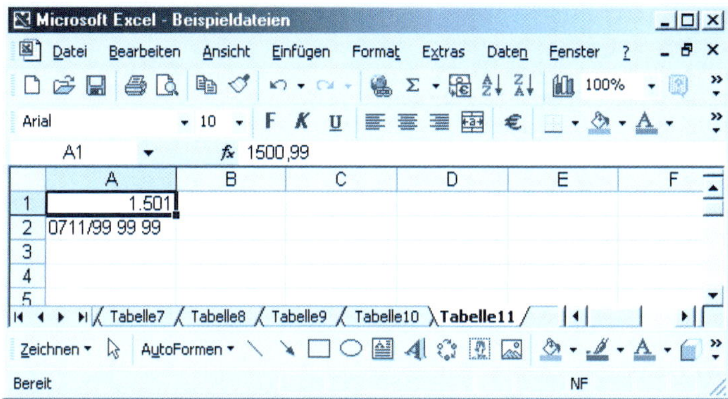

Zellen mit Zahlenformaten belegen

Datumsformate festlegen

Im nächsten Beispiel wird einem Zellenbereich ein bestimmtes Datumsformat zugewiesen. Dabei soll der Monat des Datums ausgeschrieben werden.

```
Sub ZelleMitDatumFormatieren()
Dim Zelle As Range
Dim Bereich as Range

Sheets("Tabelle12").Activate
Set Bereich = Range("A2:A10")
For Each Zelle In Bereich

 Zelle = (Format(Zelle, "DD MMMM YYYY"))
Next Zelle
End Sub
```

Listing 2.28: Datumsformatierung vornehmen

Definieren Sie zuerst einmal einen Bereich, in dem die Datumsformatierung vorgenommen werden soll, und speichern diesen in der Variablen `Bereich`. Danach setzen Sie eine Schleife auf, die alle Zellen dieses Bereiches ansteuert und die gewünschte Formatierung vornimmt. Zur Formatierung verwenden Sie die Funktion `Format`, der Sie im ersten Argument die jeweilige Zelle und im zweiten Argument die gewünschte Formatierung bekannt geben. Dabei wird mit Kürzeln gearbeitet. Das Kürzel D steht für den Tag, das M für den Monat und das Y für das Jahr. Je nachdem wie oft Sie das Kürzel angeben, wird das Datum entsprechend ausgegeben.

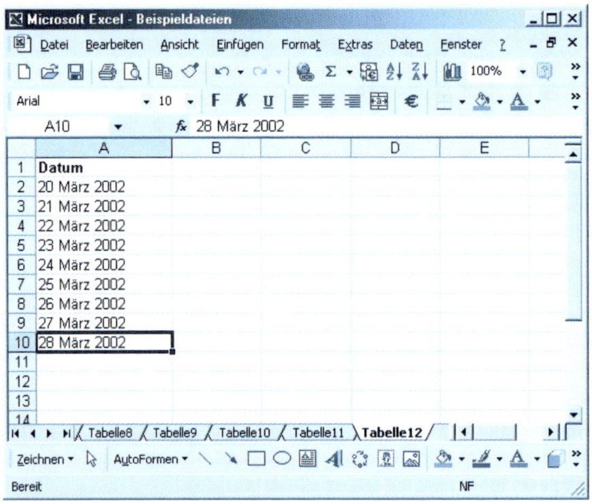

Datumsangaben formatieren

Formate übertragen

Sicher kennen Sie das Pinsel-Symbol aus der Symbolleiste STANDARD, mit dem Sie Formate übertragen können. Das Übertragen von Formaten ist ein Kopiervorgang, bei dem nur die Formate über die Methode `PasteSpecial` eingefügt werden.

Im folgenden Beispiel soll das Datumsformat aus Zelle A1 auf die Zellen B1:G1 übertragen werden. Sehen Sie sich dazu einmal die Ausgangssituation an.

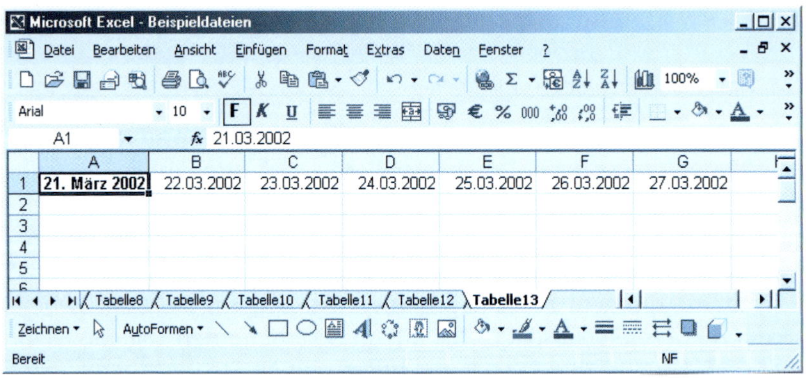

Die Formatierung aus Zelle A1 soll auf die Zellen B1:G1 übertragen werden

Um diese Aufgabe zu lösen, setzen Sie das Makro aus Listing 2.29 ein.

```
Sub FormatÜbertragen()
Sheets("Tabelle13").Activate
Range("A1").Copy
 Range("B1:G1").Select
 Selection.PasteSpecial _
  Paste:=xlFormats, Operation:=xlNone, SkipBlanks:= _
  False, Transpose:=False
 Application.CutCopyMode = False
End Sub
```

Listing 2.29: Formate übertragen

Mit Hilfe der Methode `Copy` kopieren Sie die Zelle A1. Danach markieren Sie den Bereich, auf den Sie die Formatierung anwenden möchten. Setzen Sie die Methode `PasteSpecial` ein, der Sie die Konstante `xlFormats` übergeben. Damit wird klar, dass Excel nur das Format übertragen soll. Weisen Sie der Eigenschaft `CutCopyMode` den Wert `False` zu, um den Laufrahmen, der bei jedem Kopieren automatisch um die kopierte Zelle bzw. den kopierten Bereich gelegt wird, zu entfernen.

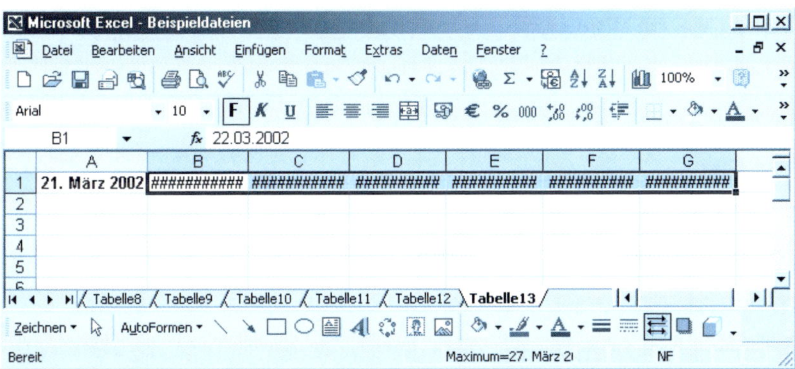

Die Formate wurden übertragen, die Spalten sind aber noch zu klein

Die Gartenzäune in den Zellen bedeuten hier, dass die Zellen zu schmal sind, um die übertragene Formatierung aufzunehmen. Manuell können Sie dies korrigieren, indem Sie einen Doppelklick auf die einzelnen Spaltenbegrenzungen durchführen. Selbstverständlich können Sie diese Aufgabe auch elegant durch ein Makro ausführen. Ergänzen Sie daher das Makro aus Listing 2.29 wie folgt:

```
Sub FormatÜbertragen()
Sheets("Tabelle13").Activate
Range("A1").Copy
 Range("B1:G1").Select
 Selection.PasteSpecial _
  Paste:=xlFormats, Operation:=xlNone, SkipBlanks:= _
  False, Transpose:=False
 Application.CutCopyMode = False
 Range("B1:G1").Columns.AutoFit
End Sub
```

Listing 2.30: Formate übertragen mit anschließender Spaltenanpassung

Mit Hilfe der Methode `AutoFit` passen Sie die Spalten automatisch an. Diese Spalten, die Sie angeben müssen, werden dann so vergrößert, dass deren Inhalte vollständig angezeigt werden.

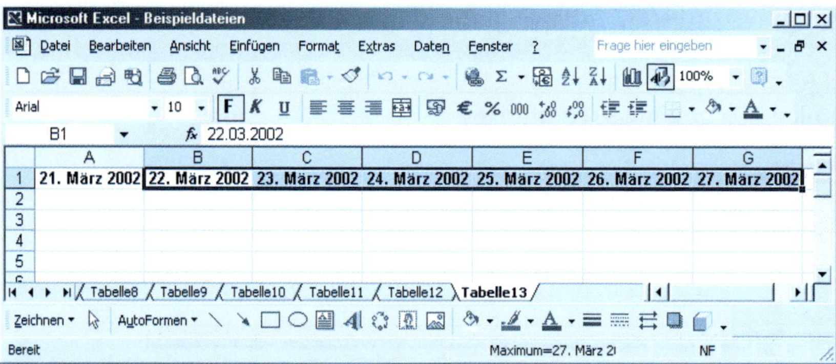

Die Spalten B1:G1 wurden automatisch angepasst

Formate entfernen

Entfernen können Sie Formate mit Hilfe der Methode `ClearFormats`. Im Listing 2.31 werden auf der TABELLE14 im Bereich B2:B10 alle Zellenformatierungen entfernt.

Sehen Sie sich vorher die Ausgangsituation an.

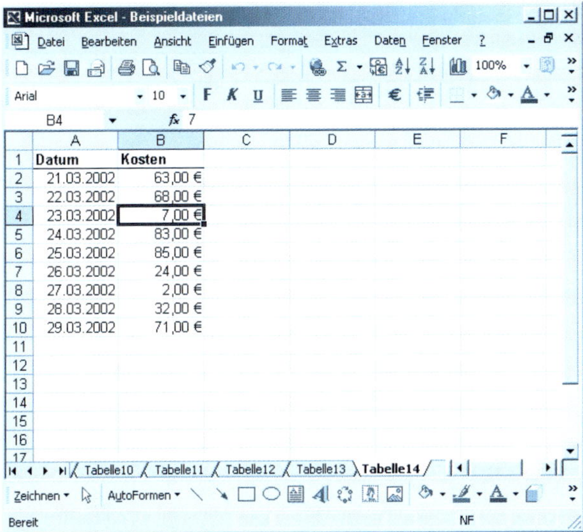

Die Spalte B wurde mit _ und zwei Nachkommastellen formatiert

Entfernen Sie jetzt alle Formatierungen in Spalte B und setzen für diese Aufgabe das Makro aus Listing 2.31 ein.

```
Sub FormateLöschen()
 Sheets("Tabelle14").Activate
 Range("B2:B10").ClearFormats
End Sub
```

Listing 2.31: Formate entfernen

Die Methode `ClearFormats` löscht jegliche Formatierung einer Zelle bzw. eines Zellenbereiches.

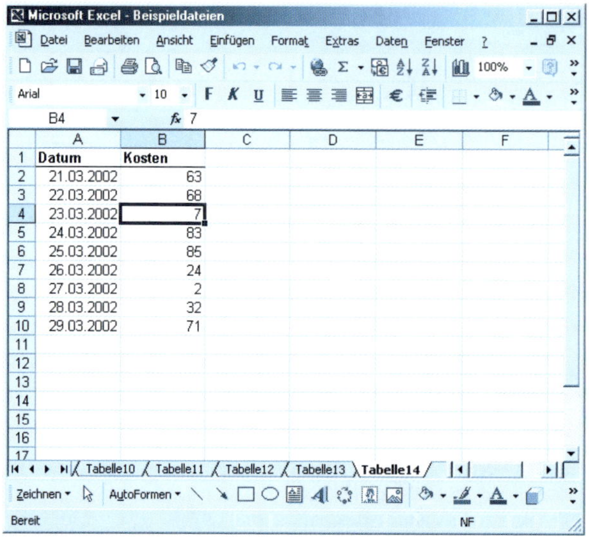

Alle Formate in Spalte B wurden entfernt

Achtung

Aufpassen müssen Sie, wenn Sie die Formatierung von Datumszellen entfernen. Dabei werden die Datumsangaben in Zahlenwerte umgewandelt. Intern rechnet Excel Datumsangaben in Zahlenwerte um. So stellt das Datum 21.03.2002 die Zahl 37338 dar. Excels Standarddatumsrechnung beginnt am 01.01.1900. Die Zahl 37338 bedeutet, dass genau so viele Tage in der Zwischenzeit vergangen sind.

Arbeiten mit Kommentaren

Kommentare können Sie in Excel u. a. einsetzen, um wichtige Vermerke zu bestimmten Zelleninhalten zu setzen oder auch, um Änderungen an Zellen zu dokumentieren. Ob für eine Zelle ein Kommentar vorgenommen wurde, erkennen Sie normalerweise am roten Dreieck in der rechten oberen Ecke der Zelle, sofern die Ansicht dieses Indikators unter EXTRAS/OPTIONEN/ANSICHT in Excel eingestellt ist.

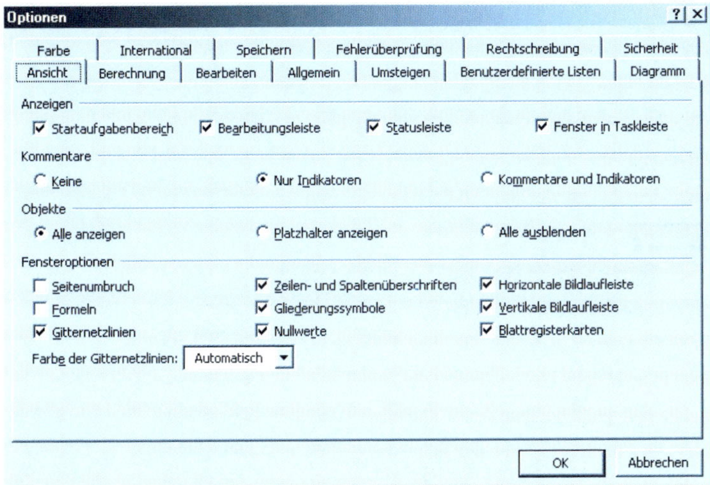

Kommentare einstellen

Wenn Sie den Mauszeiger auf eine Zelle positionieren, wird automatisch ein kleines Textfenster eingeblendet, welches den Kommentar beinhaltet. Sehen Sie nun anhand einiger Praxisbeispiele, wie Sie mit Kommentaren in Excel arbeiten.

Kommentare einfügen

Wenn Sie Kommentare in Excel erfassen, wird standardmäßig oberhalb der eigentlichen Notiz der Name des Bearbeiters im Kommentar eingetragen. Besser wäre es, in einem Kommentar noch zusätzlich das Datum und die Uhrzeit zu erfassen, um Rückschlüsse auf die Aktualität der Kommentare ziehen zu können. Oft schlummern Kommentare jahrelang in Zellen, ohne überhaupt noch relevant zu sein. Um Anwender nicht zu verunsichern, sollte in Kommentaren daher neben den eigentlichen Erfassern der Notiz immer auch eine Datumsangabe stehen.

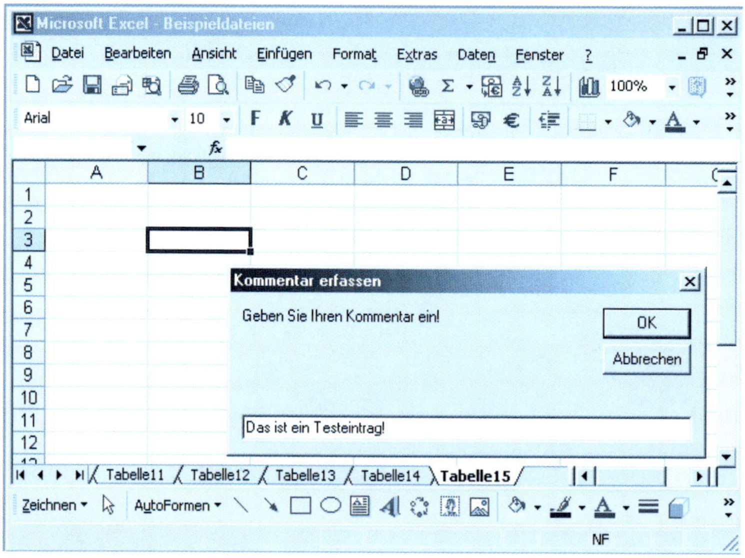

Einen Kommentar erfassen

Das folgende Makro in Listing 2.32 fügt einen solchen Kommentar in der momentan aktiven Zelle ein.

```
Sub KommentarErfassen()
Dim Kom As Comment
Dim s As String

Sheets("Tabelle15").Activate
 s = InputBox _
   ("Geben Sie Ihren Kommentar ein!", _
   "Kommentar erfassen")
 If s = "" Then Exit Sub
  Set Kom = ActiveCell.AddComment
  Kom.Text Application.UserName & Chr(10) _
  & Date & Chr(10) & Time & " Uhr" & Chr(10) & s
  With Kom.Shape.TextFrame
  .Characters.Font.Name = "Courier"
  .Characters.Font.Size = 12
  .AutoSize = True
  End With
End Sub
```

Listing 2.32: Kommentar in aktive Zelle einfügen

Definieren Sie zuerst eine Variable vom Typ `Comment`. Danach geben Sie in einer Inputbox Ihren Kommentar ein. Mit Hilfe der Methode `AddComment` fügen Sie in der aktiven Zelle zunächst noch einen leeren Kommentar ein. Über die Eigenschaft `UserName` ermitteln Sie den Namen des Benutzers, welchen Excel übrigens aus der Einstellung unter EXTRAS/OPTIONEN/ALLGEMEIN holt. Danach setzen Sie das Verkettungszeichen `&` ein, um dem Kommentarfenster weitere Informationen hinzuzufügen. Die Funktion `Chr(10)` bewirkt einen Zeilenvorschub, die Funktionen `Date` und `Time` sorgen für die gewünschten Zusatzinformationen für den Kommentar. Am Ende fügen Sie den eigentlichen Kommentartext ein, den Sie vorher in der String-Variablen `s` zwischengespeichert haben. Wenn Sie möchten, können Sie anschließend noch die Schriftart bzw. die Schriftgröße des Kommentars anpassen.

Hinweis

Ganz wichtig ist die Eigenschaft `AutoSize`. *Diese Eigenschaft sorgt dafür, dass sich die Größe des Kommentarfensters automatisch dem eingegebenen Text anpasst.*

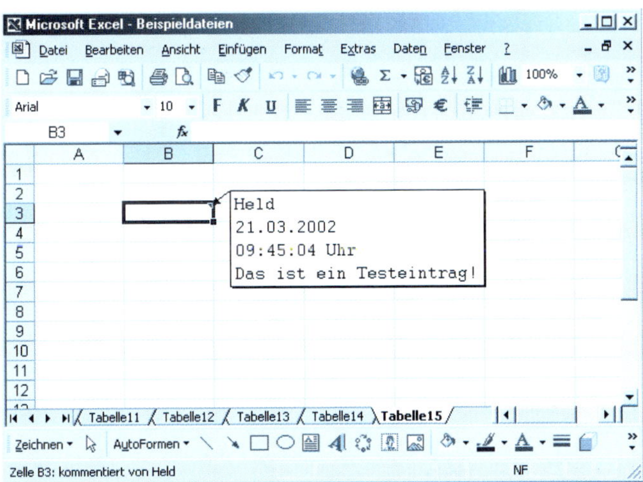

Genaue Informationen zur vorgenommen Kommentierung

Kommentare schnell finden

Sollte die Ansicht des roten Indikators im Menü EXTRAS unter OPTIONEN auf dem Registerblatt ANSICHT deaktiviert sein, ist es recht schwer, Kommentare in Tabellen aufzufinden. Kommentare finden Sie am schnellsten, wenn Sie den Dialog GEHE ZU aufrufen, die Schaltfläche INHALTE klicken und die Option KOMMENTARE anklicken.

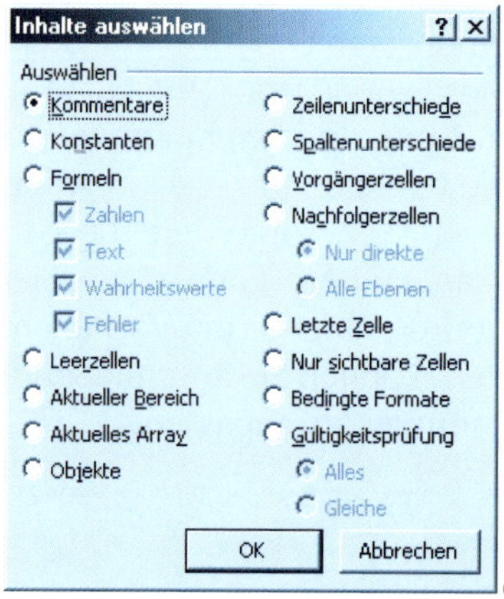

Selbstverständlich können Sie hierfür auch noch schneller ein kleines Makro schreiben, welches alle Zellen markiert, die Kommentare enthalten. Zusätzlich sorgt es dafür, dass der rote Indikator wieder angezeigt wird. Sehen Sie sich nun einmal die folgende Abbildung an:

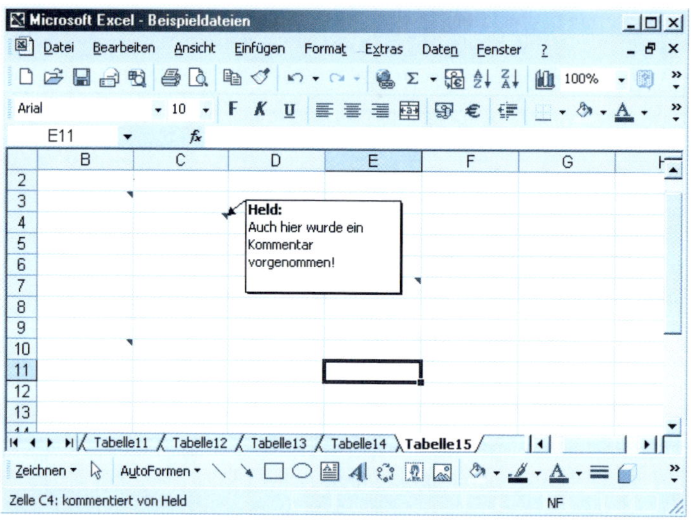

Es sind mehrere Kommentare auf der Tabelle eingefügt worden

Markieren Sie jetzt alle Kommentarzellen, indem Sie das Makro aus Listing 2.33 starten.

```
Sub KommentareFinden()
 Sheets("Tabelle15").Activate
 On Error Resume Next
 Selection.SpecialCells(xlCellTypeComments).Select
 If Application.DisplayCommentIndicator = 0 Then _
 Application.DisplayCommentIndicator = 1
End Sub
```

Listing 2.33: Kommentarzellen markieren

Auch in diesem Beispiel können Sie wieder die Methode `SpecialCells` einsetzen, der Sie die Konstante `xlCellTypComments` übergeben. Indem Sie die Eigenschaft `DisplayCommentIndicator` auf den Wert `1` setzen oder die Konstante `xlCommentIndicatorOnly` verwenden, wird der Indikator in Kommentarzellen wieder angezeigt.

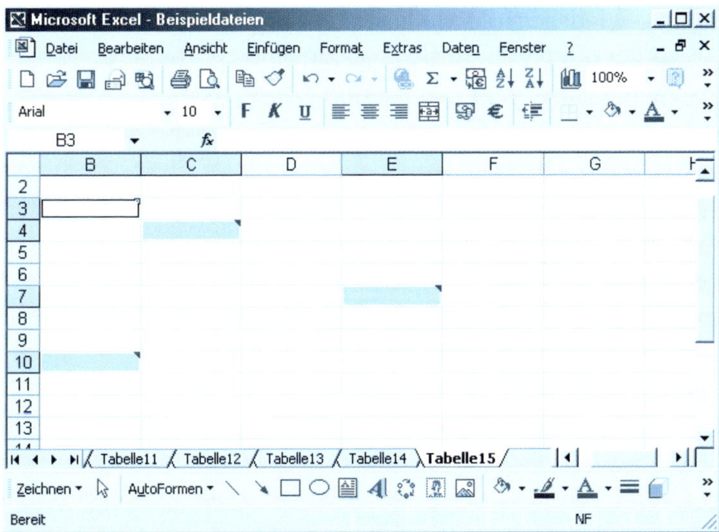

Alle Kommentarzellen sind nun markiert

Weitere Möglichkeiten der Kommentaranzeige entnehmen Sie der folgenden Tabelle.

Konstante	Index	Beschreibung
`XlNoIndicator`	0	Es wird kein Indikator angezeigt.
`xlCommentIndicatorOnly`	1	Es wird lediglich der Indikator angezeigt.
`xlCommentAndIndicator`	2	Es werden sowohl der Indikator als auch der Kommentar dauerhaft angezeigt.

Tabelle 2.7: Die Ansicht von Kommentaren regeln

Kommentare löschen

Für das Löschen von Kommentaren setzen Sie die Methode `ClearComments` ein. Dabei können Sie wiederum die Methode `SpecialCells` einsetzen, die alle Kommentare vorher markiert, um sie anschließend zu löschen.

Im nächsten Beispiel in Listing 2.34 werden alle Kommentare ohne weitere Rückfrage auf der TABELLE15 gelöscht.

```
Sub KommentareLöschen()
Sheets("Tabelle15").Activate
 On Error Resume Next
 Selection.SpecialCells(xlCellTypeComments).Select
 Selection.ClearComments
End Sub
```

Listing 2.34: Alle Kommentare einer Tabelle löschen

Die Kommentare wurden gelöscht, die Markierung bleibt erhalten.

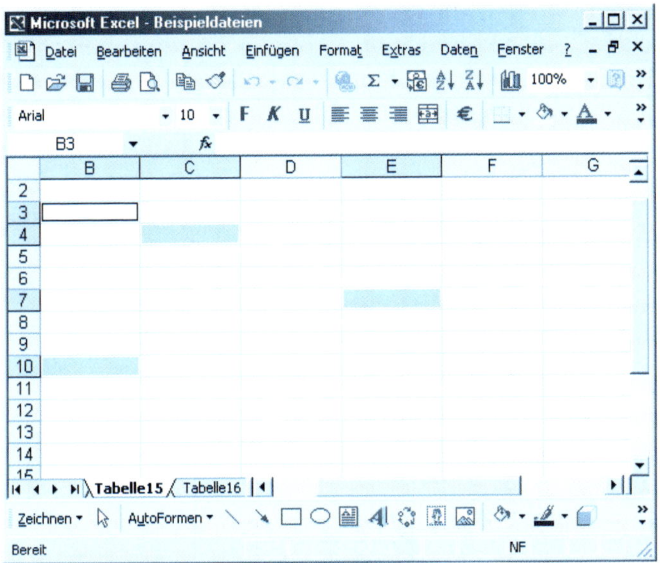

Kommentare formatieren

Standardmäßig werden Kommentare in Excel in der Schriftart TAHOMA und der Schriftgröße 8 formatiert. Wenn Ihnen diese Formatierung nicht gefällt und Sie alle Ihre Kommentare in Ihrer Tabelle umformatieren möchten, dann starten Sie das Makro aus Listing 2.35. Dabei werden alle Kommentare der TABELLE15 mit der Schriftart ARIAL und der Schriftgröße 10 formatiert.

```
Sub KommentareFormatieren()
Dim Kom As Comment

Sheets("Tabelle15").Activate
    For Each Kom In ActiveSheet.Comments
        With Kom.Shape.TextFrame.Characters.Font
         .Name = "Arial"
         .Size = 10
        End With
    Next Kom
   Application.DisplayCommentIndicator = _
 xlCommentIndicatorOnly
End Sub
```

Listing 2.35: Kommentaren andere Schriftart bzw. Schriftgröße zuweisen

In einer For Each-Schleife werden alle Kommentare des Tabellenblattes ermittelt. Danach sprechen Sie den Kommentar an, indem Sie von außen nach innen gehen. Es wird also erst das Objekt Shape angesprochen, das zunächst die äußere Form des Kommentars darstellt. Danach wird das TextFrame-Objekt angesprochen, welches sich um die Ausrichtung des Kommentars kümmert. Jetzt wird das Objekt Characters angegangen, welches die Zeichen innerhalb des Textrahmens eines Kommentars darstellt. Nun fehlt nur noch das Objekt Font, über das Sie die Schriftart sowie den Schriftgrad des Kommentars festlegen können.

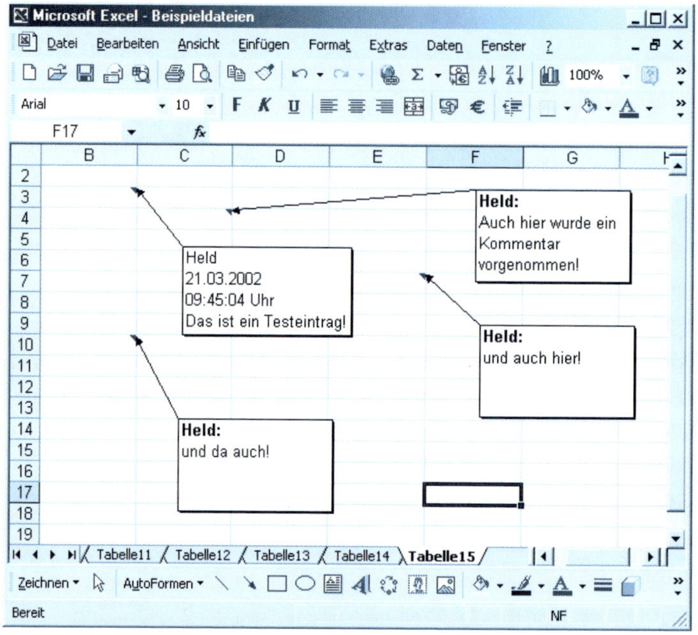

Alle Kommentare wurden formattechnisch angepasst

Bereiche und Zellen benennen

Selbstverständlich können Sie zur leichteren Navigation auf Tabellenblättern und zur besseren Übersichtlichkeit Ihres Quellcodes einzelnen Zellen oder Bereichen auch einen Namen geben und diese dann über diesen Namen ansprechen.

Ob in einer Arbeitsmappe Namen verwendet werden, erfahren Sie, indem Sie aus dem Menü EINFÜGEN den Befehl NAMEN/DEFINIEREN auswählen. In einem Listenfeld sehen Sie alle in der Arbeitsmappe verwendeten Namen.

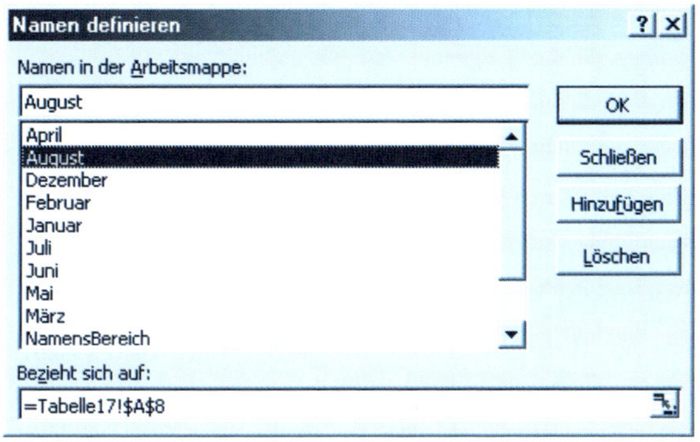

Zellen benennen

Achtung

Bei der Vergabe eines Namens müssen Sie darauf achten, dass Sie die allgemeinen Namenskonventionen einhalten. Dabei muss das erste Zeichen des Namens ein Buchstabe oder auch ein Unterstrich sein. Beachten Sie auch, dass Namen nicht wie Zellenbezüge benannt werden dürfen. Bei der Länge eines Namens können Sie bis zu 255 Zeichen verwenden, was in der Programmierung jedoch eher umständlich ist. Hier sollten Sie sich auf kurze, aber sprechende Namen verständigen. Eine weitere Einschränkung bei der Namenvergebung ist, dass Sie Namen nicht aus mehreren Wörtern bilden dürfen, d.h. konkret, dass Sie keine Leerzeichen verwenden dürfen. Die Groß- und Kleinschreibung spielt bei der Vergabe von Namen jedoch keine Rolle.

Bereich benennen

Das folgende Beispiel in Listing 2.36 gibt dem Zellbereich A1:A10 auf der TABELLE16 den Namen NAMENSBEREICH und markiert diesen sofort im Anschluss daran.

```
Sub BereichBenennen()
Dim Bereich As Range

 Sheets("Tabelle16").Activate
 Set Bereich = Sheets("Tabelle16").Range("A1:A10")
   ActiveWorkbook.Names.Add _
   Name:="NamensBereich", _
```

```
    RefersTo:=Bereich, Visible:=True
    Bereich.Select
End Sub
```

Listing 2.36: Bereich benennen und markieren

Definieren Sie zuerst den gewünschten Bereich und speichern ihn in der Variablen `Bereich`. Danach wenden Sie die Methode `Add` an, um einen Namen festzulegen. Die Methode `Add` weist folgende Argumente auf:

Im ersten Argument `Name` geben Sie den gewünschten Namen an, unter dem Sie später den Zellenbereich ansprechen möchten. Dabei können Sie den Namen frei wählen. Sie müssen allerdings darauf achten, dass Sie bei der Namensgebung die vorher beschriebenen Namenskonventionen einhalten. Den gewählten Namen müssen Sie in Anführungszeichen setzen. Das Argument `RefersTo` gibt an, auf welchen Zellbereich sich der Name beziehen soll. Das Argument `Visible` bestimmt, ob der Name für den Anwender sichtbar sein soll oder nicht. Verwendete Namen können Sie in Excel anzeigen lassen, indem Sie den Befehl NAME/DEFINIEREN aus dem Menü EINFÜGEN wählen. Setzen Sie das Argument `Visible` auf den Wert `False`, wenn Sie verhindern möchten, dass der Anwender den von Ihnen gewählten Namen einsehen kann. Die Standardeinstellung für dieses Argument ist jedoch `True`, was bedeutet, dass sowohl die verwendeten Namen als auch deren Zellenadressen vom Anwender eingesehen werden können.

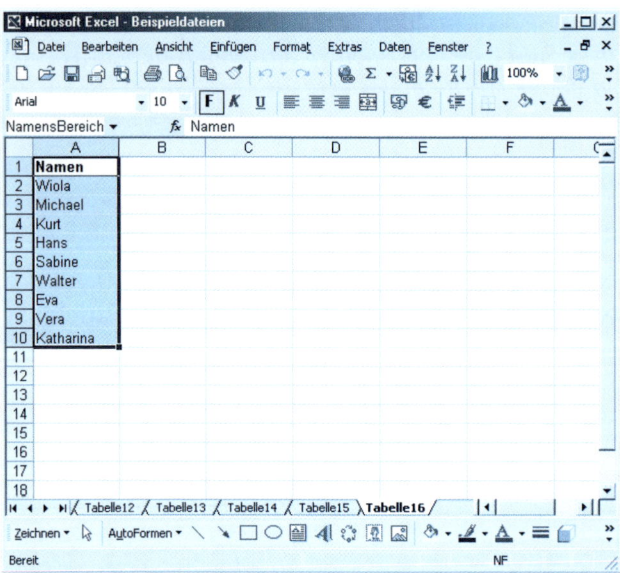

Bereich benennen

Tipp

Excel verwendet auch intern Namen. So wird der Name DRUCKBEREICH *automatisch vergeben, wenn Sie auf Ihrem Tabellenblatt einen Druckbereich erstellen. Ebenso wird der Namen* DRUCKTITEL *von Excel intern benutzt, wenn Sie Wiederholungszeilen im Menü* DATEI *unter dem Befehl* SEITE EINRICHTEN *auf der Registerkarte* TABELLE *definieren. Zwei weitere reservierte Namen, die Sie nicht verwenden sollten, lauten* ZIELBEREICH *bzw.* SUCHKRITERIEN. *Diese beiden Namen werden automatisch festgelegt, wenn Sie eine Tabelle mit dem Spezialfilter aus dem Menü* DATEN *auswerten.*

Gehen Sie jetzt wie folgt vor, um die interne Namensvergabe von Excel zu überprüfen:

1 Markieren Sie in der TABELLE16 den Zellenbereich A1:A10.

2 Wählen Sie aus dem Menü DATEI den Befehl DRUCKBEREICH/DRUCKBEREICH FESTLEGEN.

3 Wählen Sie aus dem Menü EINFÜGEN den Befehl NAMEN/DEFINIEREN.

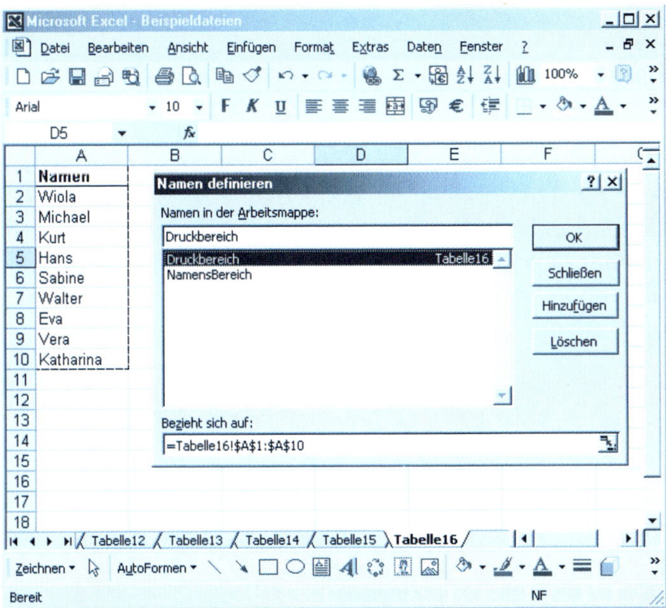

Der Name Druckbereich wird von Excel intern verwendet

Mehrere Zellen benennen

Es ist ziemlich langwierig, wenn Sie für mehrere Zellen auf Ihrem Tabellenblatt Namen vergeben möchten. Die Namen müssen nämlich einer nach dem anderen manuell festgelegt werden. Diese Aufgabe können Sie durch ein Makro automatisieren. Dabei werden im Listing 2.37 auf dem Tabellenblatt TABELLE17 die Zellen A1:A12 jeweils mit dem jeweiligen Zellenwert als Namen ausgestattet. Geben Sie für diesen Zweck die zwölf Monatsnamen Januar bis Dezember in die Zellen A1:A12 ein und starten danach das Makro aus Listing 2.37.

```
Sub MehrereZellenBenennen()
Dim Bereich As Range
Dim i As Integer

 Sheets("Tabelle17").Activate
 Range("A1").Select
 For i = 1 To 12
  Set Bereich = Range("A" & i)
   ActiveWorkbook.Names.Add _
   Name:=ActiveCell.Value, _
   RefersTo:=Bereich, Visible:=True
   ActiveCell.Offset(1, 0).Select
 Next I
End Sub
```

Listing 2.37: Zelleninhalte für Namensvergabe verwenden

Aktivieren Sie zu Beginn des Makros die Tabelle, auf der Sie die automatische Namensvergabe durchführen möchten. Danach setzen Sie den Mauszeiger auf die Startzelle A1. Durchlaufen Sie danach eine Schleife genau 12 Mal. Bei jedem Schleifendurchlauf basteln Sie sich den Bereich zusammen und speichern ihn in einer Objektvariablen. Bilden Sie dann den Namen direkt aus der gerade aktiven Zelle. Setzen Sie hierfür die Methode `Add` ein und weisen im Argument `Name` den aktuellen Zellenwert zu.

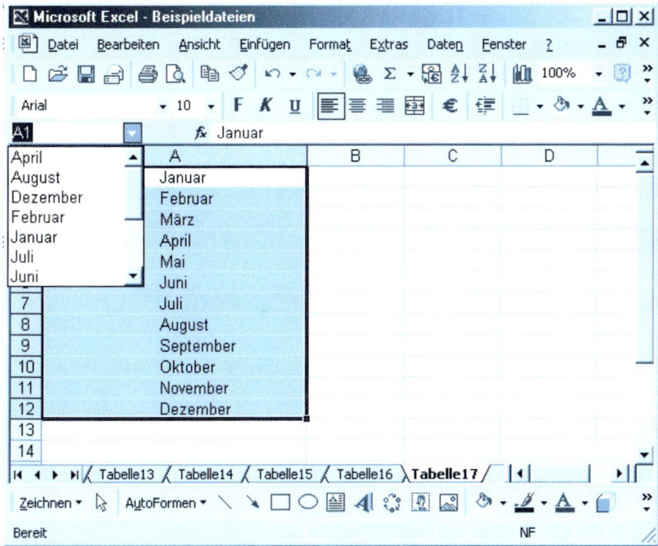

Zellen für die Namensvergabe heranziehen

Bezüge von benannten Bereichen ermitteln

Wenn Sie über das Menü EINFÜGEN und den Befehl NAME/DEFINIEREN gehen, können Sie sehen, welcher Zellenbezug zum jeweiligen Namen gehört.

In VBA können Sie die Zellenbezüge zu den verwendeten Namen auslesen, indem Sie das Makro Listing 2.38 starten.

```
Sub BereichsadresseErmitteln()
Dim Bereich As Range

 Sheets("Tabelle16").Activate
 Set Bereich = Range(Range("NamensBereich").Address)
 MsgBox Bereich.Address(external:=True)
End Sub
```

Listing 2.38: Die Zellenadresse von benannten Bereichen ermitteln

Mit Hilfe der Eigenschaft `Address` können Sie den Zellenbezug ermitteln, welcher hinter dem Namen NAMENSBEREICH steckt. Diesen Bezug geben Sie danach auf dem Bildschirm über die Funktion `Msgbox` aus.

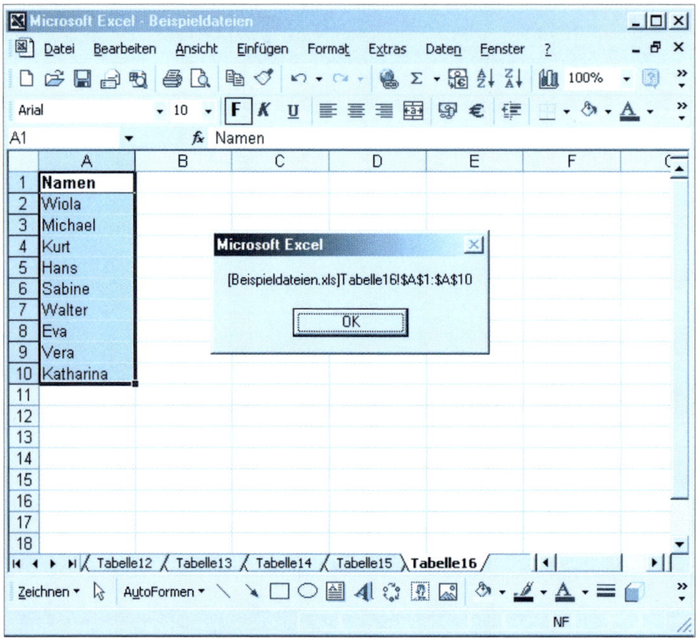

Die genaue Adresse des benannten Bereichs ermitteln

Zellen bearbeiten

Oft liegen Daten nicht ganz so vor, wie man sie eigentlich bräuchte. Eine manuelle Umformatierung ist dann eine manchmal stundenfüllende Beschäftigung. Diese Arbeit können Sie automatisch über den Einsatz von Makros durchführen. Lernen Sie auf den nächsten Seiten ein paar typische Beispiele aus der Praxis kennen, die den Einsatz von Makros geradezu fordert.

Zellen auseinander nehmen

Stellen Sie sich vor, Sie haben eine Liste mit Vor- und Nachnamen vorliegen. Leider wurden beide Namen in einer Zelle erfasst, wie Sie in der nächsten Abbildung sehen können.

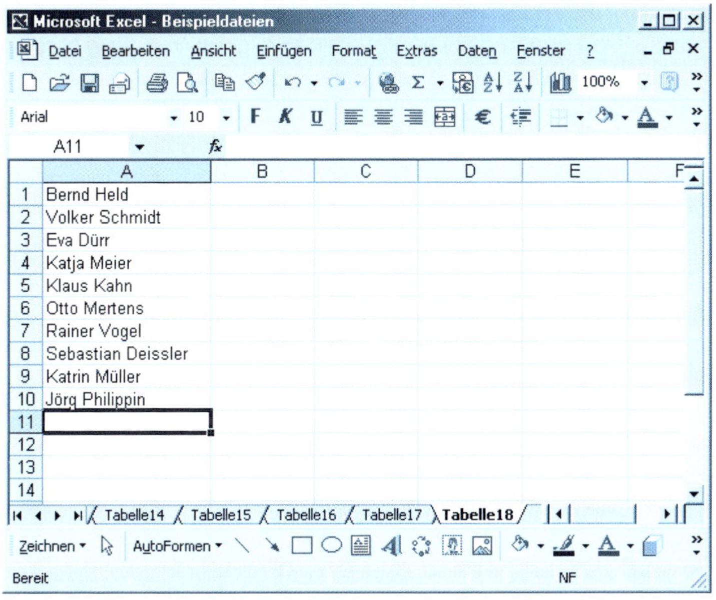

Die Ausgangssituation

Ihre Aufgabe besteht nun darin, die Namen zu trennen. Dabei sollen in Spalte B die Vornamen und in Spalte C die Nachnamen geschrieben werden.

Extrahieren Sie die Vornamen aus der Spalte A und übertragen diese in Spalte B. Das Makro für diese Aufgabe können Sie in Listing 2.39 sehen.

```
Sub ZellenAuseinderNehmen()
Dim i As Integer

Sheets("Tabelle18").Activate
Range("A1").Select
Do Until ActiveCell.Value = ""
i = InStr(ActiveCell.Value, " ")
ActiveCell.Offset(0, 1).Value = _
Left(ActiveCell.Value, i - 1)
ActiveCell.Offset(1, 0).Select
Loop
End Sub
```

Listing 2.39: Den Vornamen extrahieren

Aktivieren Sie zuerst die Tabelle, auf der die Namen aufgelistet sind. Danach setzen Sie den Mauszeiger auf die Startzelle der Tabelle und fügen eine Schleife ein, die so lange durchlaufen wird, bis die erste leere Zelle in der

Tabelle festgestellt wird. Innerhalb der Schleife ermitteln Sie über die Funktion `Instr`, an welcher Position genau das Leerzeichen zwischen Vor- und Nachnamen vorkommt, und speichern Sie diese Information in der Variablen `i`. Im nächsten Schritt verweisen Sie auf die Nebenzelle, indem Sie die Eigenschaft `Offset` einsetzen und als Spaltenargument den Wert `1` angeben. Nun kommt die Funktion `Left` ins Spiel. Mit Hilfe dieser Funktion übertragen Sie eine bestimmte Anzahl von Zeichen vom linken Zellenrand her gesehen in die Nebenzelle. Die genaue Anzahl der zu übertragenden Zeichen haben Sie vorher über die Funktion `Instr` ermittelt. Da bei der Zählung das Leerzeichen auch mitgezählt wurde, subtrahieren Sie davon noch den Wert `1`, damit dieses Leerzeichen nicht mitübertragen wird. Vergessen Sie nicht, den Zellenzeiger nach der Bearbeitung eine Zelle weiter nach unten zu setzen. Weisen Sie dazu der Eigenschaft `Offset` als Zeilenargument den Wert `1` zu.

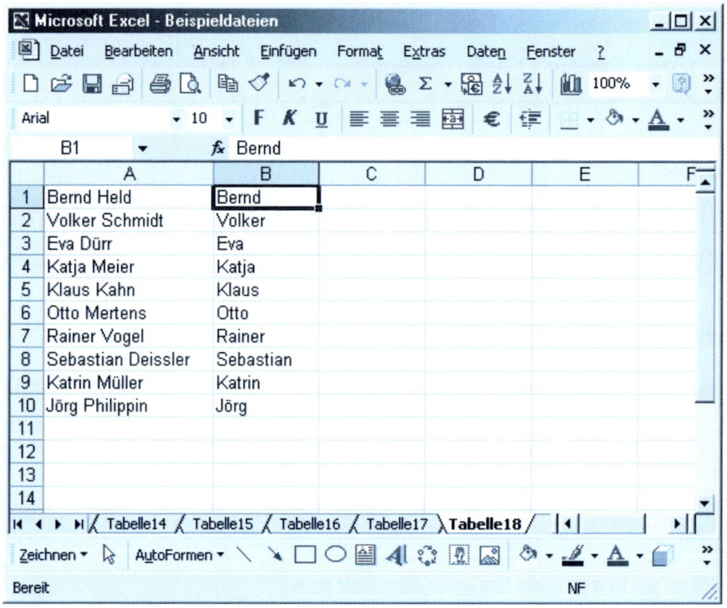

Die Vornamen wurden übertragen

Extrahieren Sie jetzt aus der Spalte A die Nachnamen.

```
Sub ZellenAuseinderNehmenTeil2()
Dim i As Integer
Dim e As Integer

Sheets("Tabelle18").Activate
Range("A1").Select
Do Until ActiveCell.Value = ""
i = InStr(ActiveCell.Value, " ")
e = Len(ActiveCell.Value)
ActiveCell.Offset(0, 2).Value = _
 Mid(ActiveCell.Value, i + 1, e - 1)
ActiveCell.Offset(1, 0).Select
Loop
End Sub
```

Listing 2.40: Den Nachnamen extrahieren

Aktivieren Sie zuerst die Tabelle, auf der die Namen aufgelistet sind. Danach setzen Sie den Mauszeiger auf die Startzelle der Tabelle und fügen eine Schleife ein, die so lange durchlaufen wird, bis die erste leere Zelle in der Tabelle festgestellt wird. Innerhalb der Schleife ermitteln Sie über die Funktion `Instr`, an welcher Position genau das Leerzeichen zwischen Vor- und Nachnamen vorkommt, und speichern diese Information in der Variablen `i`. Im nächsten Schritt verweisen Sie auf die Nebenzelle, indem Sie die Eigenschaft `Offset` einsetzen und als Spaltenargument den Wert `1` angeben. Mit Hilfe der Funktion `Mid` können Sie einen Teil einer Zelle extrahieren. Dabei setzen Sie bei der ermittelten Position des Leerzeichens auf und addieren den Wert `1`. Sie sind jetzt genau am ersten Buchstaben des Nachnamens angelangt.

Nun fehlt Ihnen noch die Information, wie viele Zeichen ab dieser gerade ermittelten Position übertragen werden sollen. Diese Information können Sie ermitteln, indem Sie zuerst einmal die Gesamtlänge der eingegebenen Zeichen in der Zelle über die Funktion `Len` abfragen. Danach subtrahieren Sie diese Gesamtlänge, die Sie in der Variablen `e` gespeichert haben, von der Variablen `i`. Damit übertragen Sie nur so viele Zeichen, wie der jeweilige Nachnamen lang ist.

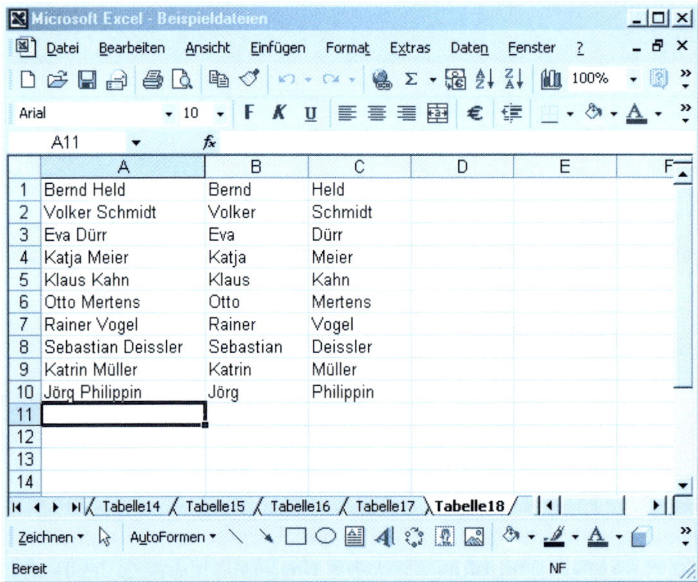

Auch die Nachnamen in Spalte C wurden aus Spalte A extrahiert

Zellen miteinander verbinden

Nachdem Sie jetzt wissen, wie Sie Zellentext auseinander nehmen können, erfahren Sie nun, wie Sie mehrere Zellen miteinander verbinden können. Im folgenden Beispiel soll der Inhalt aus drei Spalten (A, B und C) in einer Spalte (D) zusammengefasst werden. Die Ausgangsituation sieht dabei wie folgt aus:

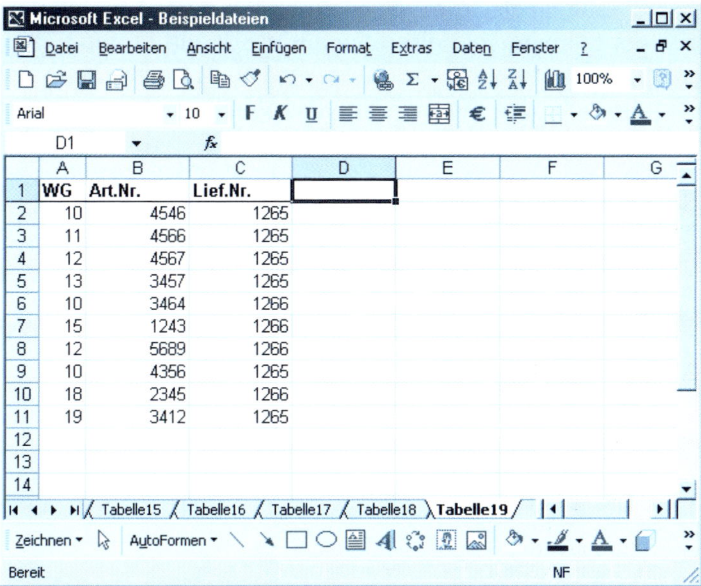

	A	B	C	D	E	F	G
1	WG	Art.Nr.	Lief.Nr.				
2	10	4546	1265				
3	11	4566	1265				
4	12	4567	1265				
5	13	3457	1265				
6	10	3464	1266				
7	15	1243	1266				
8	12	5689	1266				
9	10	4356	1265				
10	18	2345	1266				
11	19	3412	1265				
12							
13							
14							

Mehrere Spalten sollen zusammengefasst werden

Ihre Aufgabe besteht nun darin, die einzelnen Zellen in einer einzigen Zelle in Spalte D zusammenzuführen. Dabei sollen die einzelnen Stücke durch einen Bindestrich als Trennzeichen zusammengeführt werden. So wird aus 10 4546 1265 die zusammengesetzte Information 10-4546-1265. Um diese Aufgabe zu lösen, starten Sie das Makro aus Listing 2.41.

```
Sub ZellenZusammenführen()
Sheets("Tabelle19").Activate
Range("A1").Select
Do Until ActiveCell.Value = ""
ActiveCell.Offset(0, 3).Value = _
ActiveCell.Value & "-" & _
ActiveCell.Offset(0, 1).Value & "-" & _
ActiveCell.Offset(0, 2).Value
ActiveCell.Offset(1, 0).Select
Loop
End Sub
```

Listing 2.41: Zelleninhalte zusammenführen

Durchlaufen Sie eine Schleife bis zum ersten Auftreten einer Leerzelle in Spalte A. Innerhalb der Schleife verweisen Sie auf die Spalte D und fügen dort die einzelnen Inhalte der Spalten A, B und C ein. Als Trennzeichen verwenden Sie den Bindestrich, den Sie mit Hilfe des Verkettungsoperators & einbinden.

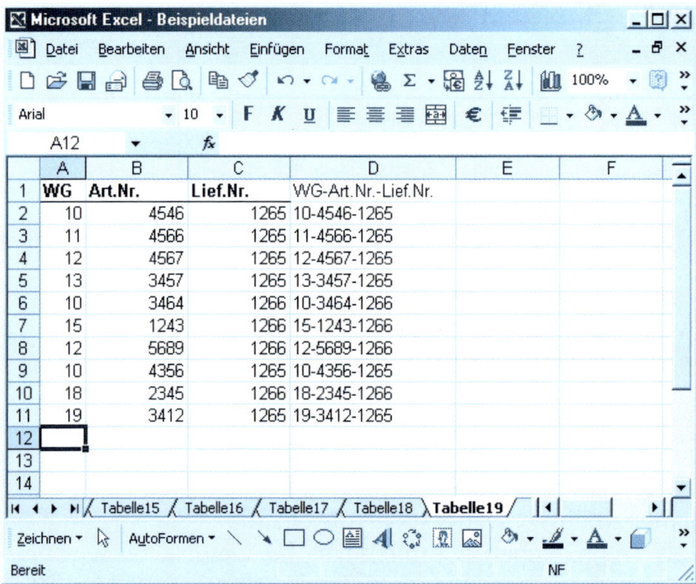

	A	B	C	D
1	WG	Art.Nr.	Lief.Nr.	WG-Art.Nr.-Lief.Nr.
2	10	4546	1265	10-4546-1265
3	11	4566	1265	11-4566-1265
4	12	4567	1265	12-4567-1265
5	13	3457	1265	13-3457-1265
6	10	3464	1266	10-3464-1266
7	15	1243	1266	15-1243-1266
8	12	5689	1266	12-5689-1266
9	10	4356	1265	10-4356-1265
10	18	2345	1266	18-2345-1266
11	19	3412	1265	19-3412-1265

Die Spalten A, B und C wurden in Spalte D zusammengeführt

Die kleine Erfolgskontrolle

Zum Abschluss dieses Kapitels beantworten Sie bitte die folgenden Fragen:

1. Welcher ColorIndex ist der Farbe Rot zugeordnet?
2. Wie heißt die Eigenschaft, über die Sie den Schriftschnitt KURSIV einstellen können?
3. Mit welcher Anweisung markiere ich die letzte verwendete Zelle in der aktiven Zelle?
4. Mit welcher Methode können Sie die Formatierung einer Zelle entfernen?

Kapitel 3

Der Zeilen-/Spalten-Workshop

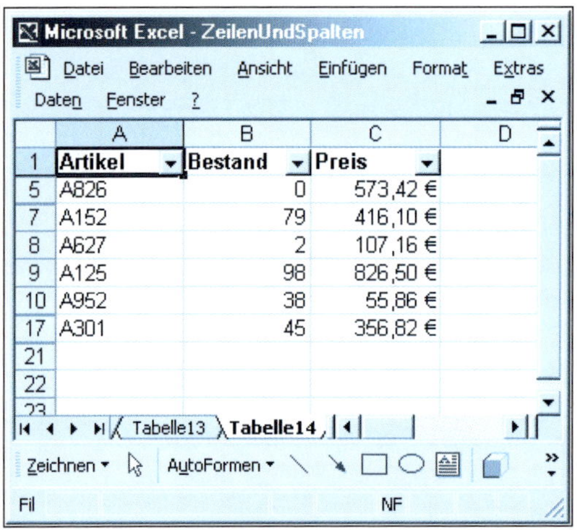

Nachdem wir bereits gelernt haben, wie wir mit Zellen in der Programmierung umgehen, lernen wir in diesem Kapitel, was man alles mit Zeilen und Spalten anstellen kann. Dazu gehört es, Zeilen und Spalten einzufügen, zu löschen oder ein- bzw. auszublenden. Des Weiteren können Sie in Spalten auch mit Filtern arbeiten, die es Ihnen erleichtern, umfangreiche Listen schnell auszuwerten.

Das können Sie schon:

Das lernen Sie neu:

Zeilen und Spalten markieren

Insgesamt stehen Ihnen in Excel pro Tabelle 65.536 Zeilen zur Verfügung. Diese können Sie mit einem Klick markieren, indem Sie links oben auf den Schnittpunkt der Zeilen- und Spaltenbeschriftung klicken.

Alle Zellen markieren

Diesen manuellen Vorgang können Sie im Übrigen auch mit dem Makro aus Listing 3.1 durchführen.

```
Sub AlleZellenMarkieren()
Sheets("Tabelle1").Activate
Cells.Select
End Sub
```

Listing 3.1: Alle Zellen der Tabelle markieren

Das Objekt `Cells` enthält alle Zellen einer Tabelle. Indem Sie die Methode `Select` auf dieses Objekt anwenden, markieren Sie alle Zellen der Tabelle. Das sind dann genau 256 Spalten x 65.536 Zeilen = 16.777.216 Zellen.

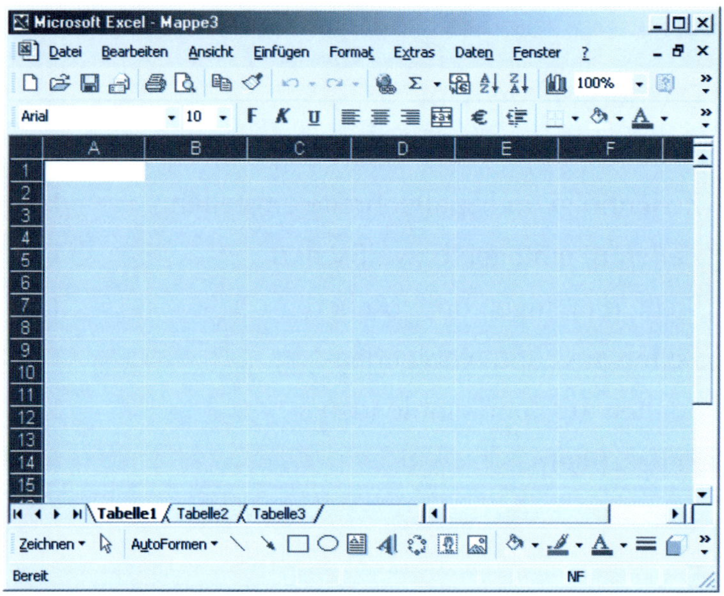

Alle Zellen sind markiert

Verwendete Zellen markieren

Für eine effektive Bearbeitung sollten Sie aber darauf achten, dass Sie gerade nicht alle Zeilen einer Tabelle bearbeiten, sondern besser nur die, die Sie wirklich anschließend bearbeiten möchten.

Um diese Aufgabenstellung zu lösen, setzen Sie das Makro aus Listing 3.2 ein.

```
Sub AlleBenötigtenZellenMarkieren()
Sheets("Tabelle1").Activate
ActiveSheet.UsedRange.Select
End Sub
```

Listing 3.2: Den verwendeten Bereich markieren

Über die Eigenschaft `UsedRange` erhalten Sie Auskunft darüber, welcher Bereich einer Tabelle mit Daten gefüllt ist. Mit der Methode `Select` markieren Sie diesen Bereich direkt im Anschluss.

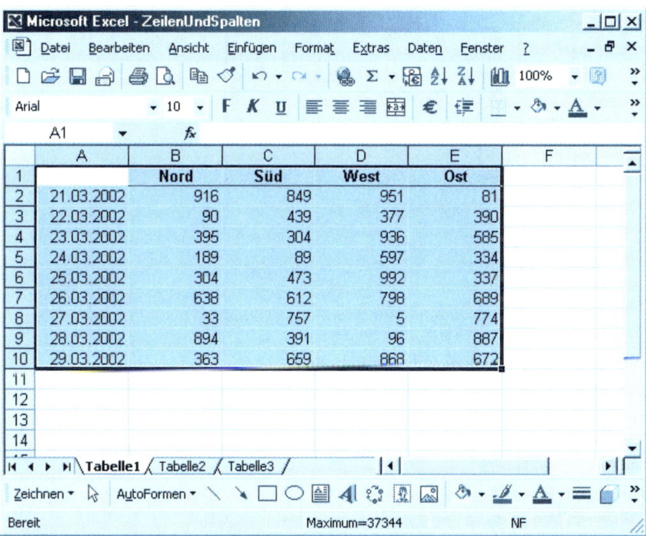

Nur die benutzten Zeilen werden markiert

Angrenzende Zellen markieren

Im folgenden Beispiel werden, ausgehend von einer aktiven Zelle, alle umliegenden Zellen markiert. Dazu setzen Sie in der folgenden Abbildung den Mauszeiger auf die Zelle G4 und starten das Makro aus Listing 3.3.

```
Sub UmliegendeZellenMarkieren()
Sheets("Tabelle2").Activate
Range("G4").Select
ActiveCell.CurrentRegion.Select
End Sub
```

Listing 3.3: Die umliegenden Zellen ermitteln und markieren

Die Eigenschaft `CurrentRegion` gibt ein `Range`-Objekt zurück, das den aktuellen Bereich darstellt. Der aktuelle Bereich wird von einer beliebigen Kombination leerer Zeilen und Spalten umschlossen. Über die Methode `Select` markieren Sie diesen Bereich.

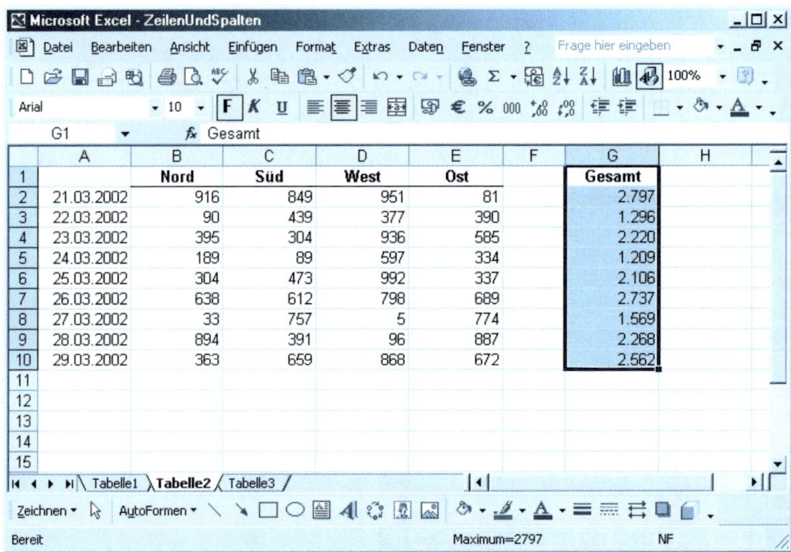

Umliegende Zellen markieren

Einzelne Zeile markieren

Die Markierung einer einzelnen Zeile ist kein Problem. Eine einzelne Zeile markieren Sie, indem Sie die Eigenschaft `Rows` auf das Objekt `Range` anwenden. So markieren Sie mit dem Makro aus Listing 3.4 die fünfte Zeile in der TABELLE2.

```
Sub BestimmteZeileMarkieren()
 Sheets("Tabelle2").Activate
 Rows("5:5").Select
End Sub
```

Listing 3.4: Eine bestimmte Zeile markieren

Geben Sie der Eigenschaft `Rows` bekannt, welche Zeile Sie meinen, und markieren diese über die Methode `Select`.

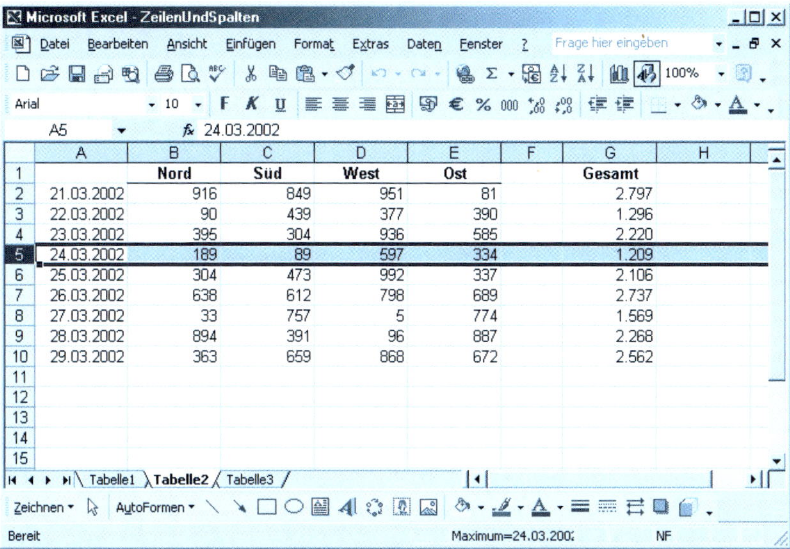

	A	B	C	D	E	F	G	H
1		Nord	Süd	West	Ost		Gesamt	
2	21.03.2002	916	849	951	81		2.797	
3	22.03.2002	90	439	377	390		1.296	
4	23.03.2002	395	304	936	585		2.220	
5	24.03.2002	189	89	597	334		1.209	
6	25.03.2002	304	473	992	337		2.106	
7	26.03.2002	638	612	798	689		2.737	
8	27.03.2002	33	757	5	774		1.569	
9	28.03.2002	894	391	96	887		2.268	
10	29.03.2002	363	659	868	672		2.562	

Die Zeile 5 wird komplett markiert

Mehrere Zeilen auf dem Tabellenblatt markieren

Sicher wissen Sie, dass Sie manuell mehrere Zeilen auf dem Tabellenblatt markieren können. Mit dem Einsatz der `Strg`-Taste im Zusammenspiel mit der linken Maustaste, mit welcher Sie auf die Zeilenköpfe klicken, markieren Sie mehrere, auch nicht zusammenliegende Zeilen. Wie funktioniert dies aber mit VBA?

Im nächsten Beispiel sollen die Zeilen 2, 3, 4 und 10 auf der TABELLE2 markiert werden.

```
Sub MehrfachauswahlZeilen()
 Sheets("Tabelle2").Activate
 Range("2:2,3:3,4:4,10:10").Select
End Sub
```

Listing 3.5: Mehrere Zeilen markieren

Wenden Sie in diesem Fall die Eigenschaft `Range` an und übergeben ihr die gewünschten Zeilen, die markiert werden sollen. Die Markierung selbst wird durch die Methode `Select` durchgeführt.

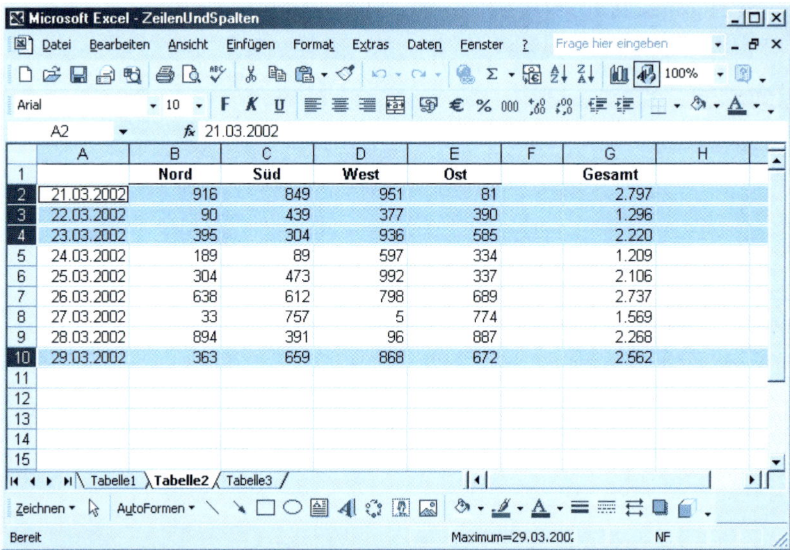

Mehrere Zeilen markieren

Einzelne Spalte markieren

Ähnlich wie schon bei der Markierung von Zeilen funktioniert es auch bei den Spalten. Eine Spalte markieren Sie normalerweise, indem Sie mit der linken Maustaste auf die Spaltenüberschrift klicken oder die Tastenkombination [Strg] + [Leer] drücken.

Im nächsten Beispiel soll die komplette Spalte G der TABELLE2 markiert werden. Setzen Sie zu diesem Zweck das Makro aus Listing 3.6 ein.

```
Sub EinzelneSpalteMarkieren()
 Sheets("Tabelle2").Activate
 Columns("G:G").Select
End Sub
```

Listing 3.6: Einzelne Spalte markieren

Eine einzelne Spalte markieren Sie, indem Sie die Eigenschaft `Columns` auf das `Range`-Objekt anwenden. Geben Sie bekannt, welche Spalte Sie genau bearbeiten möchten, und markieren diese über die Methode `Select`.

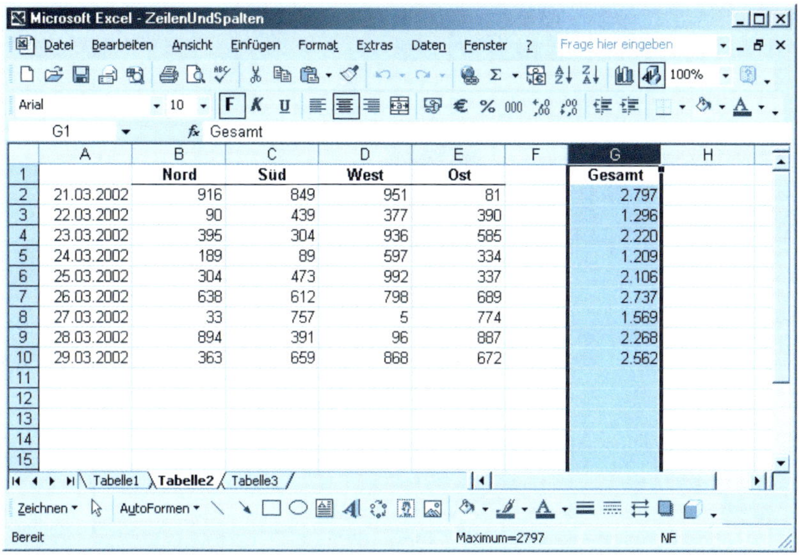

Einzelne Spalte markieren

Mehrere Spalten markieren

Wenn Sie mehrere, auch nicht zusammenhängende Spalten markieren möchten, sehen Sie sich das nächste Makro in Listing 3.7 an.

```
Sub MehrereSpaltenMarkieren()
 Sheets("Tabelle2").Activate
 Range("A:A,B:B,E:E").Select
End Sub
```

Listing 3.7: Mehrere Spalten markieren

Wenden Sie in diesem Fall die Eigenschaft `Range` an und übergeben ihr die gewünschten Spalten, die markiert werden sollen. Die Markierung selbst wird durch die Methode `Select` durchgeführt.

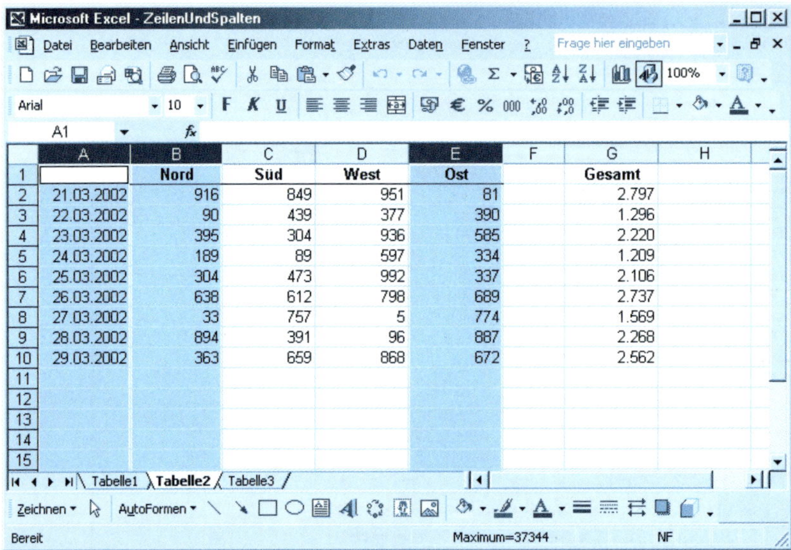

Die Spalten A, B und E wurden markiert

> **Hinweis**
>
> *Übrigens haben Sie auch die Möglichkeit, Spalten über Indizes zu markieren. Wissen müssen Sie dazu, dass die Spalte A den Index 1 und die letzte Spalte IV den Index 256 hat.*

Im nächsten Beispiel sollen die Spalten A bis E in der TABELLE2 markiert werden. Das Makro für diese Aufgabe sehen Sie in Listing 3.8.

```
Sub MehrereSpaltenMarkiernIndex()
Sheets("Tabelle2").Activate
Range(Columns(1), Columns(5)).Select
End Sub
```

Listing 3.8: Mehrere Spalten über Index markieren

Wenden Sie in diesem Fall die Eigenschaft `Range` an und übergeben ihr die gewünschten Spaltenindexe, die markiert werden sollen. Die Markierung selbst wird durch die Methode `Select` durchgeführt.

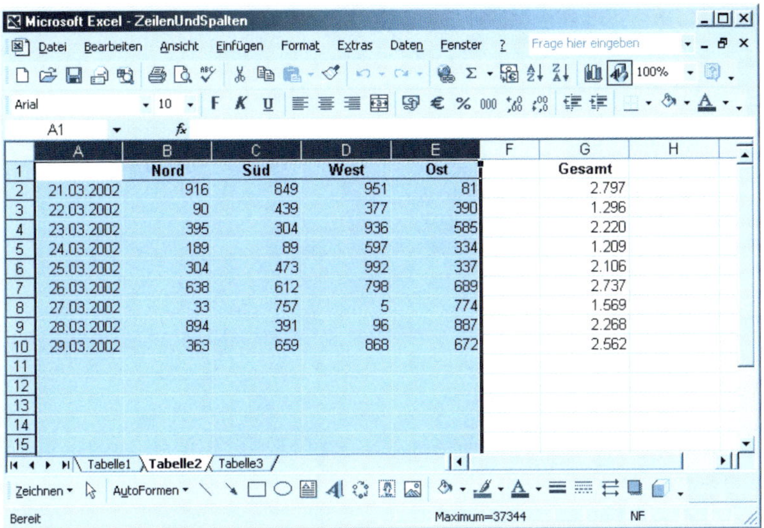

	Nord	Süd	West	Ost		Gesamt
21.03.2002	916	849	951	81		2.797
22.03.2002	90	439	377	390		1.296
23.03.2002	395	304	936	585		2.220
24.03.2002	189	89	597	334		1.209
25.03.2002	304	473	992	337		2.106
26.03.2002	638	612	798	689		2.737
27.03.2002	33	757	5	774		1.569
28.03.2002	894	391	96	887		2.268
29.03.2002	363	659	868	672		2.562

Mehrere Spalten über Index markieren

Zeilen und Spalten markieren

Um jeweils eine Spalte sowie eine Zeile in einem Arbeitsgang zu markieren, setzen Sie das Makro aus Listing 3.9 ein.

```
Sub BereicheMarkieren()
Dim Bereich1 As Range
Dim Bereich2 As Range
Dim Gesamtb As Range

Sheets("Tabelle2").Activate
Set Bereich1 = Rows(7)
Set Bereich2 = Columns("C:C")
Set Gesamtb = Union(Bereich1, Bereich2)
Gesamtb.Select
End Sub
```

Listing 3.9: Zeile und Spalte markieren

Legen Sie mit Hilfe der Anweisung `Set` erst einmal die Bereiche fest, die Sie gemeinsam ansprechen möchten. Danach fassen Sie die einzelnen Bereiche über die Methode `Union` zusammen. Dann markieren Sie den Gesamtbereich durch die Methode `Select`.

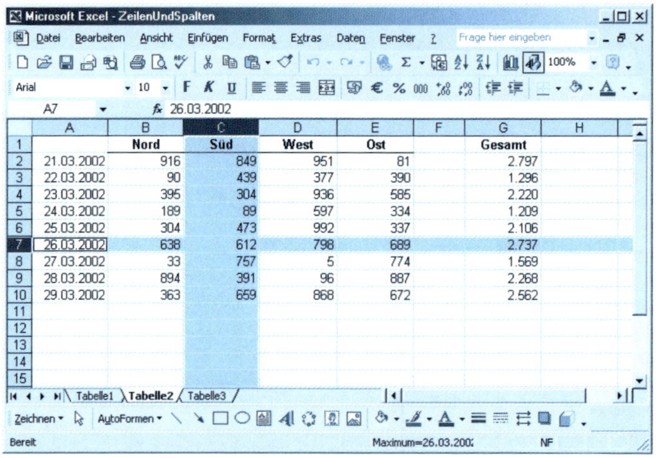

Spalte und Zeile markieren

Anzahl der verwendeten Zeilen ermitteln

Die Anzahl der verwendeten Zeilen auf einem Tabellenblatt können Sie ermitteln, indem Sie die Eigenschaft `UsedRange` einsetzen, um den verwendeten Bereich auf dem Tabellenblatt herauszubekommen, sowie die Eigenschaften `Rows` und `Count`, um die Zeilen im verwendeten Bereich zu zählen.

```
Sub AnzahlVerwendeteZeilen()
Dim l As Long

 Sheets("Tabelle3").Activate
 l = ActiveSheet.UsedRange.Rows.Count
 MsgBox "Es werden " & l & " Zeilen verwendet!"
End Sub
```

Listing 3.10: Anzahl der verwendeten Zeilen ermitteln

Achtung

Achten Sie darauf, dass Sie bei der Programmierung von Zeilen zur Sicherheit eine Variable vom Typ `Long` *definieren, wenn Sie sehr viele Zeilen abarbeiten möchten. Der Datentyp* `Integer` *kann nur Zahlenwerte bis 32.767 speichern, d.h. wenn die* TABELLE3 *über 32.767 Zeilen hätte, dann würde es bei einem Integer-Typen zu einer Fehlermeldung kommen.*

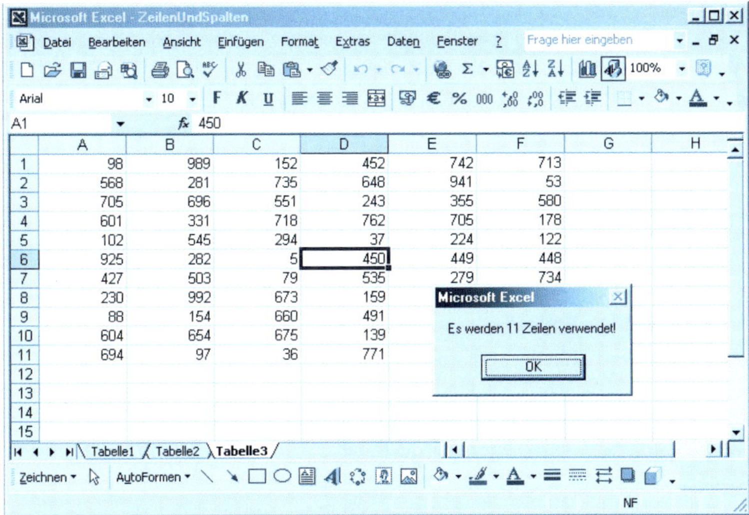

Die verwendeten Zeilen in der Tabelle zählen

Anzahl der verwendeten Spalten ermitteln

Bei der Ermittlung der Anzahl der belegten Spalten brauchen Sie sich um die Variablendefinition keine Sorgen zu machen. Da es in einem Excel-Tabellenblatt so oder so nur 256 Spalten gibt, reicht eine Variable vom Typ `Integer` bei weitem aus.

```
Sub AnzahlVerwendeteSpalten()
Dim i As Integer

 Sheets("Tabelle3").Activate
 i = ActiveSheet.UsedRange.Columns.Count
 MsgBox  _
"Die Anzahl der verwendeten Spalten lautet: " & i
End Sub
```

Listing 3.11: Verwendete Spalten zählen

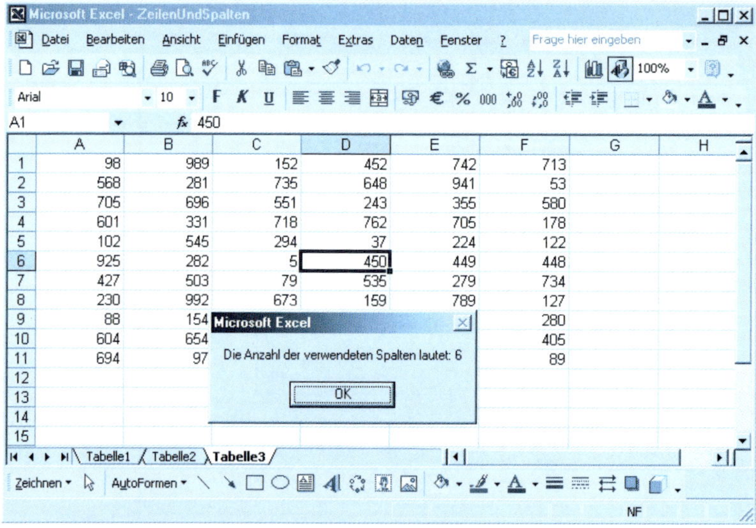

Die Anzahl der verwendeten Spalten ermitteln

Markieren von Zeilen ab bestimmter Position

Stellen Sie sich vor, Sie haben eine Tabelle, bei der die relevanten Daten erst ab Zeile 3 beginnen. Ihre Aufgabe besteht nun darin, alle Daten ab der Zeile 3 abwärts zu markieren. Das Makro für diese Aufgabe lautet:

```
Sub MarkierenAbZeile5()
 Sheets("Tabelle4").Activate
 Range(Range("A3"), _
 Range("A3").End(xlDown)).EntireRow.Select
End Sub
```

Listing 3.12: Zeilen markieren ab Zeile 3

Markieren Sie den datenrelevanten Bereich mit Hilfe der Methode `Select`, indem Sie im ersten Argument die Startadresse der Zelle angeben und für das zweite Argument die Eigenschaft `End` mit der Richtungskonstante `xlDown` einsetzen. Über die Eigenschaft `EntireRow` markieren Sie diese Zeilen komplett.

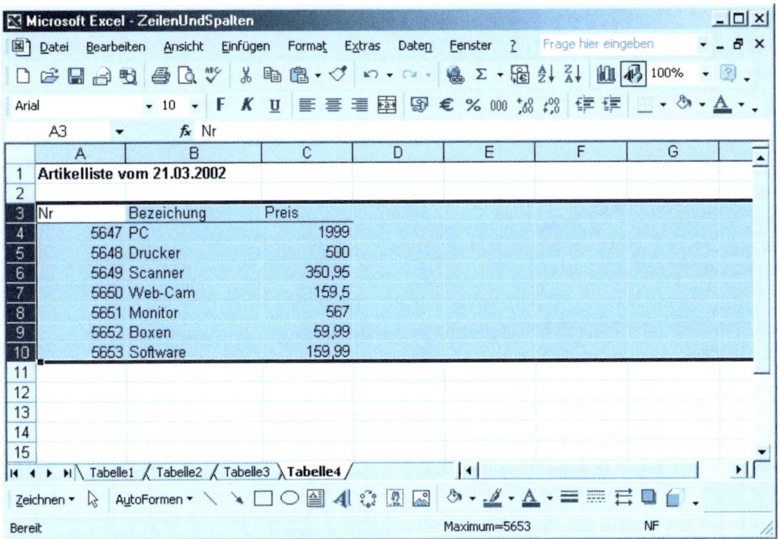

Zeilen markieren ab bestimmter Zeile

Ähnlich gelagert ist auch das folgende Beispiel. In einer Tabelle sollen lediglich die letzten drei Zeilen eines Datenbereichs markiert werden. Das Makro für diese Aufgabe können Sie dem Listing 3.13 entnehmen.

```
Sub Letzte3ZeilenInSpalteMarkieren()
 Sheets("Tabelle4").Activate
 Range("A65536").End(xlUp).Select
 Range(Selection, _
 ActiveCell.Offset(-2, 0)).EntireRow.Select
End Sub
```

Listing 3.13: Die letzten Zeilen einer Liste markieren

Über die Anweisung `Range("A65536").End(xlUp).Select` ermitteln Sie die letzte gefüllte Zelle in Spalte A. Bilden Sie nun eine Markierung, die ausgehend von dieser Zelle weitere zwei Zeilen oberhalb der Zelle markiert.

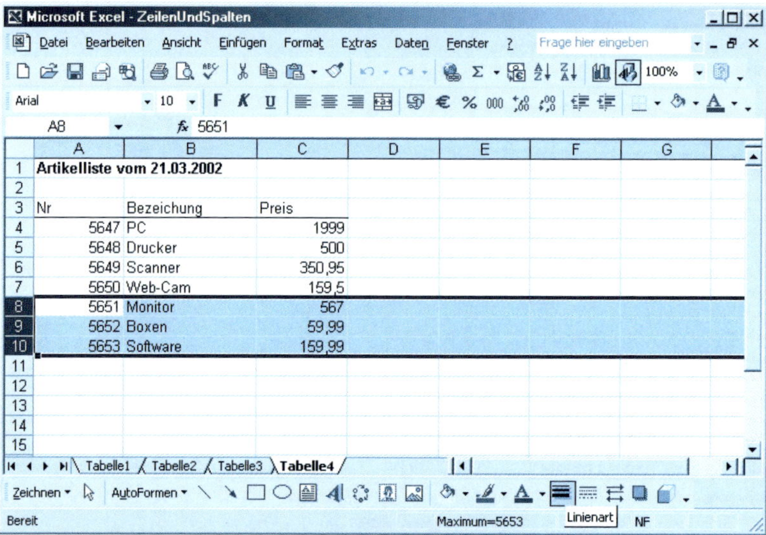

Die letzten drei Artikelzugänge in der Liste markieren

Letzte verwendete Zeile einfärben

Im nächsten Beispiel färben Sie die letzte verwendete Zeile mit der Hintergrundfarbe HELLGELB. Das Makro für diese Aufgabe entnehmen Sie dem Listing 3.14.

```
Sub LetzteZeileEinfärben()
Sheets("Tabelle4").Activate
Range("A65536").End(xlUp).Select
 ActiveCell.EntireRow.Select
    With Selection.Interior
        .ColorIndex = 36
        .Pattern = xlSolid
    End With
End Sub
```

Listing 3.14: Die letzte Zeile in Tabelle ermitteln und einfärben

Ermitteln Sie über die Eigenschaft `End` sowie dem Richtungsoperator `xlUp` die zuletzt verwendete Zeile. Danach markieren Sie die gesamte Zeile mit Hilfe der Eigenschaft `EntireRow`. Führen Sie daraufhin die Formatierung der Zeile durch, indem Sie den `ColorIndex` auf den Wert `36` setzen. Über die Eigenschaft `Pattern` legen Sie das Hintergrundmuster des Bereichs fest.

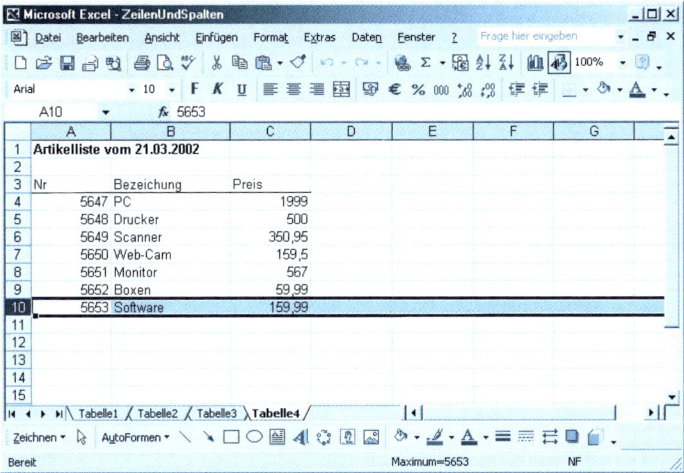

Die letzte Zeile in der Liste einfärben

Zeilenhöhe und Spaltenbreite einstellen

Bei der Einstellung für die richtige Spaltenbreite bzw. die korrekte Zeilenhöhe können Sie bestimmen, ob die Einstellung für Ihr ganzes Tabellenblatt oder nur für bestimmte Spalten und Zeilen gelten soll.

Im ersten Beispiel werden auf dem Tabellenblatt TABELLE5 die Spalten A bis C sowie die Zeilen 1 bis 5 angepasst. Dazu setzen Sie im ersten Fall die Eigenschaften `EntireColumn` und `ColumnWidth` ein, um die Spaltenbreite festzulegen. Im zweiten Fall wenden Sie die Eigenschaften `EntireRow` und `RowHeight` auf das Objekt `Range` an, um die Zeilenhöhe festzulegen.

```
Sub SpaltenZeilenEinstellen()
 Sheets("Tabelle5").Activate
 Range("A:C").EntireColumn.ColumnWidth = 20
 Range("1:5").EntireRow.RowHeight = 30
End Sub
```

Listing 3.15: Spaltenbreite und Zeilenhöhen anpassen

> **Hinweis**
>
> *Die Einheit für die Spaltenbreite bzw. die Zeilenhöhe entspricht der Breite eines Zeichens in der Formatvorlage* STANDARD. *Bei Proportionalschriftarten wird die Breite des Zeichens 0 (Null) verwendet.*

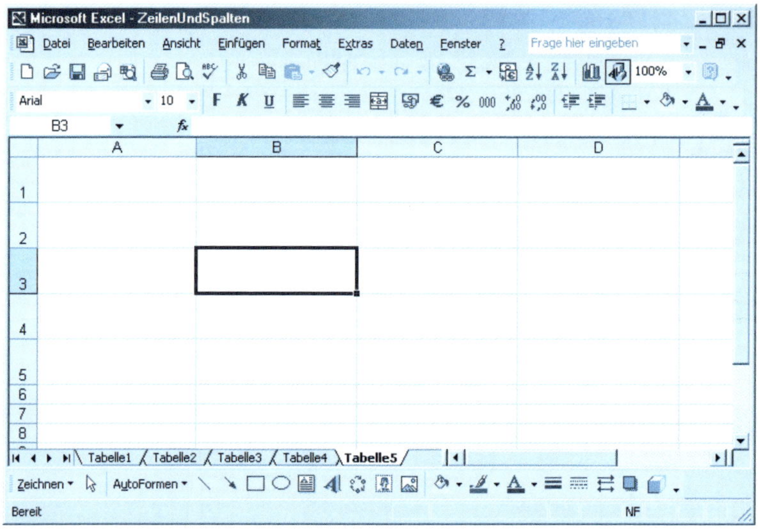

Zeilenhöhe und Spaltenbreite einstellen

Tipp

Gerade haben Sie erfahren, wie Sie in Excel Zeilen bzw. Spalten eine feste Größe geben können. Ebenso haben Sie die Möglichkeit, beispielsweise Ihren Spalten genau die Breite zu geben, die benötigt wird. Dazu verwenden Sie die Methode `AutoFit`*, welche die angegebenen Spalten automatisch in die richtige Breite einstellt. Sicher kennen Sie die Reaktion von Excel, wenn eine Spalte zu klein ist und der eingegebene Zahlenwert nicht mehr angezeigt werden kann: Excel füllt die Zelle dann mit dem Zeichen # auf. Erst wenn Sie die Spalte mit einem Doppelklick auf die Begrenzung des entsprechenden Spaltenkopfes anpassen, wird die Spalte so vergrößert, dass der komplette Zelleninhalt angezeigt werden kann.*

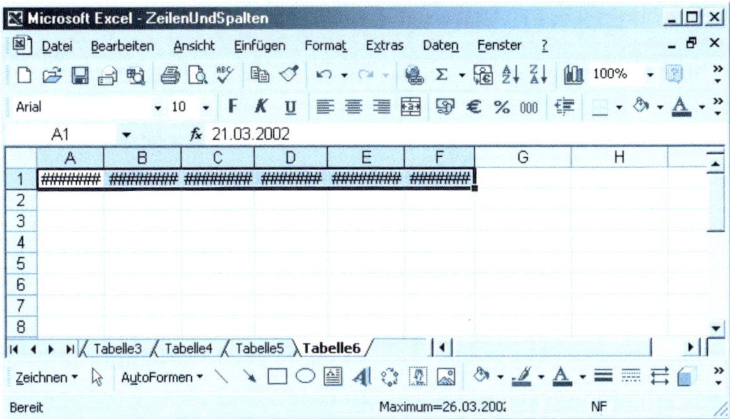

Die einzelnen Zellen sind zu klein

Um diese zu kleinen Spalten automatisch an den tatsächlichen Platzbedarf anzupassen, starten Sie das Makro aus Listing 3.16.

```
Sub SpaltenbreitenNachBedarfEinstellen()
Worksheets("Tabelle6").Columns("A:F").AutoFit
End Sub
```

Listing 3.16: Die Spalten A bis G werden automatisch richtig eingestellt

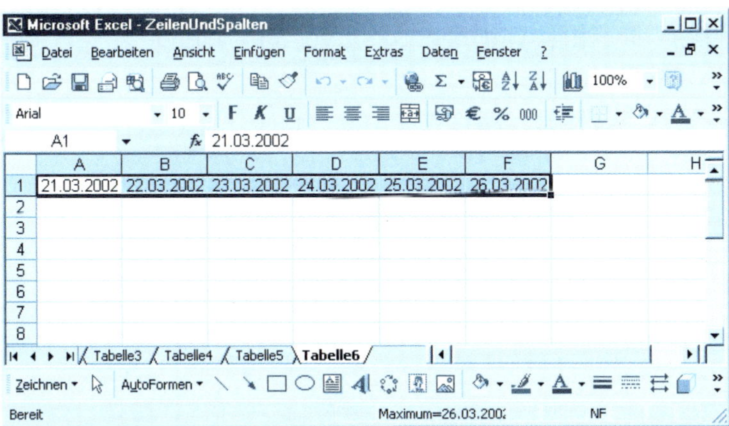

Alle Spalten sind automatisch angepasst worden

Zeile(n) einfügen bzw. löschen

Wenn Sie in Ihrem Tabellenblatt Zeilen hinzufügen oder auch löschen möchten, setzen Sie die Methode `Insert` bzw. die Methode `Delete` ein. Vorher muss die gewünschte Zeile komplett markiert werden. Dies erreichen Sie mit Hilfe der Anweisung `Selection.EntireRow`.

Zeile(n) einfügen

Im nächsten Beispiel legen Sie eine neue Tabelle an und geben in Spalte A einige Werte untereinander an. Ihre Aufgabe besteht nun darin, eine neue, leere Zeile vor die erste gefüllte Zeile einzufügen. Diese Aufgabenstellung lösen Sie mit dem Makro aus Listing 3.17.

```
Sub ZeileEinfügen()
 Sheets("Tabelle7").Activate
 Range("A1").Select
 Selection.EntireRow.Insert
End Sub
```

Listing 3.17: Eine einzelne Zeile einfügen

Positionieren Sie über die Methode `Select` den Mauszeiger auf die gewünschte Zelle und wenden direkt im Anschluss daran die Methode `Insert` an, um eine neue Zeile einzufügen. Damit wirklich eine ganze Zeile und nicht nur eine Zelle eingefügt wird, hängen Sie vor die Methode `Insert` die Eigenschaft `EntireRow`.

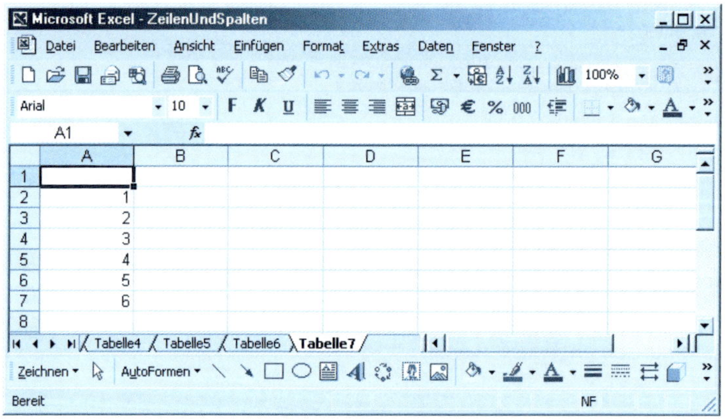

Eine leere Zeile wurde zu Beginn der Tabelle eingefügt

Sollen es gleich mehrere Zeilen sein, die eingefügt werden sollen, dann starten Sie das Makro aus Listing 3.18.

```
Sub ZeilenEinfügen()
  Sheets("Tabelle7").Activate
  Rows("1:5").Select
  Selection.Insert Shift:=xlDown
End Sub
```

Listing 3.18: Mehrere Zeilen einfügen

Hier werden genau fünf Zeilen oberhalb der ersten Zeile eingefügt, d.h. die übrigen Zeilen werden um fünf Zeilen nach unten geschoben. Die Eigenschaft `Rows` markiert die Zeilen 1 bis 5. Danach werden vier neue Zeilen über die Methode `Insert` eingefügt.

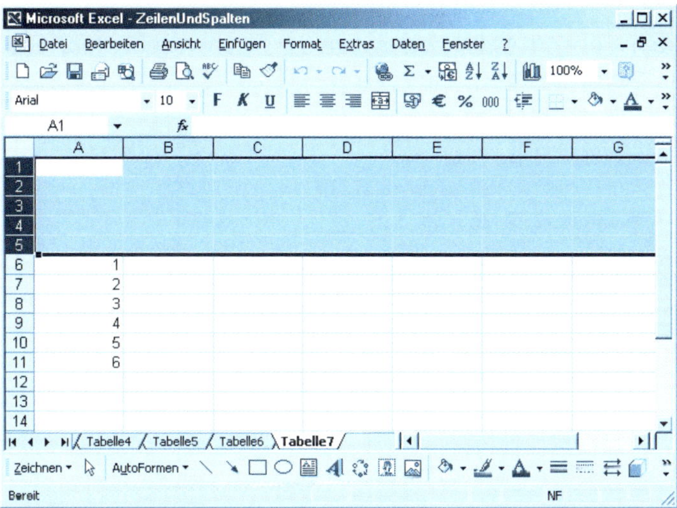

Fünf Zeilen zu Beginn der Tabelle einfügen

Zeile(n) löschen

Um eine Zeile in Ihrer TABELLE7 wieder zu löschen, starten Sie das Makro aus Listing 3.19.

```
Sub ZeileLöschen()
 Sheets("Tabelle7").Activate
 Range("A1").Select
 ActiveCell.EntireRow.Delete
End Sub
```

Listing 3.19: Die erste Zeile der Tabelle löschen

Aktivieren Sie im ersten Schritt die Tabelle und die Zelle, deren Zeile Sie löschen möchten. Wenden Sie danach die Methode `Delete` an, um die Zeile zu löschen. Damit auch wirklich die gesamte Zeile und nicht nur die aktive Zelle gelöscht wird, hängen Sie vor die Methode `Delete` noch die Eigenschaft `EntireRow`.

Um gleich mehrere Zeilen zu löschen, können Sie das Makro aus Listing 3.20 einsetzen.

```
Sub ZeilenLöschen()
 Sheets("Tabelle7").Activate
 Rows("1:5").Select
 Selection.Delete Shift:=xlUp
End Sub
```

Listing 3.20: Die ersten fünf Zeilen werden gelöscht

Markieren Sie zunächst per VBA die Zeilen, die Sie löschen möchten, und wenden danach die Methode `Delete` an.

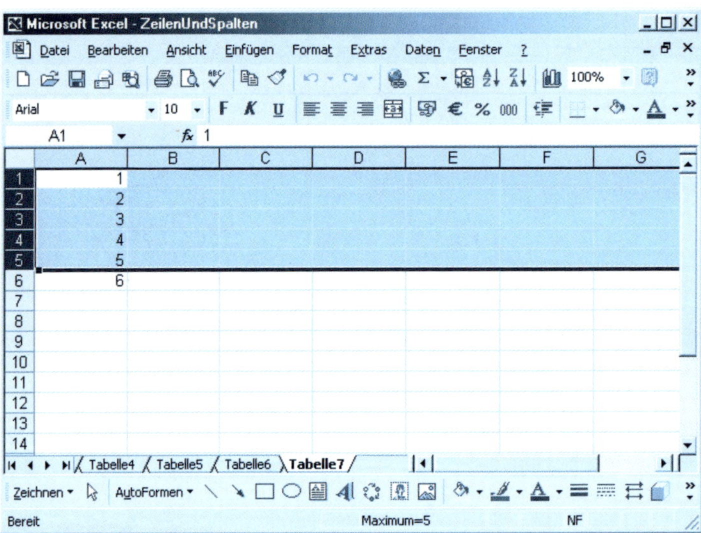

Die ersten fünf Zeilen wurden gelöscht

Bedingtes Löschen

1 Gehen Sie jetzt einen Schritt weiter und löschen Sie bestimmte Zeilen, die einer bestimmten Bedingung entsprechen.

2 Geben Sie jetzt in eine leere Tabelle in Spalte A einige Werte untereinander ein.

3 Zwischen den einzelnen Zeilen lassen Sie ruhig ein paar leere Zellen. Die Tabelle könnte dann in etwa wie folgt aussehen:

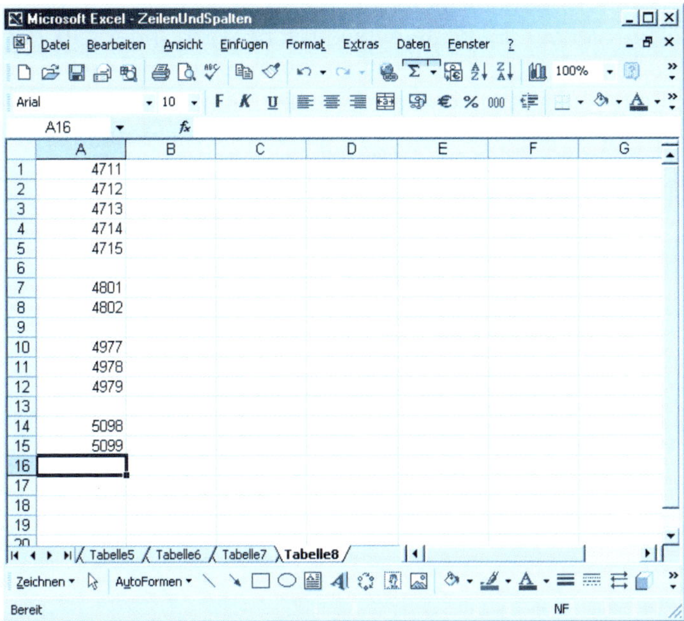

Die Ausgangsituation – eine Tabelle mit Leerzeilen

4 Wie Sie sehen, sind in der Abbildung oben die Zeilen 6, 9 und 13 leer.

5 Erfassen Sie jetzt folgendes Makro aus Listing 3.21.

```
Sub LeerzeilenLöschen()
Dim l As Long
Dim Zl As Long

 Sheets("Tabelle8").Activate
 Zl = ActiveSheet.UsedRange.Rows.Count
 Range("A1").Select
 For l = 1 To Zl
  If Len(ActiveCell.Value) = 0 _
  Then Selection.EntireRow.Delete _
  Else ActiveCell.Offset(1, 0).Select
 Next l
End Sub
```

Listing 3.21: Leerzeilen löschen

Im ersten Schritt ermitteln Sie die Anzahl der belegten Zeilen in Ihrer Tabelle. Die ermittelte Anzahl speichern Sie in der Variablen `zl` vom Typ `long`. Danach setzen Sie eine `For Next`-Schleife auf, die so lange ausgeführt wird, bis die letzte Zeile im verwendeten Bereich erreicht wird. Innerhalb der Schleife ermitteln Sie mit Hilfe der Funktion `Len` die Anzahl der eingegeben Zeichen der Zelle. Beträgt die Zeichenlänge der Zelle null Zeichen, wird die ganze Zeile gelöscht. Im anderen Fall wird zur nächsten Zeile positioniert.

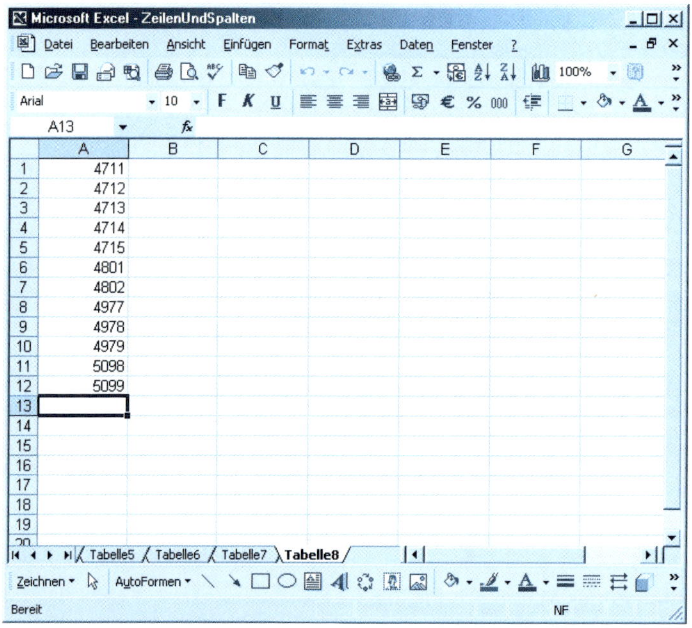

Alle Leerzeilen wurden gelöscht

Im folgenden Beispiel werden in einer Tabelle mit Datumsangaben alle Wochenendzeilen herausgelöscht. Führen Sie dazu folgende vorbereitende Schritte durch:

1 Setzen Sie den Mauszeiger auf Zelle A1.

2 Drücken Sie die Tastenkombination `Strg` + `.`.

3 Ziehen Sie das Ausfüllkästchen der Zelle A1 nach unten bis in Zelle A19. Sie haben jetzt eine Datumsleiste in der Spalte A.

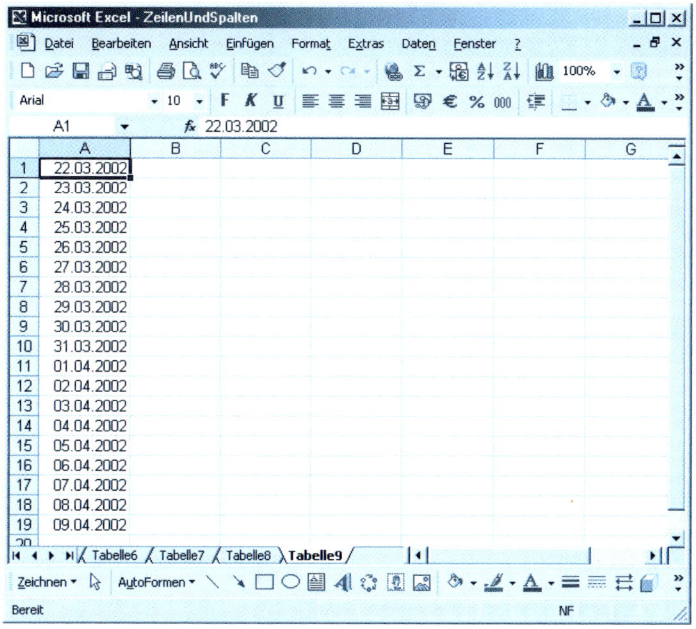

Aus der Datumsleiste sollen die Wochenenden gelöscht werden

Da Sie auf den ersten Blick nicht erkennen können, ob es sich bei der jeweiligen Zelle um einen Wochentag oder um einen Tag am Wochenende handelt, können Sie die Löschaktion durch ein Makro durchführen lassen.

Führen Sie jedoch vorher folgenden Schritt durch, um zu testen, ob das nachfolgende Makro aus Listing 3.22 auch richtig funktioniert.

1 Kopieren Sie den Datenbereich A1:A19.

2 Fügen Sie diesen Datenbereich ab Zelle B1 ein.

3 Markieren Sie den Bereich B1:B19.

4 Weisen Sie diesem Bereich das benutzerdefinierte Format TTT zu.

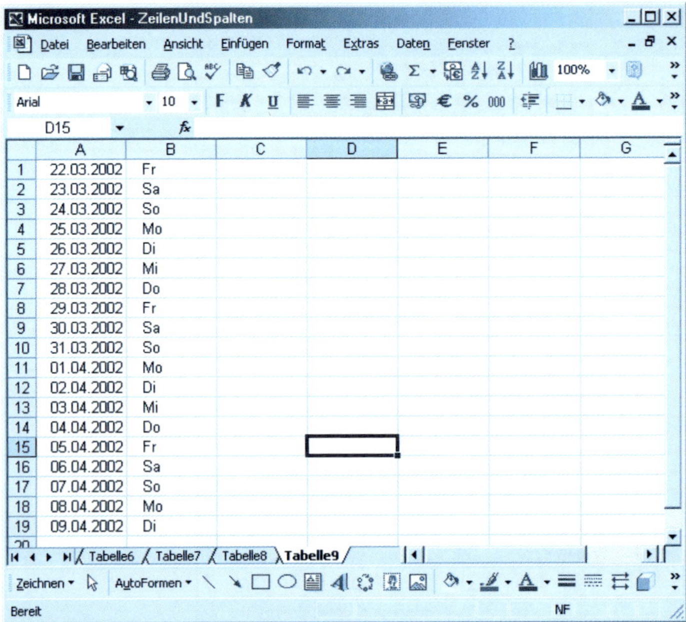

	A	B	C	D	E	F	G
1	22.03.2002	Fr					
2	23.03.2002	Sa					
3	24.03.2002	So					
4	25.03.2002	Mo					
5	26.03.2002	Di					
6	27.03.2002	Mi					
7	28.03.2002	Do					
8	29.03.2002	Fr					
9	30.03.2002	Sa					
10	31.03.2002	So					
11	01.04.2002	Mo					
12	02.04.2002	Di					
13	03.04.2002	Mi					
14	04.04.2002	Do					
15	05.04.2002	Fr					
16	06.04.2002	Sa					
17	07.04.2002	So					
18	08.04.2002	Mo					
19	09.04.2002	Di					

Die Datumsleiste mit Tagesanzeige

Diese Darstellung ist schon besser und für Sie ist es auch eine Kontrolle, ob das nachfolgende Makro aus Listing 3.22 korrekt arbeitet. Erfassen Sie nun folgendes Makro:

```
Sub WochenendeLöschen()
Dim i As Long
Sheets("Tabelle9").Activate
Range("A1").Select
For i = 1 To ActiveSheet.UsedRange.Rows.Count
If Application.WorksheetFunction.Weekday _
(ActiveCell) = 1 _
 Or Application.WorksheetFunction.Weekday _
(ActiveCell) = 7 _
Then ActiveCell.EntireRow.Delete _
Else ActiveCell.Offset(1, 0).Select
Next I
End Sub
```

Listing 3.22: Alle Wochenendzeilen entfernen

Setzen Sie eine Schleife auf, die alle verwendeten Zeilen einer Tabelle durchläuft. Über die Funktion `Weekday` können Sie überprüfen, ob eine Datumszelle ein Wochenende enthält. Da Sie einer Datumsangabe schließlich nicht ansehen können, ob dieses Datum auf ein Wochenende fällt, meldet Ihnen die Funktion `Weekday` den Wert `7` für einen Samstag und den Wert `1` für einen Sonntag zurück. In beiden Fällen löschen Sie die komplette Zeile durch die Anweisung `ActiveCell.EntireRow.Delete`.

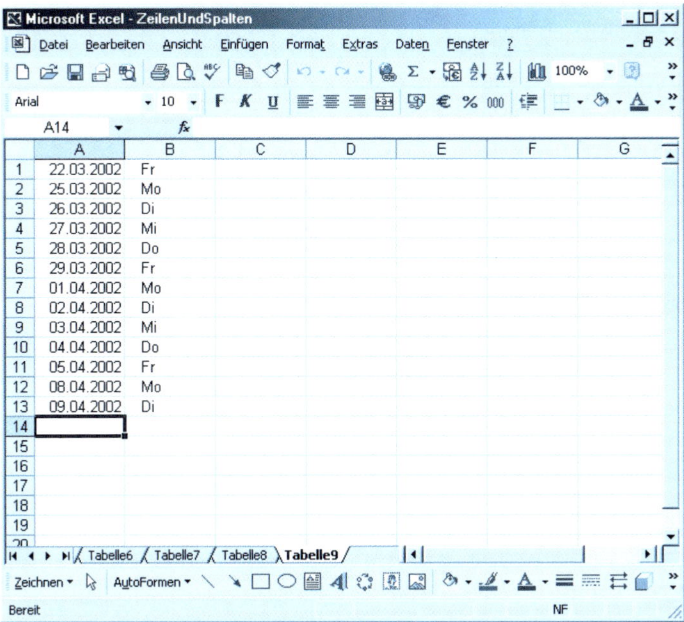

Alle Wochenendzeilen wurden gelöscht

Spalte(n) einfügen und löschen

Das Einfügen von Spalten funktioniert in Excel analog zum Einfügen von Zeilen. Geben Sie bekannt, wo Sie eine Spalte einfügen möchten, nutzen Sie dann die Eigenschaft `EntireColumn` und fügen mit der Methode `Insert` eine Spalte ein.

Spalte(n) einfügen

Im nächsten Beispiel fügen Sie eine neue Spalte direkt vor die erste Spalte A ein. Sehen Sie sich dazu folgende Ausgangssituation an:

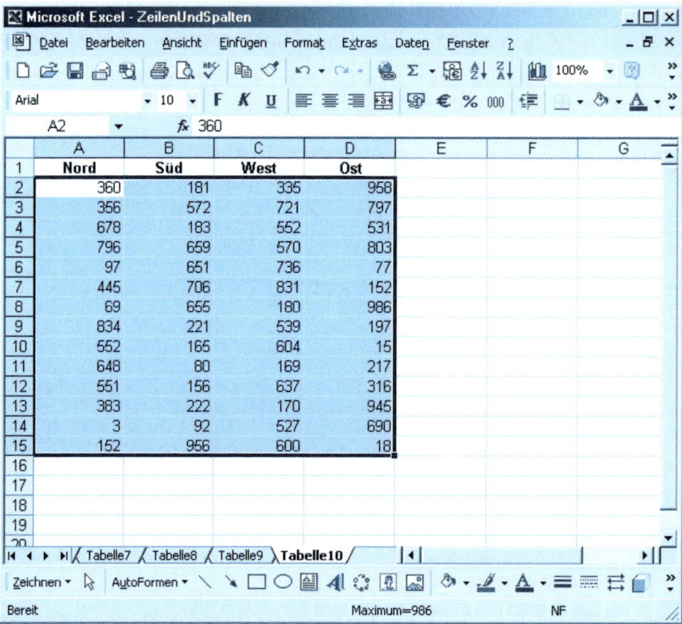

	A	B	C	D
1	Nord	Süd	West	Ost
2	360	181	335	958
3	356	572	721	797
4	678	183	552	531
5	796	659	570	803
6	97	651	736	77
7	445	706	831	152
8	69	655	180	986
9	834	221	539	197
10	552	165	604	15
11	648	80	169	217
12	551	156	637	316
13	383	222	170	945
14	3	92	527	690
15	152	956	600	18

Die Ausgangsituation

Fügen Sie jetzt eine neue leere Spalte vor Spalte A ein und verwenden für diese Aufgabe das Makro aus Listing 3.23.

```
Sub SpalteEinfügen()
 Sheets("Tabelle10").Select
 Range("A1").Select
 Selection.EntireColumn.Insert
End Sub
```

Listing 3.23: Spalte einfügen

Aktivieren Sie zuerst die Tabelle, auf der Sie eine neue Spalte einfügen möchten. Danach positionieren Sie den Mauszeiger auf die Zelle, vor der Sie eine Leerspalte einfügen möchten. Diese Arbeit übernimmt dann die Methode `Insert`, die Sie auf die komplette Spalte (`EntireColumn`) anwenden.

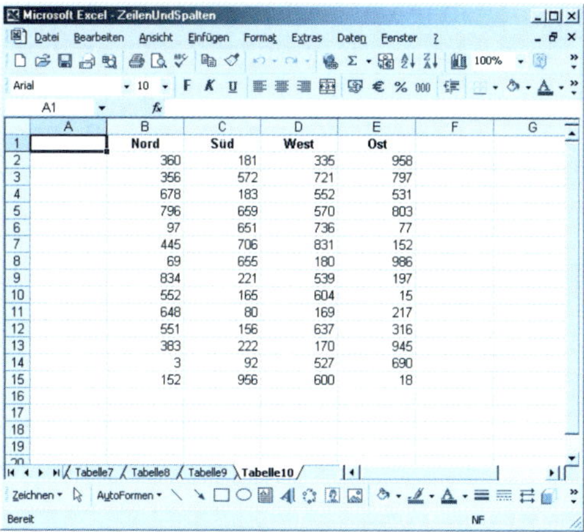

	A	B	C	D	E
1		Nord	Süd	West	Ost
2		360	181	335	958
3		356	572	721	797
4		678	183	552	531
5		796	659	570	803
6		97	651	736	77
7		445	706	831	152
8		69	655	180	986
9		834	221	539	197
10		552	165	604	15
11		648	80	169	217
12		551	156	637	316
13		383	222	170	945
14		3	92	527	690
15		152	956	600	18

Eine leere Spalte wurde eingefügt

Im nächsten Beispiel möchten Sie auf der TABELLE11 zwei Spalten zwischen den Spalten B und C einfügen. Sehen Sie sich vorher einmal die Ausgangssituation an.

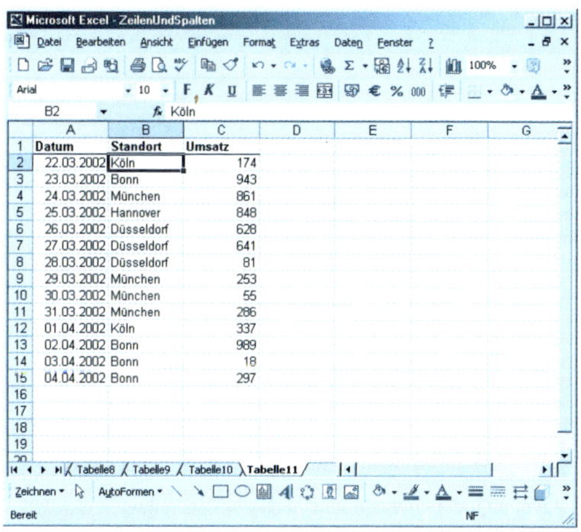

	A	B	C
1	Datum	Standort	Umsatz
2	22.03.2002	Köln	174
3	23.03.2002	Bonn	943
4	24.03.2002	München	861
5	25.03.2002	Hannover	848
6	26.03.2002	Düsseldorf	628
7	27.03.2002	Düsseldorf	641
8	28.03.2002	Düsseldorf	81
9	29.03.2002	München	253
10	30.03.2002	München	55
11	31.03.2002	München	286
12	01.04.2002	Köln	337
13	02.04.2002	Bonn	989
14	03.04.2002	Bonn	18
15	04.04.2002	Bonn	297

Zwischen Standort und Umsatz sollen zwei Spalten eingefügt werden

Erfassen Sie jetzt das Makro aus Listing 3.24.

```
Sub SpaltenEinfügen()
 Sheets("Tabelle11").Select
 Columns("C:D").Select
 Selection.Insert Shift:=xlToRight
End Sub
```

Listing 3.24: Mehrere Spalten einfügen

Denken Sie daran, dass Sie vor dem Einfügen neuer Spalten die Spalten über die Methode `Select` markieren. Da beim Makro aus Listing 3.24 die Spalten C und D markiert wurden, bedeutet dies automatisch, dass genau zwei Spalten vor Spalte C eingefügt werden. Das Einfügen der neuen Spalten wird durch die Methode `Insert` realisiert, der Sie als Konstante die Verschieberichtung `xlToRight` (nach rechts) bekannt geben.

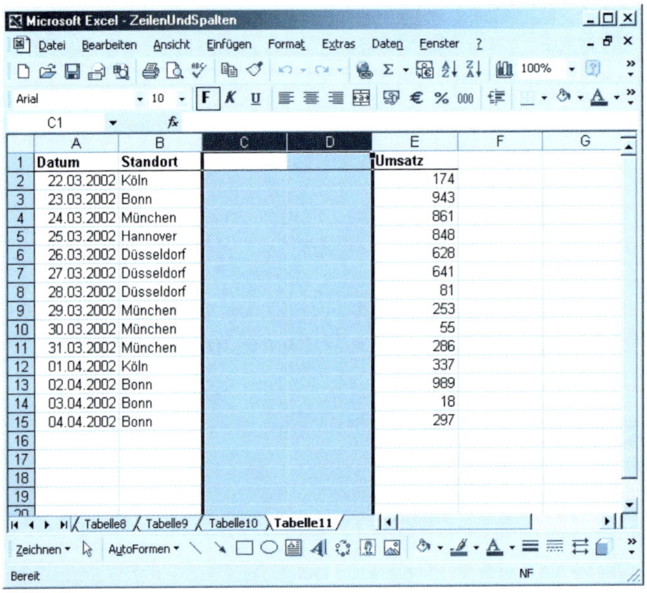

Es wurden zwei leere Spalten eingefügt

Spalte(n) löschen

Um eine Spalte wieder zu löschen, verwenden Sie die Methode `Delete`. Um dies an einem Beispiel zu demonstrieren, greifen Sie auf das Beispiel zurück, bei dem Sie vorher in TABELLE10 eine Spalte eingefügt haben. Entfernen Sie diese jetzt wieder und setzen dafür das Makro aus Listing 3.25 ein.

```
Sub SpalteLöschen()
 Sheets("Tabelle10").Activate
 Range("A1").Select
 ActiveCell.EntireColumn.Delete
End Sub
```

Listing 3.25: Spalte löschen

Sollen es gleich mehrere Spalten sein, die gelöscht werden sollen, dann starten Sie das Makro aus Listing 3.26. Greifen Sie dazu auf das Beispiel zurück, bei dem Sie vorher in TABELLE11 zwei zusätzliche Spalten eingefügt haben. Entfernen Sie diese jetzt wieder.

```
Sub SpaltenLöschen()
 Sheets("Tabelle11").Activate
 Columns("C:D").Select
 Selection.Delete Shift:=xlToLeft
End Sub
```

Listing 3.26: Mehrere Spalten löschen

Zeilen aus- und einblenden

Wenn Sie Informationen in Ihrer Tabelle nicht anzeigen möchten, können Sie die Informationen zeitweise ausblenden und bei Bedarf wieder einblenden.

Leere Zeilen ausblenden

Im folgenden Beispiel werden alle Leerzeilen ausblendet. Eine Zeile gilt genau dann als leer, wenn in der betreffenden Zeile in Spalte A kein Eintrag vorhanden ist. Sehen Sie sich dabei folgende Ausgangssituation an:

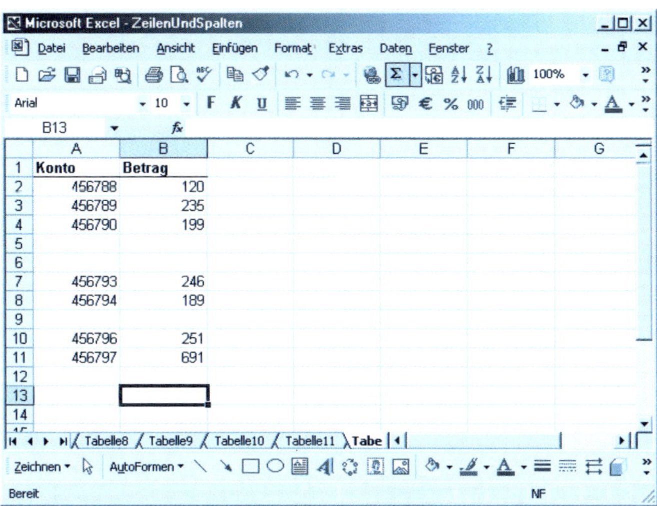

Die Leerzeilen sollen ausgeblendet werden

Das Makro für diese Ausgabe lautet:

```
Sub AusblendenLeereZeilen()
Dim i As Long

Sheets("Tabelle12").Activate
For i = 1 To ActiveSheet.UsedRange.Rows.Count
Range("A" & i).Select
If ActiveCell.Value = "" Then
   ActiveCell.EntireRow.Hidden = True
Else
End If
Next I
End Sub
```

Listing 3.27: Jede leere Zelle wird ausgeblendet

Über die Anweisung `ActiveSheet.UsedRange.Rows.Count` ermitteln Sie die Anzahl der gefüllten Zeilen der Tabelle. Diese ermittelte Anzahl bildet die Endbedingung für die folgende Schleife. Durchlaufen Sie jetzt alle verwendeten Zellen der Spalte A und prüfen, ob diese leer sind. Wenn ja, dann blenden Sie diese Zeilen über die Anweisung `ActiveCell.EntireRow.Hidden = True` aus.

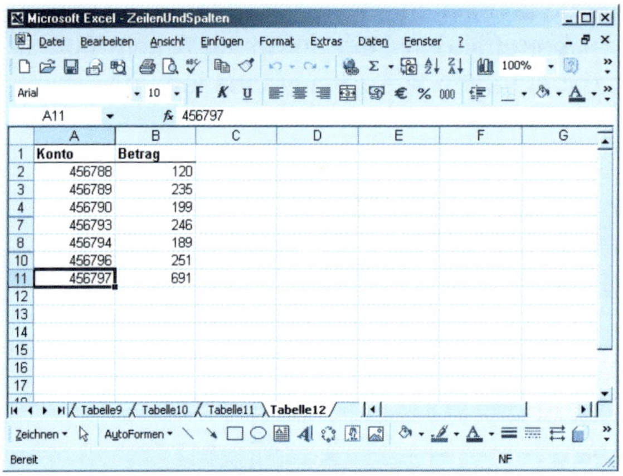

Die leeren Zeilen wurden ausgeblendet

Hinweis

Wenn Sie genau auf die Zeilenköpfe links sehen, dann sehen Sie, dass die Nummerierung durchbrochen ist. Nach Zeile 4 kommt direkt die Zeile 7, was bedeutet, dass die Zeilen 5 und 6 ausgeblendet wurden.

Zeilen einblenden

Um alle versteckten Zeilen einer Tabelle einzublenden, starten Sie das Makro aus Listing 3.28.

```
Sub AlleAusgeblendetenZeilenEinblenden()
Dim Zeile As Range

Sheets("Tabelle12").Activate
For Each Zeile In ActiveSheet.UsedRange.Rows
 Zeile.Hidden = False
Next
End Sub
```

Listing 3.28: Alle ausgeblendeten Zeilen wieder einblenden

Definieren Sie zuerst eine Objektvariable, die die Zeile darstellen soll. Danach durchlaufen Sie den benutzen Bereich in einer `For Each`-Schleife und setzen die Eigenschaft `Hidden` jeder Zeile auf den Wert `True`. Damit blenden Sie alle versteckten Zeilen automatisch wieder ein.

Spalten ein- und ausblenden

Wenn Sie sehr umfangreiche Tabellen besitzen, bei denen Sie zwar alle Spalten benötigen, aber je nach Aufgabe jeweils nur eine Teilmenge davon brauchen, dann können Sie die momentan nicht benötigten Informationen ausblenden.

Im nächsten Beispiel werden in der TABELLE13 die Spalten B bis E nicht benötigt. Sehen Sie sich dazu einmal folgende Ausgangssituation an:

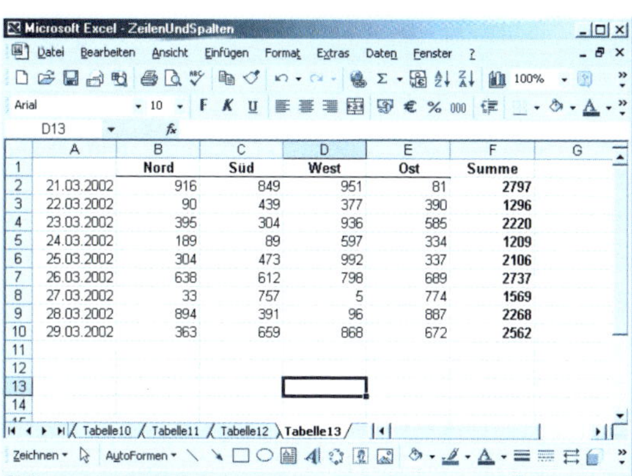

Die Spalten B bis E sollen ausgeblendet werden

Blenden Sie jetzt diese Spalten aus, indem Sie das Makro aus Listing 3.29 starten.

```
Sub SpaltenAusblenden()
 Sheets("Tabelle13").Activate
 Columns("B:E").EntireColumn.Hidden = True
End Sub
```

Listing 3.29: Nicht benötigte Spalten ausblenden

Mit Hilfe der Eigenschaft `EntireColumn` sprechen Sie die Spalten B:E an. Auf diese Spalten wenden Sie dann die Eigenschaft `Hidden` an, indem Sie diese auf den Wert `True` setzen. Damit werden diese Spalten ausgeblendet.

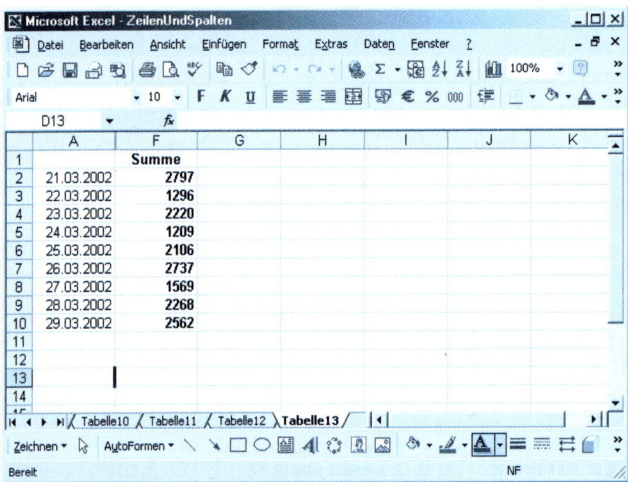

Mehrere Spalten wurden ausgeblendet

> **Hinweis**
>
> *Wenn Sie genau in die Spaltenkopfleiste sehen, dann werden Sie jetzt feststellen, dass zwischen dem Buchstaben A und F eine Lücke klafft. Die Spalten B, C, D, und E sind nicht sichtbar.*

Spalten einblenden

Um alle versteckten Zeilen einer Tabelle einzublenden, starten Sie das Makro aus Listing 3.30.

```
Sub AlleAusgeblendetenSpaltenEinblenden()
Dim Spalte As Range

Sheets("Tabelle13").Activate
For Each Spalte In ActiveSheet.UsedRange.Columns
 Spalte.Hidden = False
Next
End Sub
```

Listing 3.30: Alle versteckten Spalten einer Tabelle einblenden

Definieren Sie zuerst eine Objektvariable, die die Spalte darstellen soll. Danach durchlaufen Sie den benutzen Bereich in einer `For Each`-Schleife und setzen die Eigenschaft `Hidden` jeder Spalte auf den Wert `True`. Damit blenden Sie alle versteckten Spalten der Tabelle automatisch wieder ein.

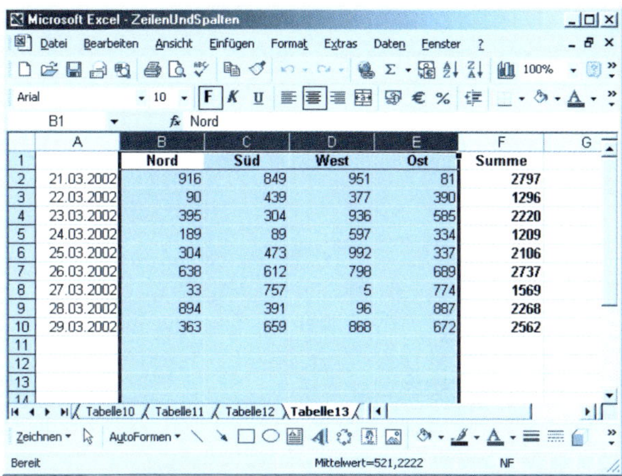

Zeilen filtern

In Excel können Sie Daten filtern. In einer gefilterten Liste werden nur die Zeilen angezeigt, die den Kriterien entsprechen, die Sie für eine Spalte angeben. Andersherum gesehen, werden beim Filtern alle Zeilen ausgeblendet, die nicht den eingestellten Kriterien entsprechen. Excel stellt zwei Befehle zum Filtern von Listen zur Verfügung: die AutoFilter mit der Möglichkeit, nach der ausgewählten Zelle zu filtern, für einfache Kriterien sowie die Spezialfilter für komplexere Aufgaben. Beim Filtern von Zeilen wird die Liste nicht neu angeordnet, es werden nur vorübergehend Zeilen ausgeblendet, die nicht angezeigt werden sollen.

AutoFilter aktivieren bzw. deaktivieren

Den AutoFilter können Sie auf Ihrer Tabelle aktivieren, indem Sie aus dem Menü DATEN den Befehl FILTER/AUTOFILTER wählen. Danach blendet Excel für jede Spalte im benutzten Bereich einen AutoFilter ein. Zunächst befinden sie sich im Ruhezustand, d.h. es wurde noch keine Filterung vorgenommen, was Sie auch am schwarzen Pfeil der AutoFilter erkennen können. AutoFilter, bei denen schon Filterkriterien eingestellt sind, haben einen blauen Pfeil. Beim folgenden Makro aus Listing 3.31 wird der AutoFilter, sofern er noch nicht verfügbar ist, eingeblendet.

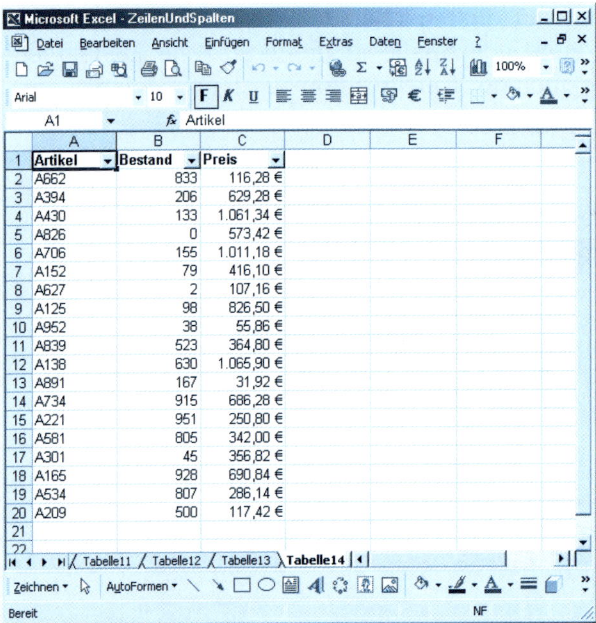

	Artikel	Bestand	Preis
2	A662	833	116,28 €
3	A394	206	629,28 €
4	A430	133	1.061,34 €
5	A826	0	573,42 €
6	A706	155	1.011,18 €
7	A152	79	416,10 €
8	A627	2	107,16 €
9	A125	98	826,50 €
10	A952	38	55,86 €
11	A839	523	364,80 €
12	A138	630	1.065,90 €
13	A891	167	31,92 €
14	A734	915	686,28 €
15	A221	951	250,80 €
16	A581	805	342,00 €
17	A301	45	356,82 €
18	A165	928	690,84 €
19	A534	807	286,14 €
20	A209	500	117,42 €

Der AutoFilter wurde aktiviert

```
Sub AutoFilterEinschalten()
 Sheets("Tabelle14").Activate
 If Not ActiveSheet.AutoFilterMode = True _
 Then Range("A1").AutoFilter
End Sub
```

Listing 3.31: Den AutoFilter einschalten

Die Eigenschaft `AutoFilterMode` liefert den Wert `True`, wenn die Drop-down-Pfeile für AutoFilter momentan auf dem Tabellenblatt sichtbar sind.

Liefert diese Eigenschaft den Wert `False` zurück, dann blenden Sie die AutoFilter mit Hilfe der Methode `AutoFilter` ein.

Hinweis

Wenn Sie die Filter wieder aus Ihrem Tabellenblatt verbannen möchten, setzen Sie diese Eigenschaft `AutoFilterMode` *auf den Wert* `False`.

Daten filtern

Ist der AutoFilter in der Tabelle verfügbar, können einzelne Kriterien für die Spalten festgelegt werden, nach denen dann bestimmte Zeilen gefiltert werden können. Setzen Sie jetzt auf dem vorherigen Beispiel aus der Abbildung auf Seite 128 auf.

Im nächsten Beispiel sollen alle Zeilen angezeigt werden, die einen Bestand < 100 haben und daher bald nachbestellt werden müssen. Das Makro für diese Bestandsprüfung sehen Sie in Listing 3.32.

```
Sub BestandKleiner100()
 Sheets("Tabelle14").Activate
 Selection.AutoFilter _
  Field:=2, Criteria1:="<100", Operator:=xlAnd
End Sub
```

Listing 3.32: Einzelne Zeilen herausfiltern

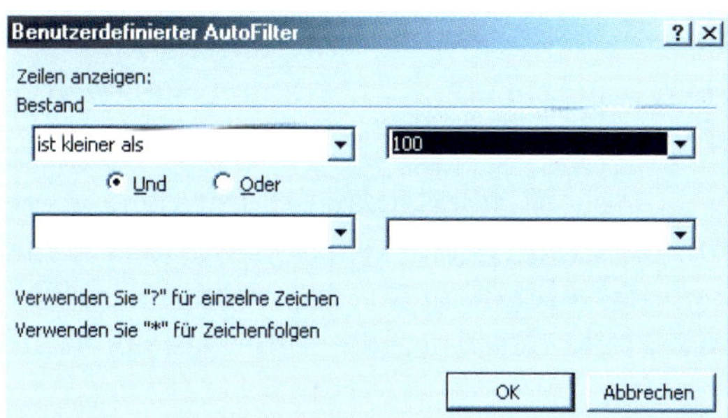

Der benutzerdefinierte AutoFilter

Die komplette Syntax der Methode `AutoFilter` lautet:

```
Ausdruck.AutoFilter(Field, Criteria1, Operator, Criteria2,
VisibleDropDown)
```

Mit der `AutoFilter`-Methode haben Sie der Spalte B (Field:=2) das Anzeigekriterium für Zeilen bekannt gegeben (Criteria1:="<100"). Bei dem Argument `Operator` haben Sie die Auswahl aus mehreren Konstanten, die Sie nachfolgender Tabelle entnehmen können.

Konstante	**Erklärung**
`XlAnd`	Es müssen zwei Kriterien erfüllt sein (Criteria1 und Criteria2).
`XlOr`	Es muss entweder das eine oder das andere Kriterium erfüllt sein (Criteria1 oder Criteria2).
`xlTop10Items`	Die n-höchsten Einträge aus der Liste werden angezeigt (Absolutbetrachtung).
`xlTop10Percent`	Die n-höchsten Einträge aus der Liste werden angezeigt (prozentuale Betrachtung).
`XlBottom10Items`	Die n-niedrigsten Einträge aus der Liste werden angezeigt (Absolutbetrachtung).
`XlBottom10Percent`	Die n-niedrigsten Einträge aus der Liste werden angezeigt (prozentuale Betrachtung).

Tabelle 3.1: Die Operatoren der Methode AutoFilter

Das Argument `Criteria2` stellt ein mögliches zweites Kriterium dar. Es wird zusammen mit `Criteria1` und dem Argument `Operator` zum Erstellen von zusammengesetzten Kriterien verwendet.

Das letzte Argument `VisibleDropDown` ist standardmäßig mit dem Wert `True` voreingestellt, was bedeutet, dass die Dropdown-Pfeile für das gefilterte Feld angezeigt werden. Wenn das Argument auf den Wert `False` gesetzt wird, werden die Dropdown-Pfeile des AutoFilters für das gefilterte Feld ausgeblendet.

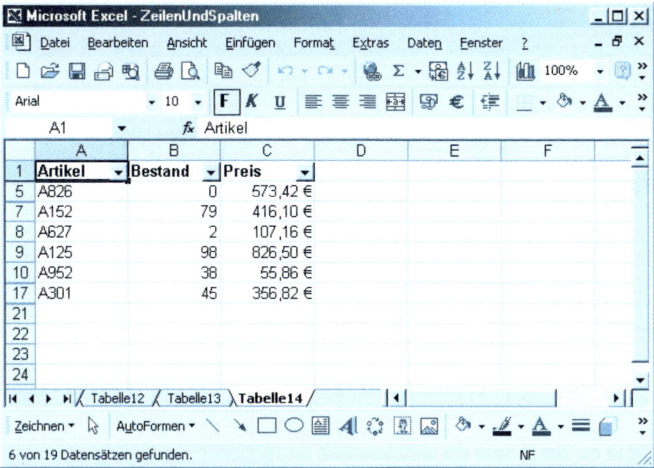

Abbildung 3.35: Alle Artikel mit Bestand < 100 werden angezeigt

Die kleine Erfolgskontrolle

Beantworten Sie am Ende dieses Kapitels bitte folgende Verständnisfragen:

1. Wie können Sie alle Zellen einer Tabelle markieren?
2. Welche Funktion hat die Anweisung `ActiveSheet.Usedrange.Select`?
3. Über welche Anweisung können Sie die letzte verwendete Zelle in Spalte B ermitteln?
4. Wie können Sie die Funktion AutoFilter für Ihre Tabelle per VBA einschalten?

Kapitel 4

Mit Tabellen in VBA zaubern

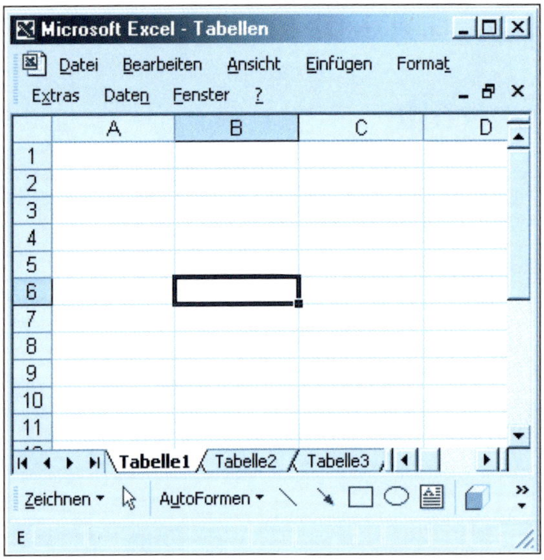

Die Programmierung von Zellen, Zeilen und Spalten ist soweit abgeschlossen. Lassen Sie uns nun an die Programmierung von Tabellen gehen. Dazu gehört, neue Tabellen einzufügen und zu benennen. Ferner lernen Sie, wie Sie Tabellen entfernen, ein- und ausblenden sowie Kopf- und Fußzeilen gestalten können.

Das können Sie schon:

Das lernen Sie neu:

Das Objekt `Worksheet` symbolisiert das Tabellenblatt. Mit Tabellenblättern lässt sich eine Menge anstellen. Sie können Tabellenblätter einfügen, umbenennen, löschen, drucken, kopieren, verschieben, einfügen und vieles mehr. Erfahren Sie mehr über den Einsatz von Eigenschaften und Methoden des Objekts `Worksheet` anhand ausgesuchter Beispiele aus der täglichen Praxis.

Tabellenblätter einfügen

Standardmäßig bietet Ihnen Excel bei der Erstellung einer neuen Arbeitsmappe drei Tabellenblätter an.

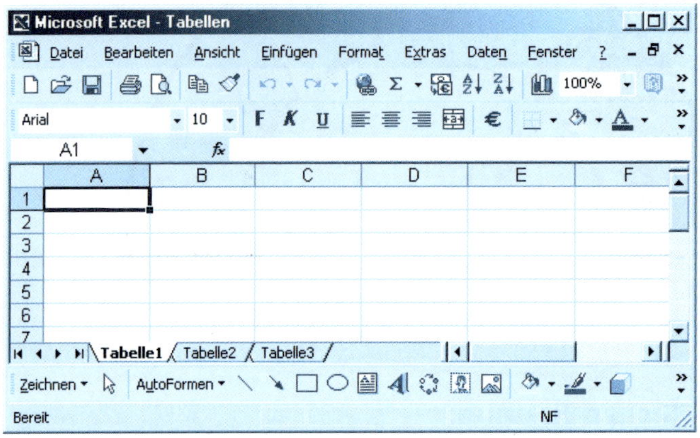

Die Ausgangssituation – drei Tabellen pro neue Arbeitsmappe

Wenn Sie weitere hinzufügen möchten, setzen Sie die Methode `Add` ein. Das neu eingefügte Tabellenblatt wird immer vor dem aktiven Tabellenblatt der Arbeitsmappe eingefügt.

```
Sub TabelleEinfügen()
 Worksheets.Add
End Sub
```

Listing 4.1: Neue Tabelle in Arbeitsmappe einfügen

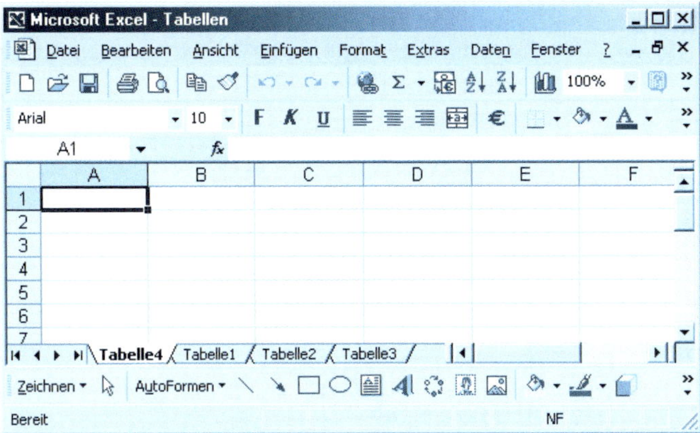

Die neue Tabelle wird zu Beginn der Arbeitsmappe eingefügt

Wie Sie sehen, wird die neue Tabelle standardmäßig zu Beginn der Arbeitsmappe eingefügt. Löschen Sie diese Tabelle jetzt wieder.

Möchten Sie ein Tabellenblatt an bestimmter Position einfügen, können Sie auch die Position festlegen, an welcher Sie die neue Tabelle platzieren möchten. Dazu starten Sie das folgende Makro aus Listing 4.2. Dabei wird die neue Tabelle direkt nach der ersten Tabelle in der Arbeitsmappe eingefügt.

```
Sub TabelleAnPositionEinfügen()
 Worksheets.Add Before:=ActiveWorkbook.Worksheets(2)
End Sub
```

Listing 4.2: Neue Tabelle an bestimmter Position der Mappe platzieren

Im Listing 4.2 wurde die neue Tabelle nach der ersten Tabelle der Arbeitsmappe, also als zweite Tabelle, eingefügt.

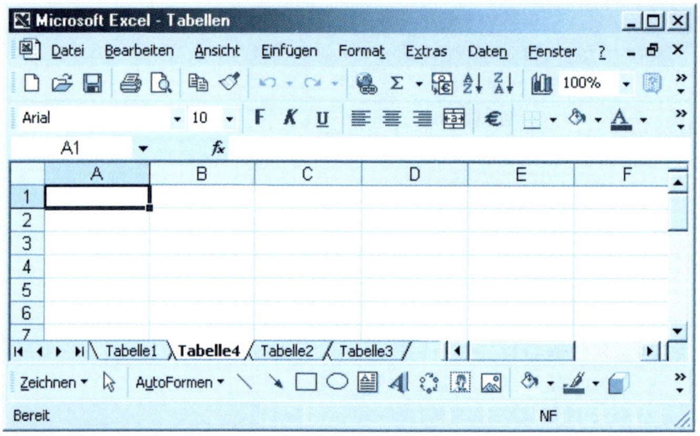

Die neue Tabelle wurde direkt nach der ersten Tabelle platziert

Möchten Sie die neue Tabelle am Ende, also ganz rechts, einfügen, setzen Sie folgendes Makro aus Listing 4.3 ein.

```
Sub TabelleAmEndeEinfügen()
 Worksheets.Add After:=Worksheets(Worksheets.Count)
End Sub
```

Listing 4.3: Neue Tabelle am Ende der Mappe einfügen

Um zu ermitteln, welche die gewünschte Einfügeposition des neuen Tabellenblattes ist, müssen Sie zuerst herausfinden, wie viele Tabellenblätter bereits in der Arbeitsmappe enthalten sind. Dabei hilft Ihnen die Eigenschaft `Count`. Sie liefert die Anzahl der Tabellenblätter. Danach brauchen Sie für die Methode `Add` im Argument nur noch `After` anzugeben und das neue Tabellenblatt wird als letztes Tabellenblatt in die Arbeitsmappe eingefügt.

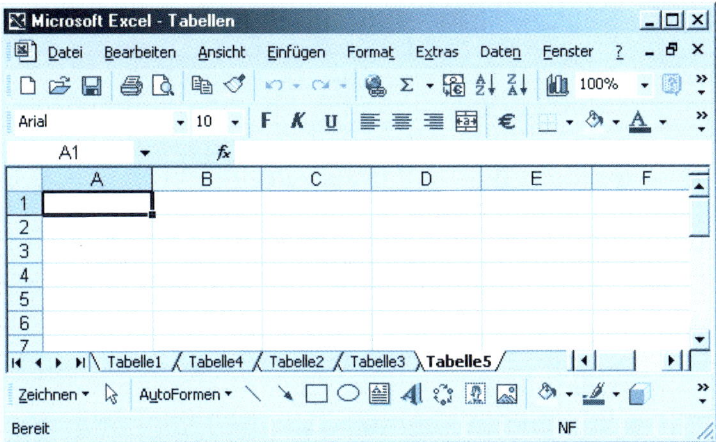

Die neue Tabelle wurde ans Ende der Mappe gestellt

Tabellenblätter benennen

Excel vergibt beim Einfügen von Tabellennamen selbstständig Namen, die sich aus dem Ausdruck Tabelle und einer durchnummerierten Zahl zusammensetzen. Wenn Sie andere Namen verwenden möchten, können Sie dies jederzeit tun.

Im nächsten Beispiel benennen Sie die aktive Tabelle um. Dabei vergeben Sie dem Tabellenblatt den Namen des aktuellen Datums.

```
Sub TabelleNamenAusFormatiertemDatum()
 ActiveSheet.Name = Format(Now, "dd mmmm yyyy")
End Sub
```

Listing 4.4: Aktive Tabelle nach aktuellem Datum benennen

Mit Hilfe der Funktion `Format` können Sie beispielsweise Datumsformate ändern. Dabei wenden Sie diese Funktion auf die Funktion `Now` an, die sowohl das aktuelle Datum als auch die aktuelle Uhrzeit wiedergibt.

Bei der Formatierung des Datums haben Sie eine ganze Reihe an Möglichkeiten. Einige davon können Sie in der folgenden Tabelle sehen:

Datumsformat	Datumsanzeige
`Format(Now, "dd mmm")`	22 Mrz
`Format(Now, "dd. mmmm yy")`	22. März 03
`Format(Now, "dd. mmmm yyyy")`	22. März 2003
`Format(Now, "dd-mm-yyyy")`	22-03-2003
`Format(Now, "dddd")`	Freitag
`Format(Now, "mmmm yyyy")`	März 2003

Tabelle 4.1: Datumsangaben formatieren

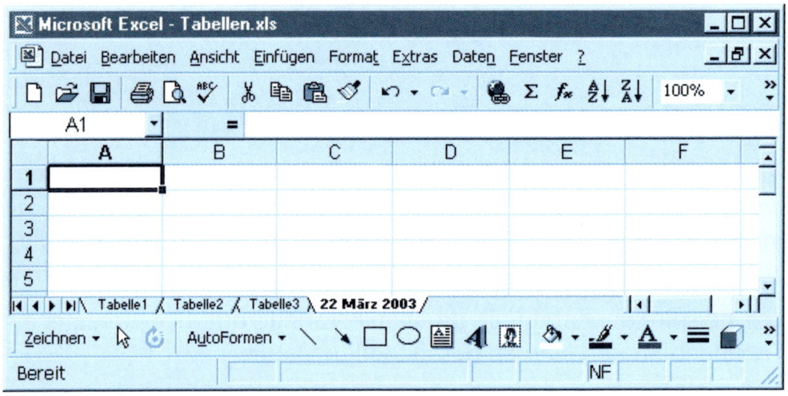

Tabelle wurde umbenannt

Tabelle(n) löschen

Wie Sie Tabellenblätter einfügen und benennen, wissen Sie jetzt. Aber wie werden Tabellenblätter gelöscht? Für das Löschen von Tabellenblättern setzen Sie die Methode `Delete` ein.

Im nächsten Beispiel löschen Sie die TABELLE1. Setzen Sie dazu das Makro aus Listing 4.5 ein.

```
Sub TabellenblattLöschen()
    On Error GoTo fehler
    Sheets("Tabelle1").Delete
    Exit Sub
```

```
fehler:
    MsgBox "es gibt keine Tabelle1 zum Löschen"
End Sub
```

Listing 4.5: Tabelle löschen

Zu Beginn sorgt die Anweisung `On Error` dafür, dass bei einem Fehlerfall sofort zur Textmarke `fehler` gesprungen wird. Ein Fehler kann z.B. auftreten, wenn die Tabelle gar nicht in der Arbeitsmappe enthalten ist. Danach wird versucht, die TABELLE1 zu löschen. Sollte der Vorgang erfolgreich sein, wird die nächste Zeile abgearbeitet, wenn nicht, wird zur Textmarke `fehler` gesprungen. Die Anweisung `Exit Sub` sorgt dafür, dass nach dem erfolgreichen Löschen des Tabellenblattes das Makro sofort beendet, also die Textmarke `fehler` nicht mehr abgearbeitet wird. Die Textmarke `fehler` leitet die Fehlerbehandlung ein. Sie wird nur ausgeführt, wenn z.B. versucht wurde, eine Tabelle zu löschen, die es gar nicht mehr gibt.

Wenn Sie das Makro aus Listing 4.5 ausführen, wird Ihnen folgende Meldung angezeigt:

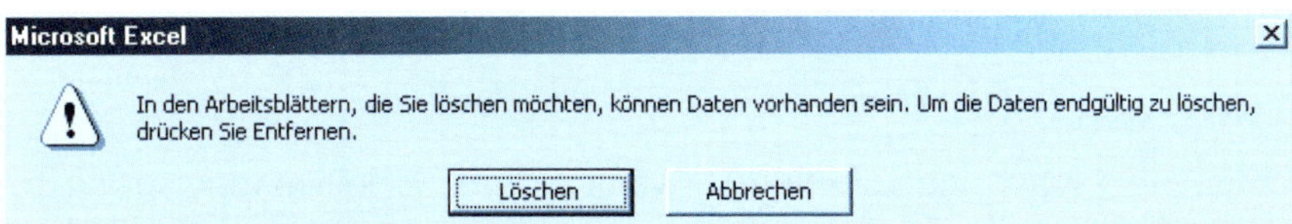

Löschbestätigung einholen

Diese Meldung können Sie selbstverständlich unterdrücken. Dazu modifizieren Sie noch ein wenig das Makro aus Listing 4.5.

```
Sub TabellenblattLöschen()
Application.DisplayAlerts = False
    On Error GoTo fehler
    Sheets("Tabelle1").Delete
    Application.DisplayAlerts = True
    Exit Sub
fehler:
    MsgBox "es gibt keine Tabelle1 zum Löschen"
End Sub
```

Listing 4.6: Tabelle ohne Rückfrage löschen

Setzen Sie die Eigenschaft `DisplayAlert` auf den Wert `False`, wenn Sie verhindern möchten, dass Excel ganz allgemein Warnungen und Meldungen anzeigt. Standardmäßig ist dieser Wert aber auf `True` gesetzt, was für dieses Beispiel bedeutet, dass Sie vor dem Löschen des Tabellenblattes noch einmal gefragt werden, ob Sie dieses wirklich löschen möchten. Die TABELLE1 wird dann ohne Rückfrage gelöscht.

Starten Sie jetzt dasselbe Makro noch einmal. Jetzt sollte folgende Meldung angezeigt werden:

Die Tabelle wurde bereits gelöscht

Tabellen aktivieren

Wie funktioniert eigentlich der Wechsel auf ein anderes Tabellenblatt? Um ein Tabellenblatt zu aktivieren, setzen Sie die Methode `Activate` ein. Dabei können Sie ganz gezielt auf ein bestimmtes Tabellenblatt zugreifen oder allgemein eine Tabelle nach vorn oder nach hinten springen.

Sprung nach hinten

Möchten Sie genau eine Tabelle rückwärts in Ihrer Arbeitsmappe springen, dann drücken Sie die Tastenkombination [Strg] + [Bild ↑] oder klicken mit der Maustaste auf die Registerlasche der vorherigen Tabelle. Die ganze Aufgabe mit einem Makro gelöst sieht wie folgt aus:

```
Sub VorherigesBlattAktivieren()
 On Error Resume Next
 ActiveSheet.Previous.Activate
End Sub
```

Listing 4.7: Vorherige Tabelle ansteuern

Die `On Error`-Anweisung kommt dann zum Tragen, wenn Sie bereits das erste Tabellenblatt in der Arbeitsmappe aktiviert haben und ein weiteres Blättern nach links nicht mehr möglich ist. Dieser Fall muss abgefangen werden, da Sie ansonsten eine Fehlermeldung erhalten.

Möchten Sie genau eine Tabelle vorwärts in Ihrer Arbeitsmappe springen, dann drücken Sie die Tastenkombination [Strg] + [Bild ↓] oder klicken mit der Maustaste auf die Registerlasche der nächsten Tabelle. Die ganze Aufgabe mit einem Makro gelöst sieht wie folgt aus:

```
Sub NächstesBlattAktivieren()
 On Error Resume Next
 ActiveSheet.Next.Activate
End Sub
```

Listing 4.8: Nächste Tabelle ansteuern

Tabellen aus- und einblenden

Möchten Sie einzelne Tabellenblätter ausblenden, um diese nicht gleich auf den ersten Anblick sichtbar zu machen, dann können Sie dies tun, indem Sie mit der Eigenschaft `Visible` arbeiten, die Sie auf die jeweilige Tabelle anwenden.

Blenden Sie jetzt die TABELLE1 aus. Starten Sie für diesen Zweck das Makro aus Listing 4.9.

```
Sub TabelleAusblenden()
On Error GoTo fehler
Sheets("Tabelle1").Visible = False
    Exit Sub
fehler:
    MsgBox "es gibt keine Tabelle1 zum Ausblenden"
End Sub
```

Listing 4.9: Einzelne Tabelle ausblenden

Nachdem Sie das Makro `TabelleAusblenden` ausgeführt haben, wird die Tabelle in der Arbeitsmappe nicht mehr angezeigt. Der Anwender kann aber jederzeit über den Befehl BLATT/EINBLENDEN aus dem Menü FORMAT die ausgeblendeten Tabellenblätter wieder verfügbar machen.

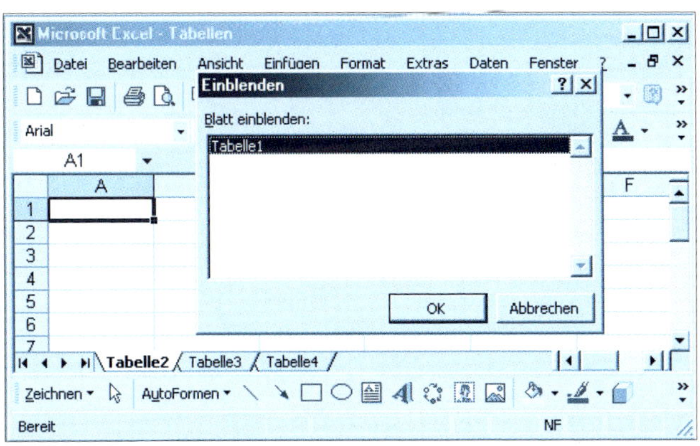

Ausgeblendete Tabellen auflisten

Das Einblenden eines ausgeblendeten Tabellenblatts funktioniert in VBA wie folgt:

```
Sub TabelleEinblenden()
On Error Resume Next
Sheets("Tabelle1").Visible = True
End Sub
```

Listing 4.10: Tabelle wieder einblenden

Setzen Sie die Eigenschaft `Visible` wieder auf den Wert `True`, um die Tabelle einzublenden.

Tabellenblätter sicher ausblenden

Möchten Sie verhindern, dass der Anwender Ihre ausgeblendeten Tabellenblätter über die Benutzeroberfläche wieder einblenden kann, müssen Sie bei der Eigenschaft `Visible` die Konstante `xlVery-Hidden` verwenden.

Das Ganze sieht dann wie folgt aus:

```
Sub TabelleSicherAusblenden()
On Error GoTo fehler
Sheets("Tabelle1").Visible = xlVeryHidden
Exit Sub
fehler:
    MsgBox "es gibt keine Tabelle1 zum Ausblenden"
End Sub
```

Listing 4.11: Tabelle sicher ausblenden

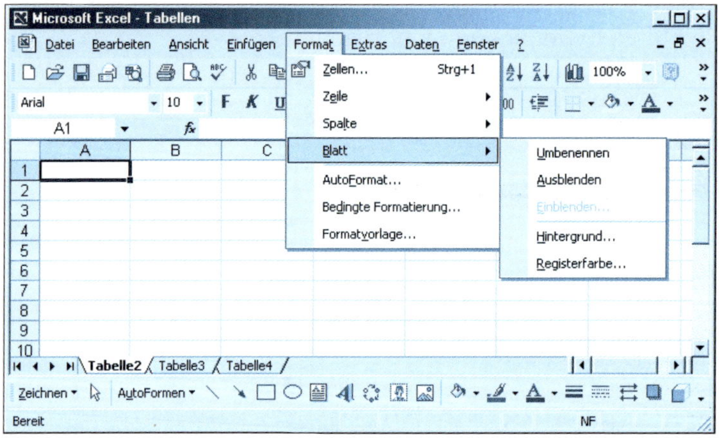

Die ausgeblendete Tabelle1 kann über die normale Oberfläche nicht mehr eingeblendet werden

In diesem Fall können Sie Ihre ausgeblendete Tabelle nur mit einem Makro wieder verfügbar machen. Dazu setzen Sie das Makro aus Listing 4.10 ein.

Kopf- und Fußzeilen anlegen

Standardmäßig werden in Excel keine Kopf- und Fußzeilen ausgedruckt. Um diese müssen Sie sich selber kümmern. Dazu verwenden Sie das Objekt `PageSetup`, welches Sie für das Tabellenblatt anwenden können.

Fußzeile mit Anwendernamen

So fügen Sie beispielsweise den Namen des Anwenders, den genauen Speicherpfad, das heutige Datum oder auch andere Angaben aus den Dokumenteigenschaften als Kopf- oder Fußzeile ein. Das Makro für diese Aufgabe sehen Sie in Listing 4.12.

```
Sub BenutzerNameInFußzeile()
  ActiveSheet.PageSetup.RightFooter = _
  Application.UserName
End Sub
```

Listing 4.12: Anwendernamen in Fußzeile integrieren

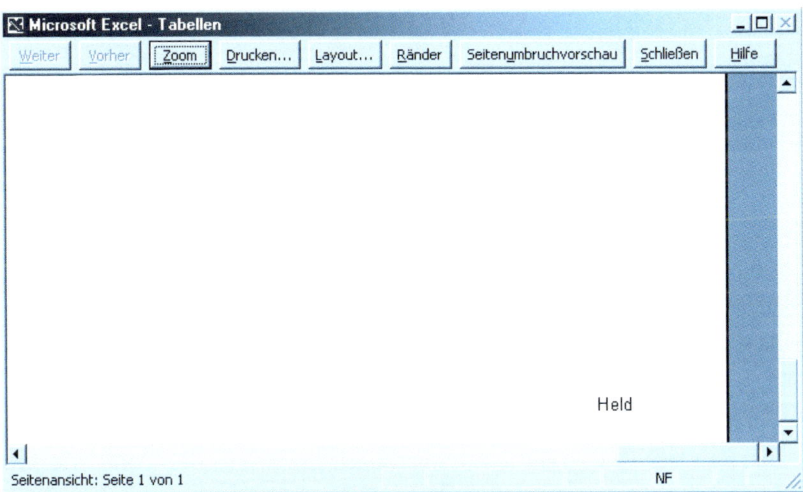

Den Anwendernamen in die Fußzeile befördern

Fußzeile mit Pfad

Wenn Sie eine Fußzeile mit dem Namen der Arbeitsmappe definieren, können Sie leider aus dieser Angabe nicht ersehen, wo diese Arbeitsmappe gespeichert ist. Daher erstellen Sie ein Makro, welches Ihnen eine Fußzeile mit dem Namen des kompletten Pfades der Datei ausgibt. Das Makro für diese Aufgabe lautet:

```
Sub FußzeileMitPfad()
  ActiveSheet.PageSetup.LeftFooter = _
  ActiveWorkbook.FullName
End Sub
```

Listing 4.13: Den kompletten Pfad der Datei in die Fußzeile einfügen

Mit Hilfe der Eigenschaft `FullName` können Sie den Namen der Arbeitsmappe sowie den Speicherpfad ermitteln. Allerdings muss die Arbeitsmappe zuvor einmal gespeichert worden sein.

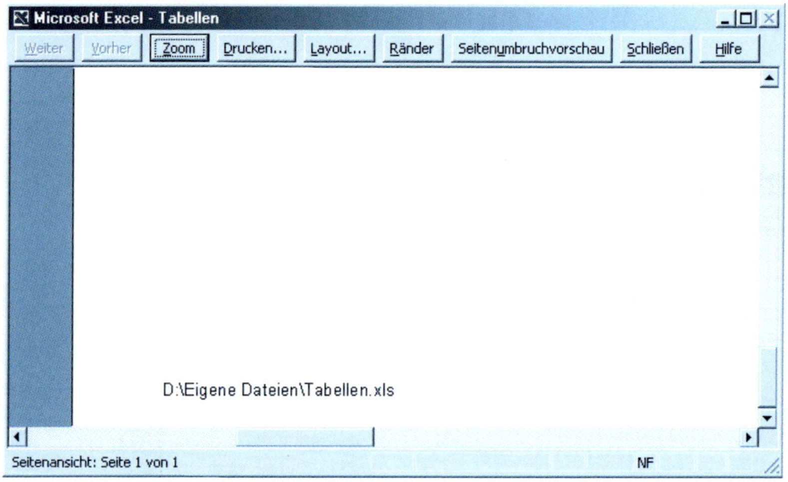

Den Dateipfad in die Fußzeile einfügen

Kopfzeile mit Datums- und Zeitangabe

Im nächsten Beispiel stellen Sie ein vierstelliges Datum in die Kopfzeile sowie die aktuelle Uhrzeit in die Fußzeile.

```
Sub KopfzeileMit4stelligemDatum()
    With ActiveSheet.PageSetup
        .LeftHeader = ""
        .CenterHeader = Format(Date, "dd.mm.yyyy")
```

```
        .RightHeader = ""
        .LeftFooter = ""
        .CenterFooter = Time
        .RightFooter = ""
    End With
    ActiveWindow.SelectedSheets.PrintPreview
End Sub
```

Listing 4.14: Datum und Uhrzeit in Kopf- bzw. Fußzeile einfügen

Mit der Anweisung `With` können Sie eine Reihe von Anweisungen für ein bestimmtes Objekt ausführen, ohne den Namen des Objekts mehrmals angeben zu müssen. Dadurch können Sie sich eine Menge Schreibarbeit sparen und das Ganze sieht auch noch übersichtlicher aus. Um das Datum in eine bestimmte Form zu bringen, setzen Sie die Funktion `Format` ein.

Tipp

Möglich wäre auch die Anweisung

```
CenterHeader = Format(Date, "Long Date")
```

was zur Folge hätte, dass das Datum ausgeschrieben wird (z.B. Freitag, 22. März 2003).

Mit der Methode `PrintPreview` zeigen Sie direkt nach dem Festlegen der Kopf- und Fußzeilen das Ergebnis, so wie es in der Seitenansicht aussieht.

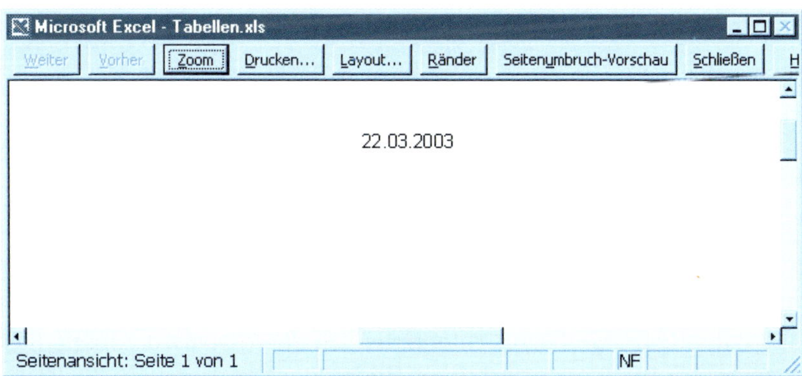

Vierstelliges Datum in die Kopfzeile integrieren

Kopfzeile mit Logo einrichten

Sie können in den neuen Excel-Versionen ab 2002 Grafiken standardmäßig in die Kopf- und Fußzeile integrieren.

Um beispielsweise eine Grafik in die Kopfzeile der aktiven Tabelle zu transportieren, können Sie folgenden Code einsetzen:

```
Sub GrafikInKopfzeileEinfügen()
Sheets("Tabelle1").Activate
With ActiveSheet.PageSetup
 .LeftHeaderPicture.Filename = _
  "C:\HLPCD.gif"
 .LeftHeader = "&G"
End With
End Sub
```

Listing 4.15: Bild in Kopfzeile einfügen

Über die Eigenschaft `LeftHeaderPicture` weisen Sie der linken Kopfzeile Ihrer Tabelle die angegebene Grafik hinzu. Neben dieser Eigenschaft gibt es weitere fünf Eigenschaften, die Sie in der folgenden Tabelle entdecken können.

Eigenschaft	**Beschreibung**
`RightHeaderPicture`	Bild in der rechten Kopfzeile
`CenterHeaderPicture`	Bild in der Mitte der Kopfzeile
`LeftFooterPicture`	Bild in der linken Fußzeile
`CenterFooterPicture`	Bild in der Mitte der Fußzeile
`RightFooterPicture`	Bild in der rechten Fußzeile

Tabelle 4.2: Die Position der Grafik festlegen

Mit Hilfe der Eigenschaft `FileName` geben Sie bekannt, wo die Grafik zu finden ist und wie sie heißt. Mit der Eigenschaft `LeftHeader` definieren Sie, was Sie konkret in der Kopfzeile machen möchten. Dazu weisen Sie dieser Eigenschaft einen Formatcode zu. Entnehmen Sie der folgenden Tabelle die dabei möglichen Formatcodes und deren Bedeutung.

Formatcode	Beschreibung
&L	Richtet nachfolgende Zeichen links aus.
&C	Zentriert das nachfolgende Zeichen.
&R	Richtet nachfolgende Zeichen rechts aus.
&E	Schaltet Doppelt Unterstreichen ein oder aus.
&X	Schaltet Hochstellen ein oder aus.
&Y	Schaltet Tiefstellen ein oder aus.
&B	Schaltet Fettdruck ein oder aus.
&I	Schaltet Kursivdruck ein oder aus.
&U	Schaltet Unterstreichen ein oder aus.
&S	Schaltet Durchstreichen ein oder aus.
&D	Druckt das aktuelle Datum.
&T	Druckt die aktuelle Zeit.
&F	Druckt den Namen des Dokuments.
&A	Druckt den Namen des Registers einer Arbeitsmappe.
&P	Druckt die Seitenzahl.
&P+Zahl	Druckt die Seitenzahl zuzüglich der angegebenen Zahl.
&&	Druckt ein einzelnes kaufmännisches Und-Zeichen.
&"Schriftart"	Druckt die nachfolgenden Zeichen in der angegebenen Schriftart. Schriftart muss von Anführungszeichen eingeschlossen sein.
&nn	Druckt die nachfolgenden Zeichen im angegebenen Schriftgrad. Geben Sie eine zweistellige Zahl an, um den Schriftgrad anzugeben.
&N	Druckt die Gesamtanzahl der Seiten eines Dokumentes.

Tabelle 4.3: Formatcodes für die Kopf- und Fußzeile

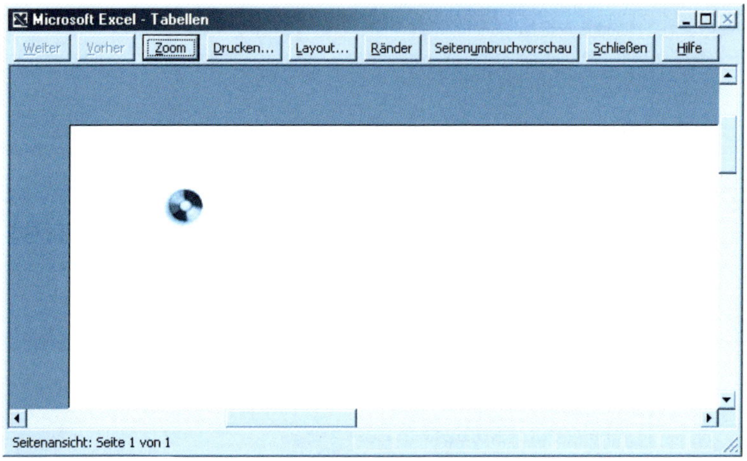

Das Logo wurde in die Kopfzeile eingefügt

Hinweis

Sie brauchen sich übrigens keine Sorgen zu machen, wenn Sie eine Arbeitsmappe mit integrierten Grafiken verschicken. Sie müssen keineswegs auch die Grafiken mitversenden. Ist die Grafik einmal in der Kopf- oder Fußzeile integriert, bleibt sie auch darin.

Tabellenblätter drucken

Wenn Sie die Kopf- und Fußzeilen gesetzt und eventuell auch einen Druckbereich eingestellt haben, gehen Sie über zum Thema Drucken. Drucken können Sie entweder ein oder mehrere Tabellenblätter, die ganze Arbeitsmappe, einen Druckbereich oder eine Markierung. Je nach Wunsch müssen Sie dazu Makros schreiben.

Einzelne Tabelle drucken

```
Sub TabellenblattDrucken()
 Sheets("Tabelle1").PrintOut
End Sub
```

Listing 4.16: Die Tabelle1 wird gedruckt

Setzen Sie die Methode `PrintOut` ein, um die aktive Tabelle zu drucken.

Tabelle mit Kopien drucken

Möchten Sie gleich mehrere Kopien ausdrucken, so stellen Sie beim Argument `Copies` die gewünschte Anzahl der Kopien ein.

```
Sub TabellenblattDruckenMitKopie()
 Sheets("Tabelle1").PrintOut Copies:=3
End Sub
```

Listing 4.17: Tabelle1 mit Kopien ausdrucken

Ganze Arbeitsmappe drucken

Möchten Sie gleich die ganze Arbeitsmappe drucken, dann starten Sie das Makro aus Listing 4.18.

```
Sub ArbeitsmappeDrucken()
    ActiveWorkbook.PrintOut
End Sub
```

Listing 4.18: Ganze Arbeitsmappe drucken

Wenden Sie die Methode `PrintOut` auf die ganze Arbeitsmappe an, indem Sie die Eigenschaft `ActiveWorkbook` voranstellen.

Markierten Bereich drucken

Beim nachfolgenden Makro markieren Sie entweder vorher mit der Maus den Bereich, den Sie drucken, oder weisen Sie den Bereich auch per VBA zu, z.B.: `Range("A1:D10").Select`. Führen Sie dann das Makro in Listing 4.19 aus.

```
Sub MarkierungDrucken()
 Selection.PrintOut Copies:=1, Collate:=True
End Sub
```

Listing 4.19: Den markierten Bereich einer Tabelle drucken

Wenden Sie die Methode `PrintOut` auf den markierten Bereich einer Tabelle an, indem Sie die Eigenschaft `Selection` voranstellen.

Den integrierten Drucken-Dialog aufrufen

Wenn Sie nicht direkt drucken und stattdessen den integrierten Drucken-Dialog von Excel verwenden möchten, setzen Sie das folgende Makro ein:

```
Sub DruckenDialogAufrufen()
    Application.Dialogs(xlDialogPrint).Show
End Sub
```

Listing 4.20: Den Drucken-Dialog aufrufen

Die Auflistung `Dialogs` enthält alle integrierten Dialoge von Excel. Die Konstante `xlDialogPrint` repräsentiert den Drucken-Dialog in Excel.

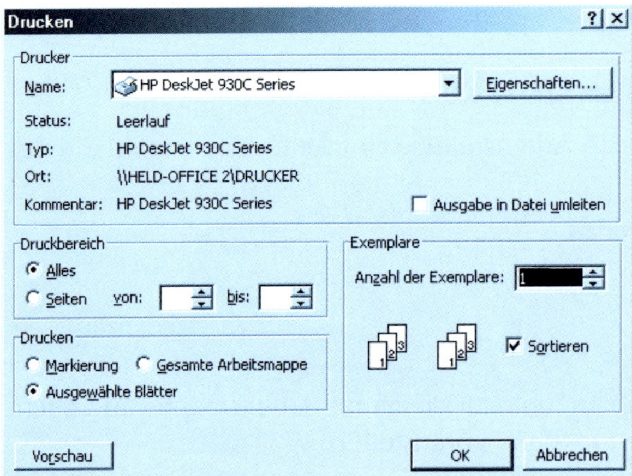

Der Dialog Drucken in Excel

Tabellenblatt als E-Mail versenden

Wenn Sie aus dem Menü DATEI den Befehl SENDEN AN E-MAIL EMPFÄNGER auswählen, wird automatisch die gesamte Arbeitsmappe als Anhang angehängt und versendet. Um nur das aktive Tabellenblatt zu verschicken, setzen Sie das folgende Makro aus Listing 4.21 ein.

```
Sub TabellenblattVersenden()
Dim s As String
 s = InputBox _
("Geben Sie den Empfänger des E-Mails ein!")
 If s = "" Then Exit Sub
 ActiveSheet.Copy
 ActiveWorkbook.SaveAs "Anhang.xls"
 Application.Dialogs(xlDialogSendMail).Show s
End Sub
```

Listing 4.21: Aktive Tabelle als E-Mail versenden

Über eine Inputbox fragen Sie die E-Mail-Adresse ab, an die die Tabelle gesendet werden soll. Danach kopieren Sie das aktive Tabellenblatt und speichern es beispielsweise unter dem Namen ANHANG.XLS. Danach rufen Sie den integrierten Excel-Dialog auf, der für das Versenden von E-Mails verantwortlich ist, und übergeben diesem Dialog die Empfängeradresse.

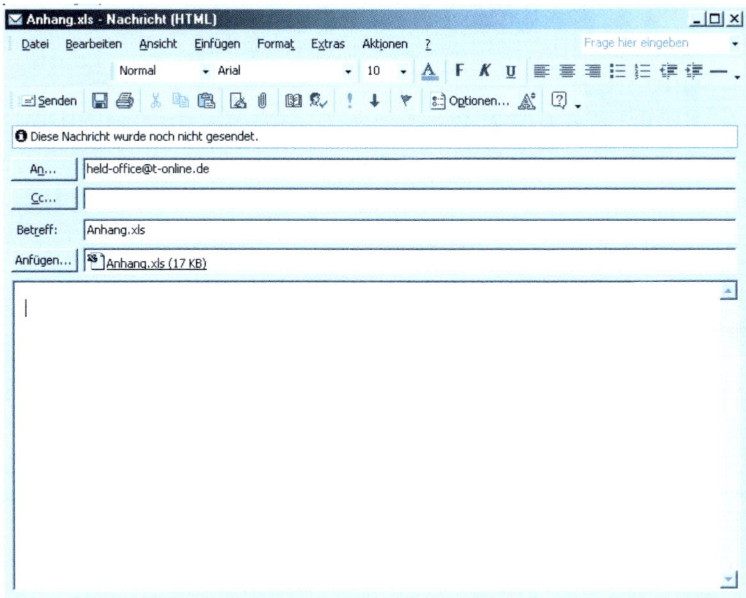

Tabelle als E-Mail versenden

Die kleine Erfolgskontrolle

Beantworten Sie bitte nun noch die folgenden Verständnisfragen:

1. Wie können Sie eine neue, noch leere Tabelle in Ihre Arbeitsmappe einfügen?
2. Wie können Sie die Rückfrage von Excel beim Löschen einer Tabelle unterdrücken?
3. Müssen Sie Logos, die Sie in die Kopfzeile eingebunden haben, beim Versenden der Arbeitsmappe dem Anwender mit zur Verfügung stellen?
4. Wie können Sie eine Tabelle mit zwei Kopien drucken?

Kapitel 5

Der Arbeitsmappen-Workshop

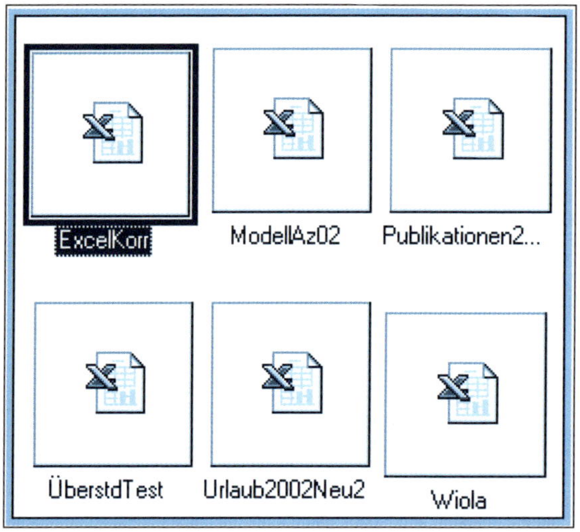

Machen Sie einen weiteren Schritt. Nachdem Sie im letzten Kapitel Tabellen programmiert haben, wagen Sie sich nun an die Programmierung von Arbeitsmappen heran. Dazu gehört unter anderem, neue Arbeitsmappen anzulegen und zu speichern. Ferner lernen Sie, wie Sie Arbeitsmappen öffnen, schließen und verknüpfte Arbeitsmappen ermitteln sowie Dokumenteigenschaften auswerten können.

Das können Sie schon:

Das lernen Sie neu:

Das Workbook-Objekt steht für die Arbeitsmappe. Sie finden auf den nächsten Seiten praktische Beispiele für den Umgang mit Arbeitsmappen.

Arbeitsmappen anlegen

Um eine neue Arbeitsmappe anzulegen, verwenden Sie die Methode Add. Die Anzahl der Tabellenblätter, welche Excel in der neuen Arbeitsmappe zur Verfügung stellen soll, regeln Sie über die Eigenschaft SheetsInNewWorkbook.

Im folgenden Beispiel wird eine neue Arbeitsmappe mit fünf leeren Tabellen angelegt.

```
Sub ArbeitsmappeEinfügen()
 Application.SheetsInNewWorkbook = 5
 Workbooks.Add
End Sub
```

Listing 5.1: Neue Arbeitsmappe anlegen

Mit Hilfe der Eigenschaft SheetsInNewWorkbook legen Sie fest, wie viele Tabellen in einer neuen Arbeitsmappe angelegt werden sollen. Danach wenden Sie die Methode Add an, um eine neue Arbeitsmappe einzufügen.

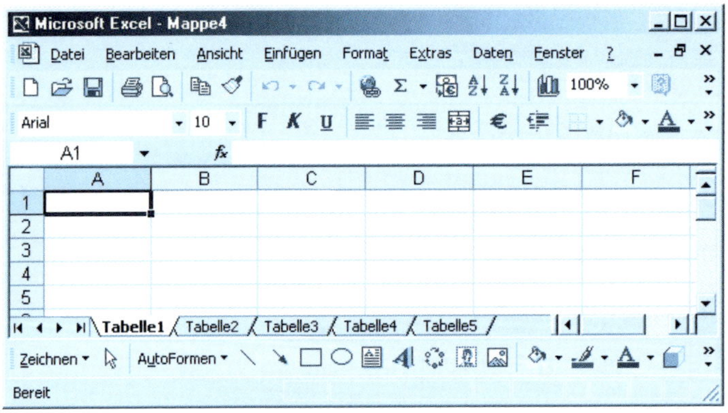

Neue Arbeitsmappe mit fünf Tabellen anlegen

Kontrollieren Sie jetzt einmal, ob Excel diese Einstellung wirklich auch gespeichert hat. Dazu verfahren Sie wie folgt:

1 Wählen Sie aus dem Menü EXTRAS den Befehl OPTIONEN.

2 Wechseln Sie auf die Registerkarte ALLGEMEIN.

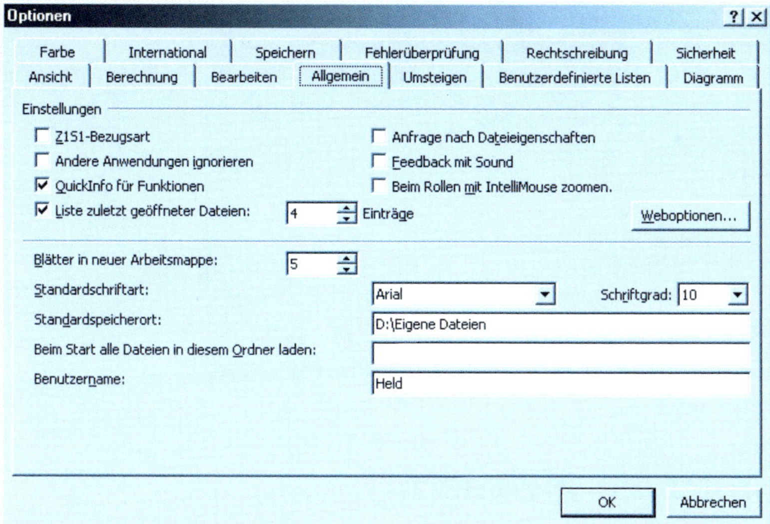

3 Kontrollieren Sie die Einstellung BLÄTTER IN NEUER ARBEITSMAPPE.

Selbstverständlich können Sie auch noch später Tabellen in Ihre Arbeitsmappe einfügen. In der folgenden Praxislösung werden genau 52 Tabellen in die Arbeitsmappe eingefügt und danach auch gleich benannt.

```
Sub WochenEinfügen()
Dim i As Integer
For i = 1 To 52
Sheets.Add.Move After:=Worksheets(Worksheets.Count)
ActiveSheet.Name = "KW " & I
Next I
End Sub
```

Listing 5.2: Zusätzliche Tabellenblätter einfügen

Setzen Sie eine Schleife auf, die genau 52 Mal abgewickelt wird. Über die Methode `Add` fügen Sie jeweils eine Tabelle ein. Im Argument `After` geben Sie die Position in der Arbeitsmappe an, an der die Tabelle eingefügt werden soll. Dabei wenden Sie die Methode `Count` an, um die Tabelle jeweils am Ende der Mappe einzufügen.

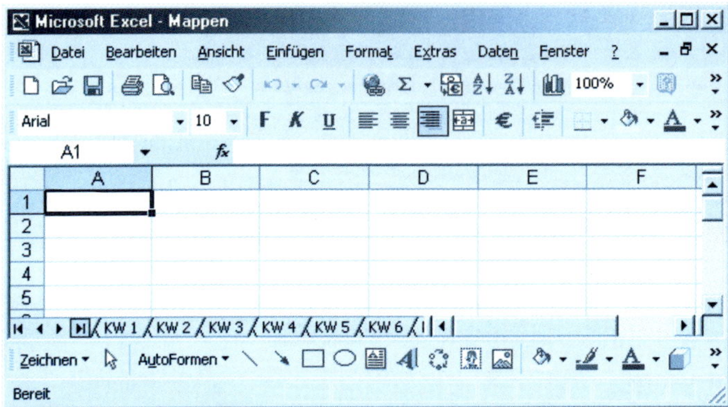

Neue Tabellen einfügen

Arbeitsmappen speichern

Beim Speichern einer Arbeitsmappe müssen Sie wissen, wo Sie die Mappe speichern möchten. Dazu verwenden Sie die `ChDrive`-Anweisung, um das Laufwerk zu bestimmen, sowie die Anweisung `ChDir`, um das richtige Verzeichnis einzustellen. Jetzt fehlt nur noch der Name.

Im folgenden Beispiel in Listing 5.3 übernehmen Sie den von Excel vorgeschlagenen Namen mit der Eigenschaft `Name`. Erst danach speichern Sie die Mappe.

```
Sub DateiSpeichern()
Dim str As String
Const LW = "c:\"
Const Pfad = "c:\eigene Dateien"

    str = ActiveWorkbook.Name
    ChDrive LW
    ChDir Pfad
    ActiveWorkbook.SaveAs Filename:=str, FileFormat:= _
    xlNormal, Password:="", WriteResPassword:="", _
    ReadOnlyRecommended:=False, CreateBackup:=True
End Sub
```

Listing 5.3: Arbeitsmappe speichern

Die `SaveAs`-Methode hat einige Argumente. Die Syntax der Methode lautet:

```
ActiveWorkbook.SaveAs(Filename, FileFormat, Password, _
WriteResPassword, ReadOnlyRecommended, CreateBackup, _
AddToMru, TextCodePage, TextVisualLayout)
```

Das Argument `FileName` haben Sie vorher in der Variablen `s` ermittelt. Beim Argument `FileFormat` können Sie angeben, in welchem Format Sie Ihre Mappe speichern möchten. Mit dem nächsten Argument `Password` können Sie ein Passwort festlegen, welches der Anwender beim Öffnen der Datei eingeben muss, um die Datei laden zu können. Im letzten Beispiel wurde eine Leerzeichenfolge übergeben, was bedeutet, dass kein Passwort beim Öffnen der Datei abgefragt wird. Das Argument `WriteResPassword` sorgt dafür, dass ein Kennwort für die Schreiberlaubnis der Datei eingegeben werden muss. Das Argument `ReadOnlyRecommended` setzen Sie auf `True`, wenn beim Öffnen der Datei in einer Meldung empfohlen werden soll, die Datei mit Nur-Lese-Zugriff zu öffnen. Belassen Sie das Argument auf dem Wert `False`, unterbleibt diese Meldung. Das Argument `CreateBakkup` setzen Sie auf den Wert `True`, wenn Excel von der Mappe eine Sicherungskopie anlegen soll. Excel legt dann eine Sicherungskopie unter demselben Namen mit dem Zusatz SICHERUNGSKOPIE VON... und der Endung WLK an.

Die übrigen Argumente sind in der Praxis nicht so relevant und werden an dieser Stelle nicht weiter beschrieben. Eine Beschreibung können Sie aber in der Online-Hilfe einsehen.

Integrierten Speichern unter-Dialog aufrufen

Wenn Sie möchten, können Sie über VBA auch auf den integrierten Dialog SPEICHERN UNTER zurückgreifen. Dazu können Sie folgendes Makro aus Listing 5.4 verwenden:

```
Sub SpeichernUnterDialogAufrufen()
 Application.Dialogs(xlDialogSaveAs).Show
End Sub
```

Listing 5.4: Den integrierten Dialog Speichern unter aufrufen

Die Auflistung `Dialogs` enthält alle integrierten Dialoge von Excel. Die Konstante `xlDialogSaveAs` repräsentiert den Speichern unter-Dialog von Excel.

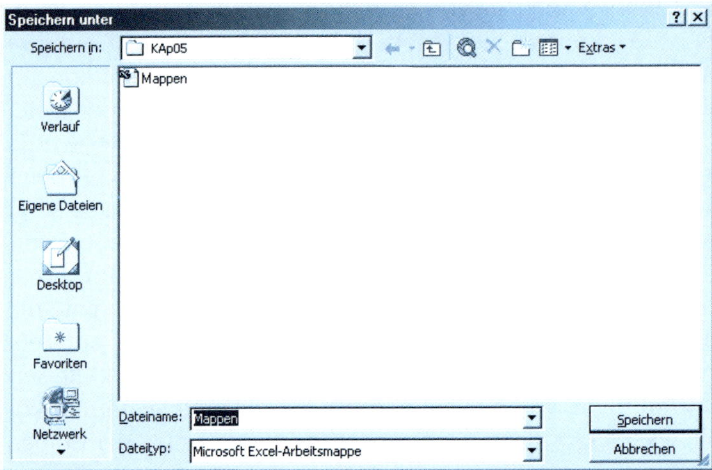

Den Speichern unter-Dialog aufrufen

Arbeitsmappen öffnen

Zum Öffnen einer Arbeitsmappe muss bekannt sein, wie die Datei heißt und in welchem Pfad sie steht. Für das Öffnen einer Arbeitsmappe setzen Sie die Methode `Open` ein.

Im nächsten Beispiel öffnen Sie die Arbeitsmappe MAPPE2.XLS im Verzeichnis C:\EIGENE DATEIEN. Das Makro für diese Aufgabe sehen Sie in Listing 5.5.

```
Sub ArbeitsmappeÖffnen()
Const Lw = "c:\"
Const Pfad = "c:\eigene Dateien"
Const Datei = "Mappe2.xls"

    ChDrive Lw
    ChDir Pfad
    On Error Goto Fehler
    Workbooks.Open Datei
Exit Sub
fehler:
    MsgBox _
"Die gewünschte Datei kann nicht gefunden werden!"
End Sub
```

Listing 5.5: Arbeitsmappe öffnen

Werfen Sie einen Blick auf die Zeile vor dem `Open`-Befehl. Die Anweisung `On Error Goto fehler` sorgt dafür, dass das Makro keinen Fehler anzeigt, wenn die gewünschte Arbeitsmappe nicht gefunden wird und zum Fehlerparagrafen verzweigt.

Die `Open`-Methode hat weitestgehend dieselben Argumente, die Sie schon bei der `SaveAs-Methode` kennen gelernt haben. Diese können in der Online-Hilfe nachgelesen werden.

Die komplette Syntax der Methode `Open` lautet:

```
Workbooks.Open(FileName, UpdateLinks, ReadOnly, _
Format, Password, WriteResPassword,_
IgnoreReadOnlyRecommended, Origin, Delimiter, _
Editable, Notify, Converter, AddToMRU)
```

Besonders wichtig ist das Argument `UpdateLinks`. Sicher haben Sie auch schon einmal beim Öffnen einer Arbeitsmappe die Meldung erhalten, ob Sie die Verknüpfungen in der Arbeitsmappe aktualisieren möchten oder nicht. Diese Abfrage können Sie unterdrücken, indem Sie ein entsprechendes Argument 0 bis 3 einsetzen. Die Bedeutung der verschiedenen Werte entnehmen Sie der folgenden Tabelle:

Konstante	**Bedeutung**
0	Keine Aktualisierung von Bezügen
1	Aktualisierung von externen Bezügen, jedoch nicht von Fernbezügen
2	Aktualisierung von Fernbezügen, jedoch nicht von externen Bezügen
3	Aktualisierung von externen Bezügen und Fernbezügen

Tabelle 5.1: Die Bedeutung der Konstante UpdateLinks

So bedeutet beispielsweise die Zeile:

```
Workbooks.Open filename:="Mappe2.xls", UpdateLinks:=0
```

dass keine Aktualisierung von Verknüpfungen vorgenommen wird.

> **Hinweis**
>
> *Wenn Sie generell beim Öffnen von Arbeitsmappen Verknüpfungen aktualisieren möchten, dann können Sie im Menü* EXTRAS *den Befehl* OPTIONEN *wählen, auf die Registerkarte* BEARBEITEN *wechseln und das Kontrollkästchen* AKTUALISIEREN VON AUTOMATISCHEN VERKNÜPFUNGEN BESTÄTIGEN *deaktivieren. Diese Umstellung können Sie auch über ein Makro festlegen.*

```
Sub VerknüpfungenImmerUpdaten()
  Application.AskToUpdateLinks = False
End Sub
```

Listing 5.6: Verknüpfungsabfrage abschalten

Setzen Sie die Eigenschaft `AskUpdateLinks` auf den Wert `True`, um die Aktualisierungsabfrage beim Öffnen von Arbeitsmappen wieder anzuzeigen.

Den integrierten Öffnen-Dialog aufrufen

Wenn Sie möchten, können Sie für das Öffnen von Arbeitsmappen auch einen bereits integrierten Dialog von Excel verwenden. Dabei können Sie auch schon als Argument den Pfad mitgeben, welchen der ÖFFNEN-Dialog anzeigen soll. Das Makro dazu entnehmen Sie dem Listing 5.7.

```
Sub DialogÖffnenAnzeigen()
  Application.Dialogs(xlDialogOpen).Show _
  "C:\eigene Dateien"
End Sub
```

Listing 5.7: Den integrierten Öffnen-Dialog aufrufen

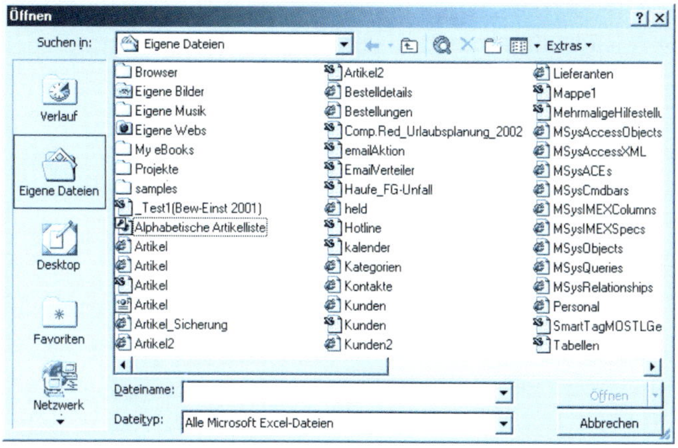

Dialog Öffnen aufrufen

Liste der geöffneten Arbeitsmappen beeinflussen

Wenn Sie das Menü DATEI herunterklappen, können Sie die zuletzt geöffneten Arbeitsmappen vor dem letzten Befehl im Menü sehen. Dabei handelt es sich um eine Wiedervorlage-Liste.

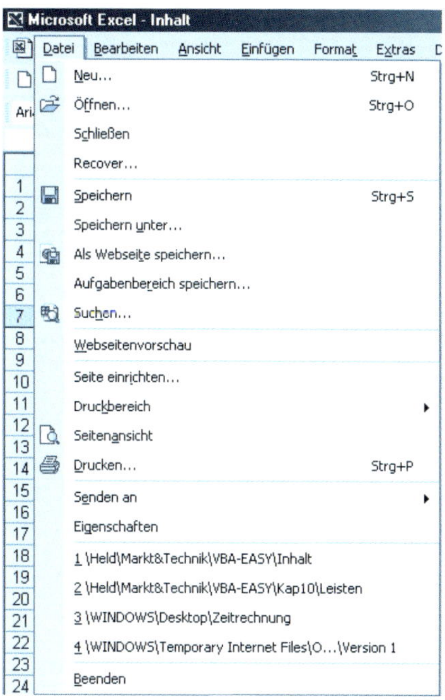

Die Anzahl der angezeigten Arbeitsmappen können Sie selbst festlegen. Bei Bedarf können Sie die Ansicht dieser Liste sogar deaktivieren.

```
Sub DateiListeFestlegen()
    With Application
        .DisplayRecentFiles = True
        .RecentFiles.Maximum = 8
    End With
End Sub
```

Listing 5.8: Die Wiedervorlageliste manipulieren

Mit der Eigenschaft `DisplayRecentFiles` bestimmen Sie, ob die Wiedervorlage-Liste im Menü DATEI angezeigt werden soll. Wenn ja, dann weisen Sie der Eigenschaft den Wert `True` zu. Mit der Eigenschaft `Maximum` bestimmen Sie die maximale Anzahl der Arbeitsmappen, die im Menü DATEI angezeigt werden sollen.

Hinweis

Die Wiedervorlage-Liste kann bis zu neun Einträge aufnehmen.

Mehrere Arbeitsmappen öffnen

Wenn Sie mehrere Arbeitsmappen auf einmal öffnen und dabei den integrierten Öffnen-Dialog von Excel verwenden möchten, dann starten Sie das folgende Makro aus Listing 5.9:

```
Sub MehrereArbeitsmappenÖffnen()
Dim l As Long
Dim Mappen As Variant
 l = 0
 Mappen = Application.GetOpenFilename(MultiSelect:=True)
 If IsArray(Mappen) Then
    For l = LBound(Mappen) To UBound(Mappen)
       Workbooks.Open Mappen(l)
    Next l
 Else
    Workbooks.Open Mappen
 End If
End Sub
```

Listing 5.9: Mehrere Arbeitsmappen öffnen

Mit Hilfe der Methode `GetOpenFilename` zeigen Sie das Standarddialogfeld `Öffnen` an, ohne jedoch irgendwelche Dateien zum Öffnen anzubieten. Die Methode hat folgende Syntax:

```
GetOpenFilename(FileFilter, FilterIndex, Title, MultiSelect)
```

Im ersten Argument `FileFilter` können Sie bestimmen, welche Dateien überhaupt angezeigt werden sollen. Wenn Sie dieses Argument weglassen, werden alle Dateien im Dialog angezeigt. Das Argument `Filter-Index` gibt die Indexnummer der Standarddatei-Filterkriterien an. Das Argument `Title` bestimmt die Überschrift im Dialog. Hiermit können Sie dem ÖFFNEN-Dialog eine eigene Überschrift zuweisen. Wird das Argument weggelassen, dann wird standardmäßig der Text ÖFFNEN als Dialogüberschrift gewählt. Das Argument `MultiSelect` gibt an, ob es möglich ist, im ÖFFNEN-Dialog gleich mehrere Dateien zu markieren. Setzen Sie dieses Argument auf den Wert `True`, wenn Sie die Mehrfachauswahl haben möchten. Belassen Sie den Standardwert auf `False`, wenn es nur möglich sein soll, eine Datei zu markieren.

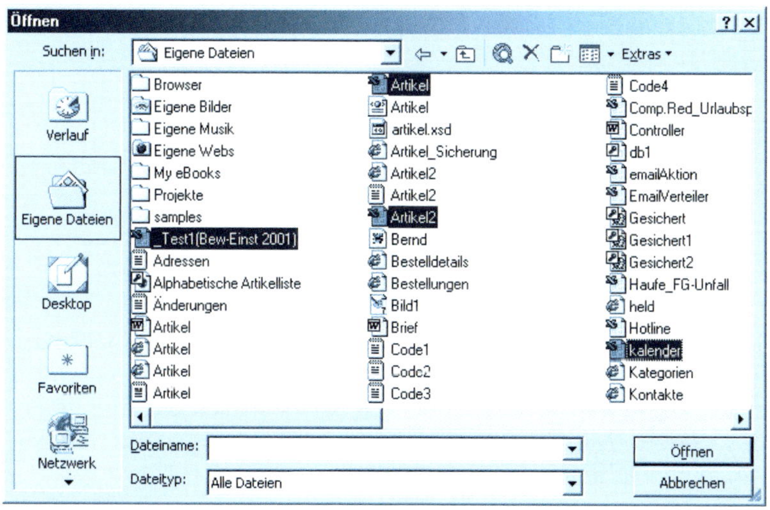

Mehrere Dateien markieren

Im nächsten Schritt müssen Sie prüfen, wie viele und vor allem welche Dateien der Anwender im Dialog ÖFFNEN markiert hat. Dazu überprüfen Sie mit der Funktion `IsArray`, ob die Variable `Mappen` gefüllt ist. Wenn ja, dann ist mehr als eine Datei markiert und die `For Next`-Schleife kann aufgesetzt werden. Diese arbeitet den Array von links nach rechts ab, wobei die Funktion `LBound` den kleinsten verfügbaren Index für die angegebene Dimension des Arrays enthält. Die Funktion UBound enthält analog den größten verfügbaren Index für die angegebene Dimension des Arrays. Demnach werden nacheinander alle Dateien, die im Array stehen, mit Hilfe der Methode Open geöffnet. Für den Fall, dass nur eine einzige Datei markiert wurde, meldet die Funktion IsArray den Wert False. In diesem Fall können Sie die Methode Open sofort ausführen und die Variable Mappen ohne Index anhängen.

Alle geöffneten Arbeitsmappen ermitteln

Wenn Sie mit Excel-Arbeitsmappen hantieren, ist es schon oft notwendig, gleich mehrere Arbeitsmappen zu öffnen und mit Hilfe der Tastenkombination [Strg] + [F6] von einer Mappe zur nächsten zu springen, um Werte miteinander zu vergleichen oder auch Verknüpfungen einzufügen. Wie aber stellen Sie über ein Makro fest, welche Arbeitsmappen gerade geöffnet sind? Das Makro in Listing 5.10 gibt Ihnen die Antwort.

```
Sub GeöffneteMappenErmitteln()
Dim Mappe As Workbook
Dim i As Integer

Sheets.Add
i = 1
 For Each Mappe In Workbooks
     Cells(i, 1) = Mappe.Name
     i = i + 1
   Next Mappe
End Sub
```

Listing 5.10: Alle geöffneten Arbeitsmappen ausgeben

Fügen Sie über die Methode Add ein neues Tabellenblatt in Ihre Arbeitsmappe ein. Danach setzen Sie eine Schleife auf und arbeiten alle geöffneten Arbeitsmappen ab. Diese werden Ihnen über das Auflistungsobjekt Workbooks zur Verfügung gestellt. Mit Hilfe der Eigenschaft Name können Sie den Namen jeder einzelnen Arbeitsmappe ermitteln.

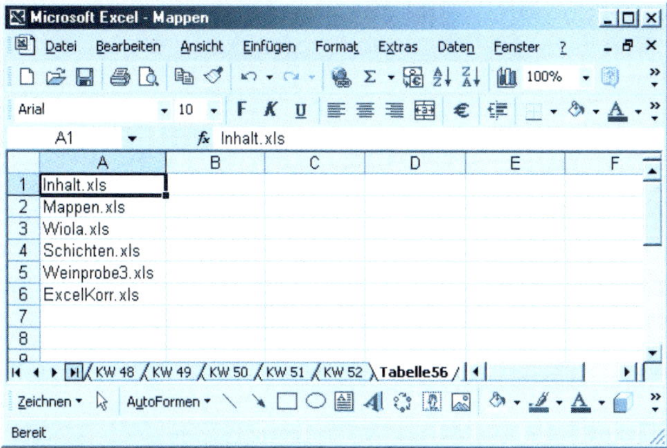

Alle geöffneten Arbeitsmappen abfragen

Arbeitsmappen schließen

Wenn Sie eine Arbeitsmappe wieder schließen möchten, dann müssen Sie eine Meldung mit JA bestätigen, wenn Sie Änderungen an der Mappe durchgeführt haben. Diese Meldung können Sie mit der Eigenschaft `DisplayAlerts` ausschalten. Sie müssen sich nur vorher entscheiden, ob Sie Änderungen an Ihrer Arbeitsmappe standardmäßig übernehmen oder ob Sie Veränderungen an Ihrer Arbeitsmappe nicht speichern möchten.

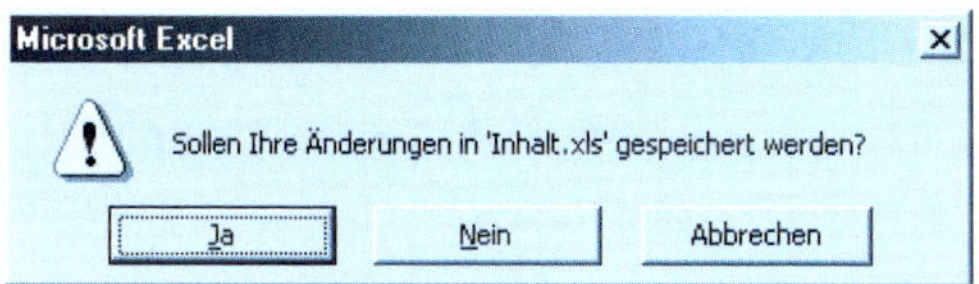

Arbeitsmappe ohne Rückfrage schließen

Im nächsten Beispiel soll eine Arbeitsmappe ohne weitere Rückfrage geschlossen werden. Dabei sollen jedoch die Änderungen an der Arbeitsmappe vorher gespeichert werden. Starten Sie dazu das Makro aus Listing 5.11.

```
Sub ArbeitsmappeSchließen()
 Application.DisplayAlerts = False
 ActiveWorkbook.Close SaveChanges:=True
 Application.DisplayAlerts = True
End Sub
```

Listing 5.11: Arbeitsmappe ohne Rückfrage schließen

Die Methode `Close` schließt die Arbeitsmappe. Wird das Argument `SaveChanges` auf den Wert `True` gesetzt, dann werden Änderungen an der Arbeitsmappe gespeichert.

Arbeitsmappe schließen – Änderungen verwerfen

Wenn Sie eine Arbeitsmappe editieren möchten, um beispielsweise ein paar Berechnungen auf die Schnelle durchzuführen, die Ergebnisse letztendlich aber nicht speichern und den Originalzustand der Arbeitsmappe somit erhalten wollen, setzen Sie das Makro aus Listing 5.12 ein.

```
Sub ArbeitsmappeSchließenOhneSpeichern()
 With Application
  .DisplayAlerts = False
  .DisplayStatusBar = True
  .StatusBar = "Änderungen an der Datei " _
    & ActiveWorkbook.Name & _
    " werden nicht gespeichert!"
  .Wait (Now + TimeValue("0:00:05"))
  .StatusBar = False
 End With
 ActiveWorkbook.Close
End Sub
```

Listing 5.12: Arbeitsmappe speichern und die Änderungen verwerfen

> **Tipp**
>
> *Wenn Sie eine Arbeitsmappe ohne Speichern schließen möchten, dann sollten Sie für alle Fälle die Statusleiste nützen, um bekannt zu geben, dass die Arbeitsmappe nicht gespeichert wurde. Diese Sicherheitsmaßnahme ist wichtig, da sie auch andere Anwender daran erinnert, dass diese Datei nicht gespeichert werden kann.*

Im ersten Schritt schalten Sie mit der Eigenschaft `DisplayAlerts` die Excel-Meldungen und -Warnungen aus. Danach blenden Sie sicherheitshalber die Statusleiste mit der Eigenschaft `Display StatusBar` ein. Ist die Statusleiste schon eingeblendet, wird dieser Befehl ignoriert. Im Anschluss daran schreiben Sie mit Hilfe der Eigenschaft `StatusBar` einen kurzen Infotext in die Statusleiste. Diesen Text sollten Sie eine kurze Zeit in der Statusleiste stehen lassen, damit der Anwender diese Meldung auch registrieren kann. Diese kleine Zeitverzögerung erreichen Sie durch den Einsatz der Methode `Wait`, der Sie als Startzeit die aktuelle Uhrzeit (`Now`) mitgeben und darauf noch fünf

Sekunden addieren. Um die besagten fünf Sekunden hinzuzuzählen, müssen Sie die Funktion `TimeValue` einsetzen, damit Excel weiß, dass es sich hierbei um einen Zeitwert handelt. Danach übergeben Sie Excel wieder die Verwaltung der Statusleiste, was bedeutet, dass Ihr Infotext verschwindet. Jetzt kann die Arbeitsmappe durch die Methode `Close` geschlossen werden.

Arbeitsmappen löschen

Wenn Sie eine Arbeitsmappe löschen möchten, ohne dazu den Datei-Explorer von Windows einzusetzen, können Sie Arbeitsmappen über die Anweisung `Kill` einsetzen. Wie das aussehen kann, können Sie im nächsten Listing sehen, in dem die Arbeitsmappe MAPPE2.XLS im Verzeichnis C:\EIGENE DATEIEN ohne vorherige Warnung gelöscht wird.

```
Sub ArbeitsmappeLöschen()
Const Lw = "c:\"
Const Pfad = "c:\eigene Dateien"
Const Datei = "Mappe2.xls"
 On Error GoTo fehler:
 Kill Datei
 MsgBox "Arbeitsmappe " & Datei & " wurde gelöscht!"
 Exit Sub
fehler:
 MsgBox "Es konnte keine Datei mit dem Namen " & _
        Datei & " gefunden werden!"
End Sub
```

Listing 5.13: Arbeitsmappe löschen

Beachten Sie hierbei die Fehlerbehandlung von Excel. Wenn Sie z.B. zweimal hintereinander versuchen, das Makro `ArbeitsmappeLöschen` auszuführen, bekommen Sie beim ersten Mal die Bestätigung, dass die Datei gelöscht wurde.

Wenn Sie ein zweites Mal versuchen, die Arbeitsmappe zu löschen, liefert Excel Ihnen die Fehlermeldung, welche unter der Zeilenmarke FEHLER steht.

Arbeitsmappen und Dokumenteigenschaften

Die Dokumenteigenschaften einer Arbeitsmappe können Sie eingeben oder auch ansehen, indem Sie aus dem Menü DATEI den Befehl EIGENSCHAFTEN wählen.

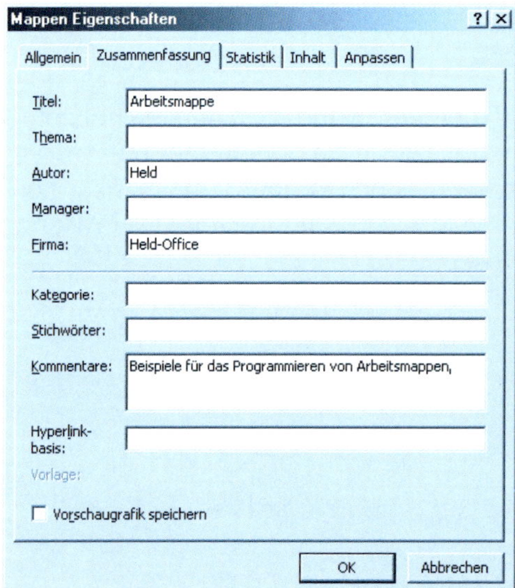

Die Dokumenteigenschaften einer Arbeitsmappe eingeben

Genau diese Eigenschaften können Sie mit Hilfe eines Makros abfragen. Dazu muss erst einmal bekannt sein, wie die einzelnen Dokumenteigenschaften angesprochen werden müssen. Das Makro aus Listing 5.14 schreibt Ihnen die exakten Bezeichnungen in eine neue Tabelle.

```
Sub DokumentEigenschaftenAuslesen()
Dim i As Integer
Dim p As Object

i = 1
Sheets.Add
For Each p In ActiveWorkbook.BuiltinDocumentProperties
    Cells(i, 1).Value = p.Name
    i = i + 1
Next
End Sub
```

Listing 5.14: Die Namen von Dokumenteigenschaften ermitteln

Mit dem Befehl `Sheets.Add` fügen Sie eine neue Tabelle in Ihrer Arbeitsmappe ein. Danach bilden Sie eine Schleife, die nacheinander alle Dokumenteigenschaften der Arbeitsmappe durchläuft und deren Namen in die Tabelle schreibt. Mit Hilfe der Eigenschaft `BuiltInDocumentProperties` wird Ihnen eine Auflistung aller Dokumenteigenschaften zur Verfügung gestellt. Das Ergebnis daraus sehen Sie in der nächsten Abbildung.

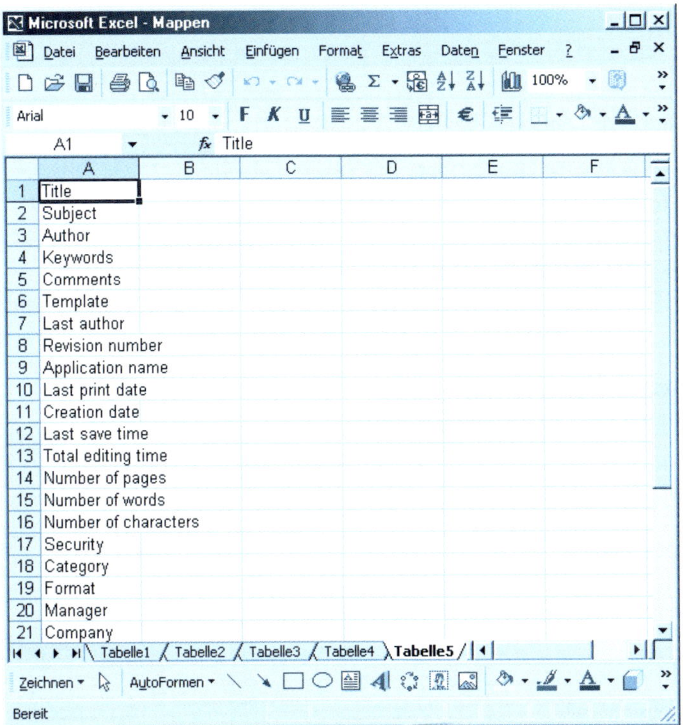

Die Namen der Dokumenteigenschaften

Im nächsten Schritt ermitteln Sie die dazugehörigen Einträge der Dokumenteigenschaften. Dazu erweitern Sie das Makro aus Listing 5.14. Das Ergebnis sehen Sie in Listing 5.15.

```
Sub DokumentEigenschaftenAuslesen2()
Dim i As Integer
Dim p As Object
i = 1

Sheets.Add
For Each p In ActiveWorkbook.BuiltinDocumentProperties
```

```
    On Error GoTo fehler
    Cells(i, 1).Value = p.Name
    Cells(i, 2).Value = p.Value
weiter:
    i = i + 1
Next
Exit Sub
fehler:
Resume weiter
End Sub
```

Listing 5.15: Dokumenteigenschaften ausgeben

Mit dem Befehl `Sheets.Add` fügen Sie eine neue Tabelle in Ihrer Arbeitsmappe ein. Mit Hilfe der Eigenschaft `BuilInDocumentProperties` wird Ihnen eine Auflistung aller Dokumenteigenschaften zur Verfügung gestellt. Bilden Sie jetzt eine Schleife, die nacheinander alle Dokumenteigenschaften der Arbeitsmappe durchläuft und deren Namen sowie deren Inhalte in die Tabelle schreibt.

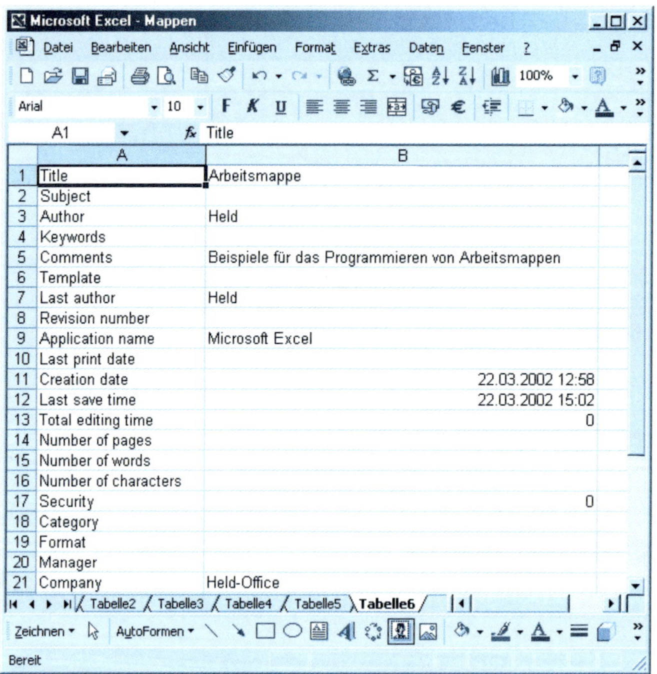

Die Dokumenteigenschaften der aktuellen Arbeitsmappe

Arbeitsmappen und Verknüpfungen

In Excel haben Sie die Möglichkeit, mehrere Arbeitsmappen miteinander zu verknüpfen. So können Sie beispielsweise Kosten und Leistungen in getrennten Arbeitsmappen eingeben und in einer Arbeitsmappe zu einer Ergebnisrechnung verknüpfen. Wenn Sie dazu noch regelmäßig einzelne Arbeitsmappen von Kollegen bekommen, die Sie ebenso verknüpfen, entsteht zwangsläufig eine recht unübersichtliche und unter Umständen auch eine recht große Datei.

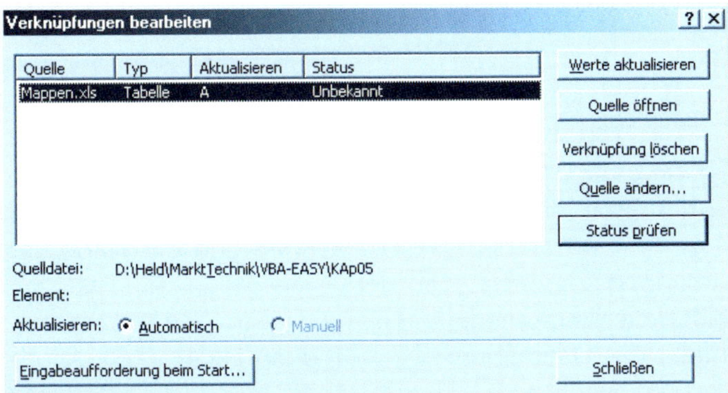

Der Verknüpfungen bearbeiten-Dialog

Wenn Sie eine Arbeitsmappe öffnen, die Verknüpfungen enthält, werden Sie durch eine Bildschirmmeldung darauf aufmerksam gemacht, dass Verknüpfungen enthalten sind. Sie haben dann die Möglichkeit, diese Verknüpfungen zu aktualisieren. Dabei bleiben die verknüpften Arbeitsmappen aber geschlossen. Die Zeit, die vergeht, bis alle Verknüpfungen aktualisiert sind, ist abhängig von der Anzahl der verknüpften Zellen bzw. der verknüpften Arbeitsmappen. Es empfiehlt sich, bei Änderungen immer die beteiligten Arbeitsmappen zu öffnen. Verknüpfte Arbeitsmappen können Sie in Excel öffnen, indem Sie aus dem Menü BEARBEITEN den Befehl VERKNÜPFUNGEN wählen, im Listenfeld QUELLDATEI die entsprechenden verknüpften Arbeitsmappen markieren und die Schaltfläche QUELLE ÖFFNEN klicken.

Verknüpfungen in Arbeitsmappe ermitteln

Möchten Sie lediglich ermitteln, welche Arbeitsmappen überhaupt verknüpft sind, setzen Sie folgendes Makro aus Listing 5.16 ein. Dort wird die aktuelle Arbeitsmappe nach Verknüpfungen überprüft. Die einzelnen Verknüpfungen werden dann nacheinander am Bildschirm ausgegeben.

```
Sub VerknüpfteDateienAusgeben()
Dim Mappe As Workbook
Dim VLink As Variant
Dim i As Integer

Set Mappe = ThisWorkbook
VLink = Mappe.LinkSources(xlExcelLinks)
If Not IsEmpty(VLink) Then
    For i = 1 To UBound(VLink)
        MsgBox "Verknüpfung " & i & ": " & VLink(i)
    Next i
End If
End Sub
```

Listing 5.16: Externe Verknüpfungen einer Arbeitsmappe ermitteln

Definieren Sie zuerst ein Objekt vom Typ `Workbook`. Dadurch ersparen Sie sich später einiges an Schreibarbeit. Danach definieren Sie ein Datenfeld (Array) vom Datentyp `Variant`, indem Sie die Namen und die Pfade der verknüpften Arbeitsmappen speichern. Mit der Anweisung `Set` sagen Sie aus, dass das Objekt `Mappe` die momentan aktive Arbeitsmappe repräsentieren soll. Füllen Sie jetzt das Datenfeld `VLink` mit allen Excel-Verknüpfungen. Dazu setzen Sie die Methode `LinkSources` mit der Xlink-Konstante `xlExcelLinks` ein. Die Methode gibt eine Matrix mit Verknüpfungen zurück. Die Namen in der Matrix entsprechen dabei den Namen der verknüpften Excel-Arbeitsmappen. Wenn keine Verknüpfung besteht, wird der Wert `Empty` zurückgegeben. Liefert die Methode nicht den Wert `Empty` zurück, dann setzen Sie eine `For Next`-Schleife ein. Diese Schleife fängt bei der ersten Verknüpfung an und endet bei der letzten. Innerhalb der Schleife geben Sie die laufende Nummer sowie den Pfad der Verknüpfung über die Funktion `Msgbox` am Bildschirm aus. Diese beiden Informationen haben Sie vorher im Datenfeld `VLink` gespeichert.

Verknüpfungen ausgeben

Die kleine Erfolgskontrolle

Beantworten Sie jetzt bitte noch einige Fragen zu diesem Kapitel:

1. Wie können Sie die Anzahl der Tabellenblätter festlegen, die bei der Neuanlage einer Arbeitsmappe eingefügt werden?
2. Wie können Sie den integrierten Speichern unter-Dialog von Excel aufrufen?
3. Welche etwas sonderbare Anweisung setzen Sie ein, um eine Arbeitsmappe von Ihrer Festplatte zu entfernen?
4. Wie können Sie eine Arbeitsmappe schließen, ohne dass Veränderungen gespeichert werden?

Kapitel 6

Diagramme auf Knopfdruck

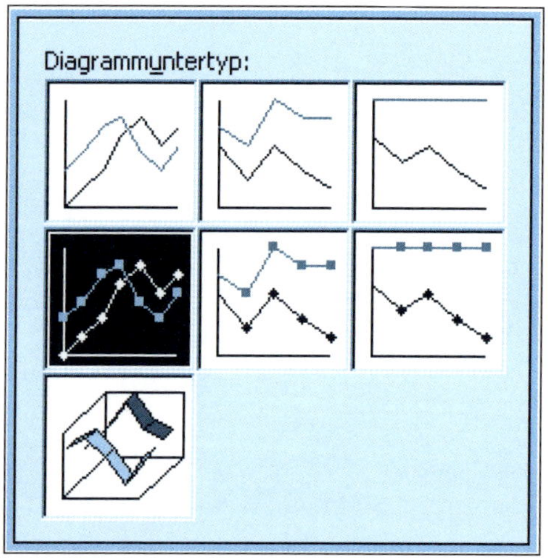

Nach den bisher eher »tabellarischen« Inhalten des Buches gehen Sie nun an die optisch etwas schöneren Themen heran. Lernen Sie in diesem Kapitel, wie Sie Diagramme in Excel programmieren können. Dazu gehören die Erstellung, Bearbeitung sowie das Entfernen von Diagrammen.

Das können Sie schon:

Das lernen Sie neu:

Diagramme helfen, Daten optisch schöner darzustellen. Die Diagrammerstellung kann bei manueller Vorgehensweise schon zeitraubend sein. Daher lernen Sie, wie Sie diese Standardaufgabe mit Excel-VBA schneller lösen können.

Diagramme erstellen

Bei der Erstellung von Diagrammen haben Sie die Auswahl aus mehreren Diagrammtypen, die Sie über den Diagramm-Assistenten auswählen können.

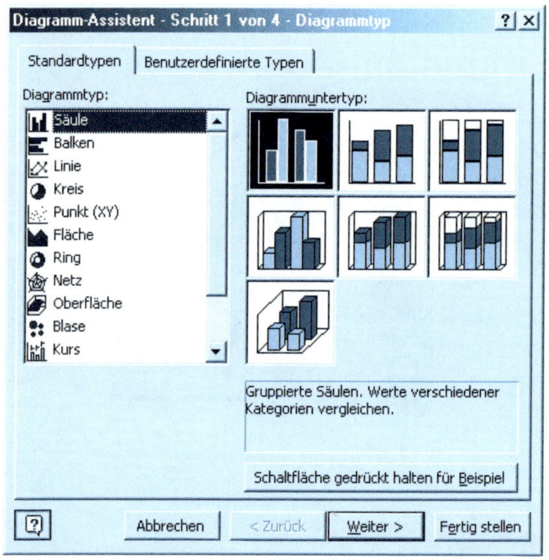

Der Diagramm-Assistent von Excel

Möchten Sie jedoch nicht über den Diagramm-Assistenten gehen und Ihre Diagramme direkt mit VBA erstellen, dann müssen Sie natürlich wissen, wie Sie die einzelnen Diagrammtypen identifizieren und ansprechen können.

Für den richtigen Diagrammtyp ist in VBA die Eigenschaft `ChartType` verantwortlich. In der nachfolgenden Tabelle sehen Sie exemplarisch eine kleine Auswahl an möglichen Diagrammtypen, die über eine `xlChartType-Konstante` identifiziert werden.

Diagrammtyp	Konstante
Säulendiagramm (gruppiert)	`xlColumnClustered`
Säulendiagramm (gestapelt)	`xlColumnStacked`
Säulendiagramm 3D-Darstellung	`xl3DColumn`
Balkendiagramm (gruppiert)	`xlBarClustered`
Balkendiagramm (gestapelt)	`xlBarStacked`
Liniendiagramm	`xlLine`
Kreisdiagramm	`xlPie`
Punktdiagramm	`xlXYScatter`
Blasendiagramm	`xlBubble`
Flächendiagramm	`xlArea`
Ringdiagramm	`xlDoughnut`
Netzdiagramm	`xlRadar`
Oberflächendiagramm	`xlSurface`
Kursdiagramm	`xlStockHLC`

Tabelle 6.1: Die verschiedenen Diagrammtypen

Tipp

Neben den in der Tabelle abgebildeten Diagrammtypen gibt es noch Zylinder-, Kegel- und Pyramidendiagramme sowie zu jedem Diagramm zahlreiche Untertypen. Eine komplette Liste der vorhandenen Diagramme in Excel bekommen Sie in der Online-Hilfe unter dem Stichwort `ChartType`.

Kosten im Säulendiagramm darstellen

Das Säulendiagramm ist das Standarddiagramm in Excel. Sie können ein Säulendiagramm ganz schnell in Excel erstellen, indem Sie Ihren Datenbereich markieren und einfach die Taste [F11] drücken. An diesem Standarddiagramm fehlen eigentlich nur noch ein Titel und eventuell noch ein paar Datenbeschriftungen.

Erfassen Sie zunächst einmal ein paar Daten und orientieren sich dabei an der folgenden Abbildung:

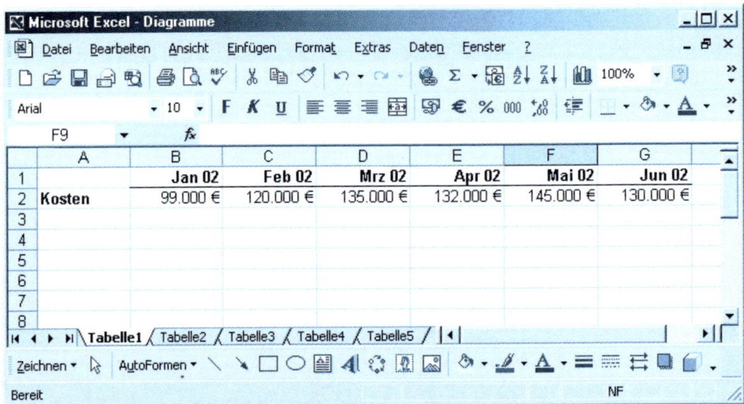

Die Datenbasis für das Programm

Geben Sie der Tabelle jetzt einen sprechenden Namen, indem Sie einen Doppelklick auf die Registerlasche der TABELLE1 ausführen, den Namen KOSTEN 2002 eingeben und mit [↵] bestätigen.

Gehen Sie danach Schritt für Schritt vor:

1 Legen Sie eine neue, noch leere Arbeitsmappe an.

2 Wechseln Sie über die Tastenkombination [Alt] + [F11] in die Entwicklungsumgebung.

3 Wählen Sie aus dem Menü EINFÜGEN den Befehl MODUL.

4 Erfassen Sie das Makro aus Listing 6.1.

```
Sub DiagrammErstellen()
Dim Bereich As Range
Dim s As String

  Set Bereich = Range("A1:G2")
  s = ActiveSheet.Name
  Charts.Add
  With ActiveChart
```

```
    .ChartType = xlColumnClustered
    .SetSourceData _
       Source:=Bereich, _
       PlotBy:=xlRows
    .HasTitle = True
    .ChartTitle.Text = s
  End With
End Sub
```

Listing 6.1: Neues Diagramm einfügen

Im ersten Schritt legen Sie den Bereich fest, der die Datenbasis für das Diagramm enthält. Dazu speichern Sie die Adresse des Bereichs in der Range-Variablen `Bereich`. Danach ermitteln Sie den Namen des aktiven Tabellenblattes über die Eigenschaften `ActiveSheet` und `Name` und speichern ihn in der Variablen `s`. Mit der Methode `Add` erstellen Sie zunächst ein neues Diagrammblatt. Danach legen Sie das Aussehen des Diagramms fest. Mit der Eigenschaft `ChartType` bestimmen Sie den Diagrammtyp.

Über die Methode `SetSourceData` geben Sie an, woher Excel die Daten für das Diagramm bekommt. Diese Methode benötigt zwei Argumente. Dem ersten Argument `Source` übergeben Sie die Variable `Bereich`. Mit dem zweiten Argument `PlotBy` legen Sie fest, wie die Daten angezeigt werden sollen. Wählen Sie entweder die Konstante `xlColumns` oder `xlRows`.

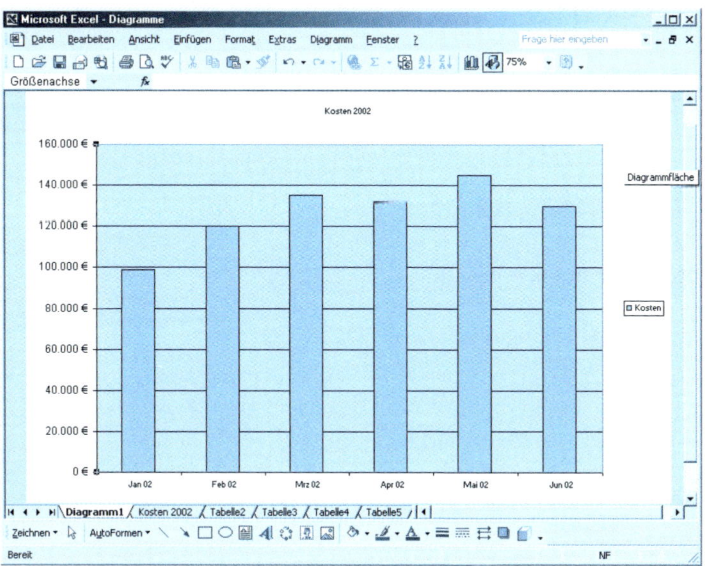

Das Säulendiagramm

Die Eigenschaft `HasTitle` müssen Sie auf den Wert `True` setzen, damit eine Überschrift im Diagramm angezeigt werden kann. Die Überschrift des Diagramms erstellen Sie mit Hilfe der Eigenschaft `ChartTitle` und der Eigenschaft `Text`, die Sie aus der Variablen `s` herausholen.

Das Zylinderdiagramm auf Knopfdruck

Eine Variante, die der Standarderstellung von Diagrammen entspricht, also Daten zu markieren und danach die Taste F11 zu drücken, liefert die folgende Lösung. Dabei wird ein Zylinderdiagramm anhand der markierten Daten einer Tabelle auf einem separaten Diagrammblatt erstellt.

Sehen Sie sich zunächst einmal die Datenbasis an.

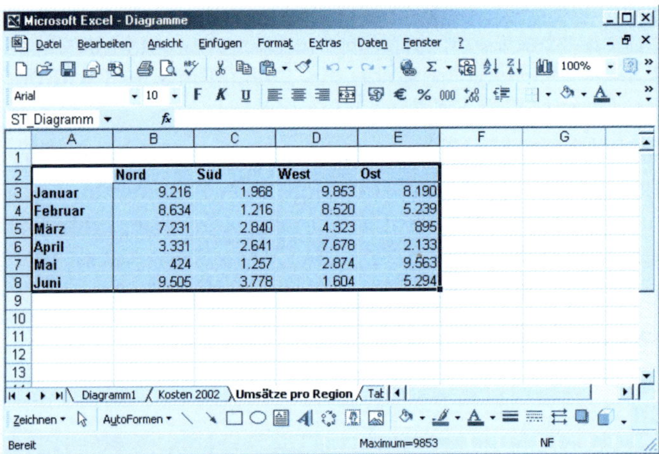

	Nord	Süd	West	Ost
Januar	9.216	1.968	9.853	8.190
Februar	8.634	1.216	8.520	5.239
März	7.231	2.840	4.323	895
April	3.331	2.641	7.678	2.133
Mai	424	1.257	2.874	9.563
Juni	9.505	3.778	1.604	5.294

Die Datenbasis

Befolgen Sie nun folgende Arbeitsschritte:

1 Markieren Sie den Datenbereich A2:E8.

2 Starten Sie das Makro aus Listing 6.2.

```
Sub DiagrammblattEinfügen()
 ActiveWorkbook.Names.Add _
 Name:="ST_Diagramm", RefersToR1C1:=Selection
 Charts.Add
 ActiveChart.ApplyCustomType _
 ChartType:=xlCylinderColClustered
End Sub
```

Listing 6.2: Ein Zylinderdiagramm einfügen

Mit dieser Lösung sind Sie nicht mehr auf den Standarddiagrammtyp fixiert, sondern können ganz flexibel selbst entscheiden, welchen Diagrammtyp Sie einsetzen möchten.

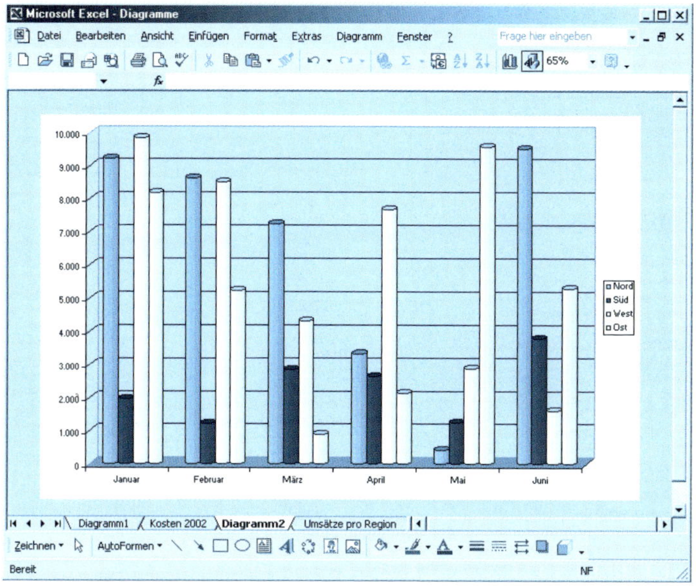

Das dreidimensionale Säulendiagramm

Tagesumsätze im Liniendiagramm anzeigen

Um Schwankungen in den Tagesumsätzen besser zu sehen, können Sie ein Liniendiagramm erstellen. Dazu erstellen Sie dieses Mal kein extra Diagrammblatt, sondern ordnen das Diagramm neben Ihren Umsatzdaten auf demselben Tabellenblatt an. Geben Sie zunächst einmal folgende Daten in eine neue Tabelle ein.

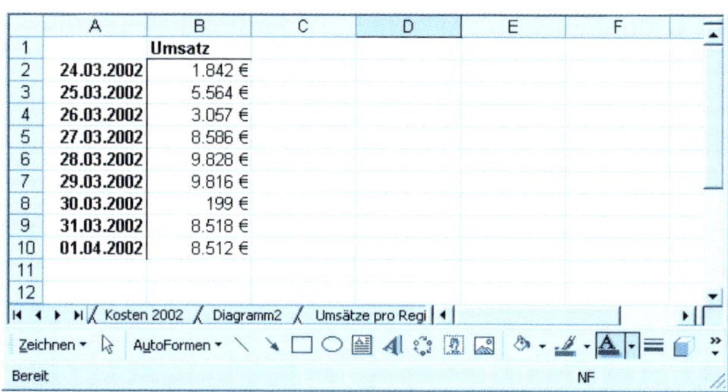

	A	B	C	D	E	F
1		**Umsatz**				
2	**24.03.2002**	1.842 €				
3	**25.03.2002**	5.564 €				
4	**26.03.2002**	3.057 €				
5	**27.03.2002**	8.586 €				
6	**28.03.2002**	9.828 €				
7	**29.03.2002**	9.816 €				
8	**30.03.2002**	199 €				
9	**31.03.2002**	8.518 €				
10	**01.04.2002**	8.512 €				
11						
12						

Die Datenbasis

Erfassen Sie jetzt das Makro aus Listing 6.3.

```
Sub LinienDiagrammErstellen()
Dim Dia As ChartObject
Dim s As String
Dim i As Integer

  s = ActiveSheet.Name
  ActiveSheet.ChartObjects.Delete
  Set Dia = ActiveSheet.ChartObjects.Add _
 (175, 15, 300, 250)
  Dia.Name = "Tagesumsätze"
  i = ActiveSheet.Range("B1").End(xlDown).Row
  Range("A2:B" & i).Copy
  ActiveSheet.ChartObjects("Tagesumsätze").Activate
  ActiveChart.SeriesCollection.Paste _
  Rowcol:=xlColumns, SeriesLabels:=False, _
  CategoryLabels:=True, Replace:=True, NewSeries:=True
  Application.CutCopyMode = False
  With ActiveChart
     .ChartType = xlLineMarkers
     .HasLegend = False
     .HasTitle = True
     .ChartTitle.Text = s
   End With
Range("A1").Select
End Sub
```

Listing 6.3: Liniendiagramm erstellen

Im ersten Schritt ermitteln Sie den Tabellennamen der aktiven Tabelle. Dieser Tabellenname soll später die Überschrift des Diagramms werden. Da Sie ein eingebettetes Diagramm einfügen möchten, müssen Sie dafür Sorge tragen, dass bei mehrmaligem Starten des Makros nicht mehrere Diagramme übereinander eingefügt werden. Löschen Sie daher zu Beginn alle integrierten Diagramme auf dem Arbeitsblatt über die Methode `Delete`. Danach fügen Sie ein noch leeres `Chart`-Objekt in Ihre Tabelle mit der Methode `Add` ein. Dabei können Sie die genaue Position des `ChartObjekts` genau festlegen. Die vier Zahlenwerte entsprechen den Angaben: linker Rand, oberer Rand, Breite und Höhe. Die Angaben werden in Punkten ausgegeben und beziehen sich relativ zur oberen linken Ecke der Zelle A1 oder zur oberen linken Ecke des Diagramms. Geben Sie als Nächstes dem eingebetteten Diagramm einen Namen.

Jetzt müssen Sie herausbekommen, wie viele Tagesumsätze im Diagramm angezeigt werden sollen. Dazu ermitteln Sie die letzte belegte Zelle in Spalte B und speichern die Zeilennummer in der Variablen `i`. Markieren Sie den Bereich und kopieren Sie ihn mit der Methode `Copy`. Markieren Sie danach Ihr gerade eingefügtes Diagramm. Um die kopierten Daten einzufügen, verwenden Sie die Methode `Paste` der `SeriesCollection-Auflistung`.

Die Methode `Paste` verwendet mehrere Argumente und hat die Syntax:

```
Paste(Rowcol, SeriesLabels, CategoryLabels, Replace, NewSeries)
```

Im ersten Argument `RowCol` geben Sie Auskunft darüber, ob sich die Daten in Zeilen oder Spalten befinden. Zulässig sind hierbei die Konstanten `xlColumns` oder `xlRows`. Das Argument `SeriesLabels` bestimmt, woher Excel die Beschriftung für die Datenreihen nehmen soll. Wird der Wert auf `True` gesetzt, dann wird der Inhalt der Zelle in der ersten Spalte jeder Zeile (bzw. der ersten Zeile jeder Spalte) als Name für die Datenreihe in der betreffenden Zeile (bzw. Spalte) verwendet. Setzen Sie dieses Argument auf den Wert `False`, wenn der Inhalt der Zelle in der ersten Spalte jeder Zeile (bzw. der ersten Zeile jeder Spalte) als erster Datenpunkt der Datenreihe verwendet werden soll.

Das nächste Argument `CategoryLabels` weist den Wert `True` auf, wenn der Inhalt der ersten Zeile (bzw. Spalte) als Rubrik des Diagramms verwendet wird. Setzen Sie das Argument auf den Wert `False`, wenn der Inhalt der ersten Zeile (bzw. Spalte) als erste Datenreihe im Diagramm verwendet werden soll. Das Argument `Replace` ist standardmäßig auf den Wert `True` gesetzt. Dabei werden Informationen aus dem kopierten Bereich angewendet. Das letzte Argument `New-Series` hat dann den Wert `True`, wenn die Daten als eine neue Datenreihe eingefügt werden sollen. Setzen Sie das Argument auf den Wert `False`, wenn Sie die Daten als neue Datenpunkte in eine vorhandene Datenreihe einfügen möchten.

Nach der Kopier- und Einfügeaktion ist nach wie vor der Kopierrahmen aktiv. Setzen Sie die Eigenschaft `CutCopyMode` auf den Wert `False`, um den Ausschneide- bzw. Kopiermodus zu deaktivieren und den Laufrahmen zu entfernen. Als letzte Aufgabe weisen Sie dem Diagramm den richtigen Diagrammtyp zu, verzichten auf eine Legende, indem Sie die Eigenschaft `HasLegend` auf den Wert `False` setzen, und zeigen die Überschrift im Diagramm an.

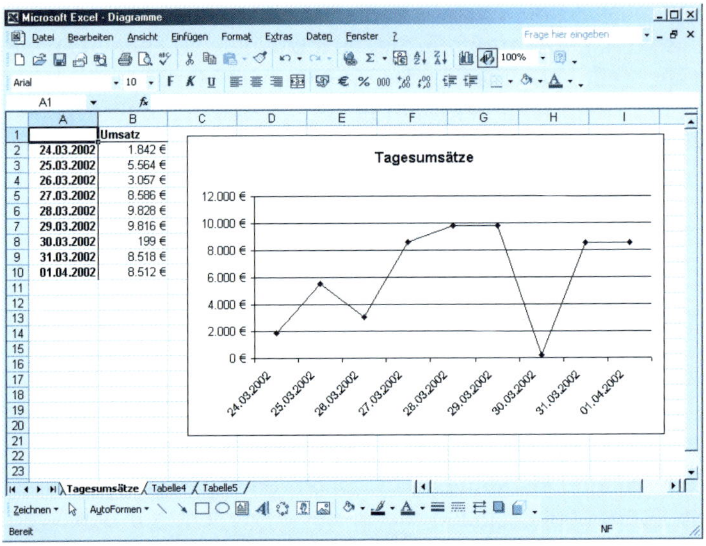

Das Liniendiagramm

Diagramme löschen

Möchten Sie Diagramme aus Ihrer Arbeitsmappe entfernen, so wenden Sie die Methode `Delete` an. Allerdings müssen Sie dabei unterscheiden, ob Sie Diagrammblätter oder eingebettete Diagramme aus Ihrer Arbeitsmappe löschen möchten.

Diagrammblätter aus Arbeitsmappe entfernen

Um alle Diagrammblätter aus einer Arbeitsmappe zu löschen, setzen Sie folgendes Makro aus Listing 6.4 ein.

```
Sub DiagrammeEntfernen()
 Application.DisplayAlerts = False
 On Error Resume Next
 ActiveWorkbook.Charts.Delete
 Application.DisplayAlerts = False
End Sub
```

Listing 6.4: Alle Diagramme aus Arbeitsmappe entfernen

Indem Sie die Eigenschaft `DisplayAlerts` auf den Wert `False` setzen, brauchen Sie die einzelnen Löschungen nicht zu bestätigen. Die `On Error`-Anweisung sorgt dafür, dass die Verarbeitung sauber abgefangen wird, wenn überhaupt kein Diagrammblatt in der Arbeitsmappe enthalten ist. Die Eigenschaft `Charts` gibt eine Auflistung aller Diagrammblätter der aktiven Arbeitsmappe zurück, die Sie mit Hilfe der Methode `Delete` löschen.

Achtung

Vergessen Sie nicht, die Eigenschaft `DisplayAlerts` *wieder auf den Wert* `True` *zu setzen, um die Anzeige von Warnungen und Meldungen zu ermöglichen.*

Eingebettete Diagramme aus Arbeitsmappe löschen

Um alle eingebetteten Diagramme aus einer Arbeitsmappe zu entfernen, schreiben Sie ein Makro mit zwei Schleifen. Dies könnte so aussehen wie in Listing 6.5 gezeigt.

```
Sub AlleEingebettetenDiagrammeLöschen()
Dim i As Integer
Dim e As Integer
For i = 1 To Sheets.Count
  Sheets(i).Activate
   For e = 1 To ActiveSheet.ChartObjects.Count
    ActiveSheet.ChartObjects(e).Select
    ActiveSheet.ChartObjects(e).Delete
   Next e
 Next I
End Sub
```

Listing 6.5: Alle eingebetteten Diagramme einer Arbeitsmappe entfernen

Das Makro aus Listing 6.5 besteht aus einer äußeren Schleife, die dafür sorgt, dass Tabellenblatt für Tabellenblatt abgearbeitet wird. Die zweite Schleife kontrolliert, ob es auf einzelnen Tabellenblättern ein oder auch mehrere eingebettete Diagramme gibt, und markiert und löscht diese über die Methoden `Select` bzw. `Delete`.

Diagramme als Grafiken speichern

In Excel können Sie Diagramme über einen Grafikfilter umwandeln. Das bringt Vorteile, wenn Sie Diagramme an Personen ausliefern möchten, die kein Excel installiert haben. Erstellen Sie aus den Excel-Diagrammen speicherschonende Grafikdateien im GIF-Format. Auch wenn Sie Diagramme in Ihrer Textverarbeitung verwenden und dabei keine Excel-Diagramme verknüpfen möchten, ist das Einbinden von Diagramm-Grafiken die bessere Methode. Allerdings können diese umgewandelten Diagramme dann nicht mehr aktualisiert werden. Das nachfolgende Makro aus Listing 6.6 wandelt alle eingebetteten Diagramme einer Arbeitsmappe in GIF-Dateien um und legt diese im Verzeichnis C:\EIGENE DATEIEN ab.

```
Sub DiagrammeAlsGrafikSpeichern()
Dim Dia As Chart
Dim i As Integer
Dim e As Integer

 For i = 1 To Sheets.Count
  Sheets(i).Activate
   For e = 1 To ActiveSheet.ChartObjects.Count
    ActiveSheet.ChartObjects(e).Select
    Set Dia = ActiveSheet.ChartObjects(e).Chart
    Dia.Export Filename:="c:\eigene Dateien\" & _
    ActiveSheet.ChartObjects(e).Name & _
    ".gif", FilterName:="GIF"
   Next e
 Next I
End Sub
```

Listing 6.6: Alle Diagramme als Grafikdateien exportieren

Das Makro aus Listing 6.6 besteht aus zwei `For Next`-Schleifen. Die äußere Schleife arbeitet alle Tabellenblätter der aktiven Arbeitsmappe ab, die innere Schleife exportiert alle eingebetteten Diagramme auf dem jeweiligen Tabellenblatt. Über die Methode `Filter` exportieren Sie die Diagramme in ein Grafikformat. Dabei verwendet die Methode `Filter` die Argumente `FileName` und `FilterName`. Im Argument `FileName` geben Sie den Pfad sowie den Namen der Grafikdatei an. Dazu wenden Sie die Eigenschaft `Name` auf das `Chart`-Objekt an. Im Argument `FilterName` wird der Name des Grafikfilters angegeben, der verwendet werden soll.

Wenn Sie jetzt Ihren Windows-Explorer starten und die Grafikdateien doppelt anklicken, wird das damit verknüpfte Grafik-Programm gestartet.

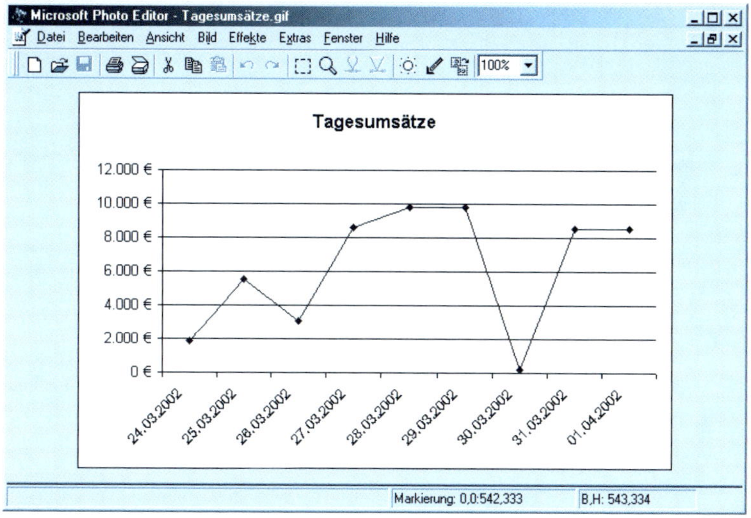

Das exportierte Diagramm im Photo Editor

Die kleine Erfolgskontrolle

Zum Abschluss dieses Kapitels beantworten Sie bitte folgende Fragen:

1. Wie fügen Sie ein noch leeres Diagrammobjekt ein?
2. Wie können Sie die Datenquelle eines Diagrammobjekts festlegen?
3. Wie können Sie die Anzeige einer Überschrift im Diagramm unterdrücken?
4. Mit welcher Anweisung entfernen Sie alle Diagramme aus einer Arbeitsmappe?

Kapitel 7

Der totale Automatismus mithilfe von Ereignissen

Nach dem Diagramm-Thema des vorherigen Kapitels kommen wir nun zu einem meiner Lieblingsthemen in VBA. Lernen Sie in diesem Kapitel, wie Sie Ereignisse in Excel programmieren können. Die Ereignisse lassen sich dabei sehr leicht einstellen.

Das können Sie schon:

Das lernen Sie neu:

Ereignisse in Excel lassen sich am leichtesten mit kleinen Beispielen erklären. So stellt jeder Mausklick, ob nun rechts, links oder auch ein Doppelklick, ein Ereignis dar. Ein Ereignis tritt auch dann ein, wenn beispielsweise eine Arbeitsmappe geöffnet oder wieder geschlossen wird. Auch der Wechsel auf ein anderes Tabellenblatt, ob Sie nun ein Tabellenblatt verlassen oder aktivieren, stellt ein typisches Ereignis dar. Auch der Druck- oder Speichervorgang in Excel ist ein Ereignis. Wie Sie an den Beispielen schon sehen, können Ereignisse sowohl auf die ganze Arbeitsmappe als auch nur auf einzelne Tabellen bzw. Zellen zutreffen.

Ereignisse für die Arbeitsmappe

Wichtige Ereignisse, welche für die Arbeitsmappe gelten, sind zum einen das Ereignis `Workbook_Open`, das eintritt, sobald die Arbeitsmappe geöffnet wird, und zum anderen das Ereignis `Workbook_BeforeClose`, welches automatisch ausgelöst wird, sobald die Arbeitsmappe geschlossen wird. Aber es gibt noch weitaus mehr Ereignisse für Arbeitsmappen.

Allgemeine Vorgehensweise beim Erstellen von Arbeitsmappenereignissen

Das Ereignis `Workbook_Open` wird in der Praxis meist eingesetzt, um Meldungen anzuzeigen, um benutzerdefinierte Arbeitsumgebungen einzurichten, um Sachverhalte zu prüfen oder auch um viele andere Aufgaben zu erledigen, die einen vorbereitenden Charakter haben.

Um das Ereignis Workbook_Open zu aktivieren, gehen Sie wie folgt vor:

1. Drücken Sie die Tastenkombination `Alt` + `F11`, um in die Entwicklungsumgebung zu gelangen.

2. Im Projekt-Explorer klicken Sie den Eintrag DIESEARBEITSMAPPE doppelt an.

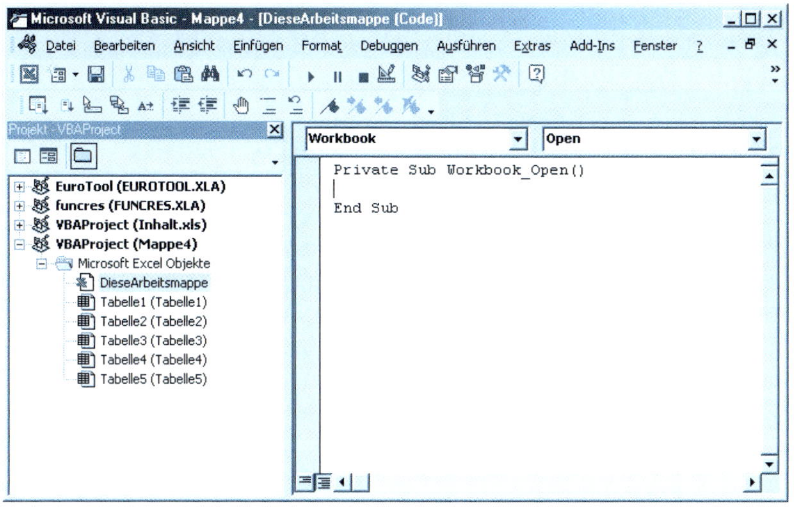

Das Ereignis Workbook_Open

3 Klicken Sie im Codefenster auf den Pfeil des linken Kombinationsfeldes und wählen Sie den Eintrag WORKBOOK aus. Excel stellt Ihnen nun standardmäßig ein schon vorgefertigtes Ereignismakro zur Verfügung.

4 Mit einem Klick auf das zweite Kombinationsfeld bekommen Sie alle verfügbaren Ereignisse angezeigt, welche für die Arbeitsmappe einsetzbar sind.

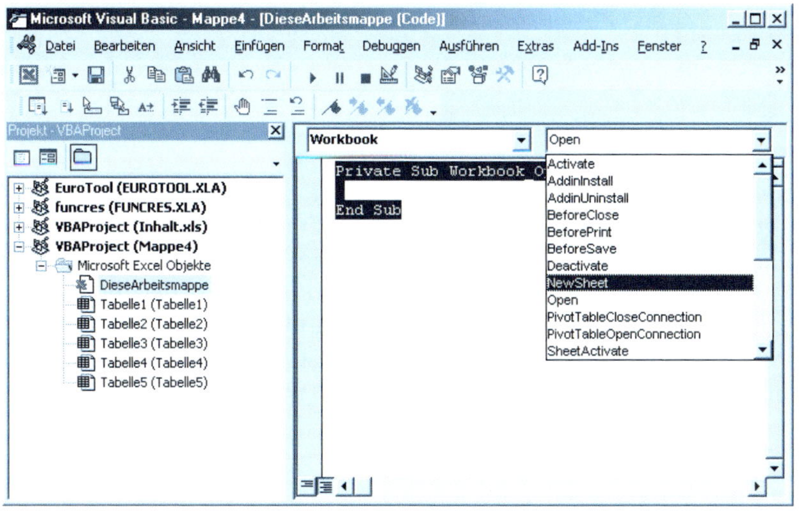

Ereignis einstellen

Alles, was Sie nun noch tun müssen, ist, das noch leere vorgefertigte Ereignismakro mit weiteren Befehlen zu füllen. Diese Befehle werden dann direkt nach dem Öffnen der Arbeitsmappe abgearbeitet.

Aktivieren des richtigen Tabellenblattes beim Öffnen einer Arbeitsmappe

Beim Öffnen einer Arbeitsmappe wird immer das Tabellenblatt aktiviert, auf welchem Sie sich vor der letzten Speicherung der Arbeitsmappe befanden. Im folgenden Beispiel haben Sie eine Arbeitsmappe, welche genau zwölf Tabellenblätter besitzt. Diese heißen TABELLE1 bis TABELLE12. Für jeden Monat wird genau ein Tabellenblatt reserviert. Beim Öffnen der Arbeitsmappe soll Excel automatisch anhand des aktuellen Datums die richtige Tabelle aktivieren.

```
Private Sub Workbook_Open()
Dim MonatNr As Integer
Const TabName = "Tabelle"


  MonatNr = Month(Now())
  On Error GoTo fehler
  Sheets(TabName & MonatNr).Activate
  Exit Sub

fehler:
  MsgBox "Es gibt kein Blatt mit dem Namen " _
 & TabName & MonatNr
End Sub
```

Listing 7.1: Die richtige Monatstabelle aktivieren

Im Zusammenspiel mit den Funktionen `Month` und `Now` ermitteln Sie den aktuellen Monat und speichern Sie diesen in der Variable `MonatsNr`. Aktivieren Sie nun das gesuchte Tabellenblatt, indem Sie den Namen der Tabelle aus der Konstanten `Tabname` und der Variablen `MonatsNr` zusammenbasteln. Vergessen Sie dabei nicht, die `On Error`-Anweisung einzubauen. Im Fall dessen, dass ein entsprechendes Tabellenblatt in der Arbeitsmappe nicht gefunden wird, wird eine Meldung am Bildschirm angezeigt.

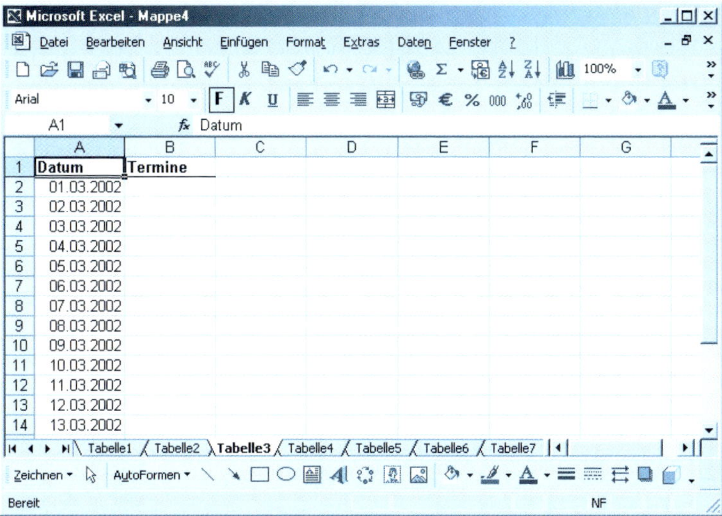

Die richtige Tabelle anspringen

Vor dem Schließen einer Arbeitsmappe die gewünschte Tabelle aktivieren

Vorher haben Sie das Ereignis `Workbook_Open` eingesetzt, um auf ein gewünschtes Tabellenblatt zu positionieren. Eine weitere Möglichkeit, um immer nach dem Öffnen der Arbeitsmappe auf dem richtigen Tabellenblatt zu sein, ist direkt vor dem Schließen der Arbeitsmappe dafür zu sorgen, dass das gewünschte Tabellenblatt aktiviert ist. Dazu setzen Sie das Ereignis `Workbook_BeforeClose` ein.

```
Private Sub Workbook_BeforeClose(Cancel As Boolean)
 Worksheets("Tabelle1").Activate
End Sub
```

Listing 7.2: Tabelle vor dem Schließen der Arbeitsmappe aktivieren

Arbeitsmappe schließen bedingt verhindern

Im nächsten Beispiel lässt sich eine Arbeitsmappe nur dann schließen, wenn eine ganz bestimmte Bedingung gegeben ist. Diese Bedingung können Sie sich selbst überlegen, beispielsweise könnten Sie den Wert einer bestimmten Zelle abfragen. Im folgenden Beispiel wird der Inhalt der Zelle A1 auf der TABELLE1 abgefragt. Nur wenn dieser Wert 1 ist, soll es möglich sein, die Arbeitsmappe zu schließen. Das Makro für diese Aufgabe sehen Sie in Listing 7.3.

```
Private Sub Workbook_BeforeClose(Cancel As Boolean)
   If Sheets("Tabelle1").Range("A1").Value <> 1 Then
    MsgBox "Die Mappe kann nicht geschlossen werden!"
    Cancel = True
    End If
End Sub
```

Listing 7.3: Das Schließen einer Arbeitsmappe verhindern

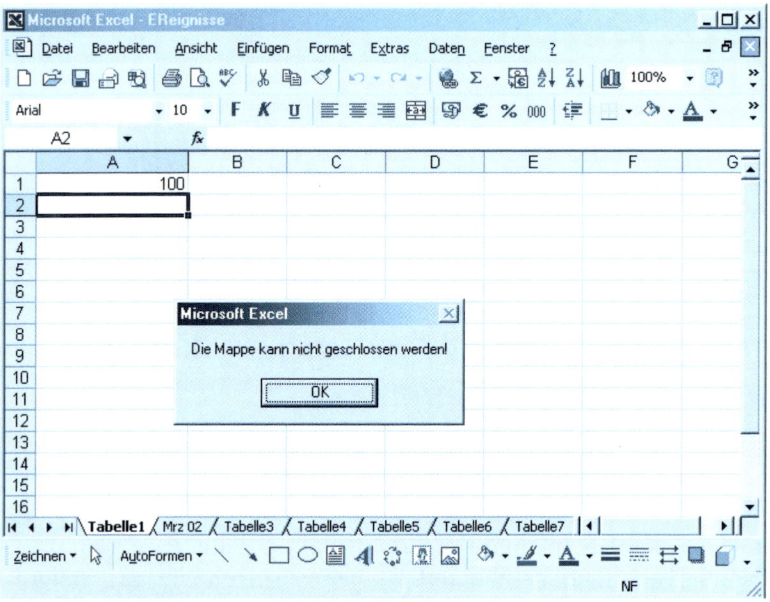

Das Schließen einer Arbeitsmappe verhindern

Nur wenn in der Zelle A1 ein Wert ungleich 1 steht, kann die Arbeitsmappe geschlossen werden. In diesem Fall wird das Argument `Cancel` auf den Wert `False` gesetzt, die Arbeitsmappe gespeichert und geschlossen. Im andern Fall bleibt die Arbeitsmappe geöffnet.

Arbeitsmappe ohne Rückfrage schließen

Die nächste Aufgabe geht schon aus der Überschrift hervor. Sobald Sie Änderungen an einer Datei vorgenommen haben, werden Sie automatisch beim Schließen der Arbeitsmappe gefragt, ob Sie die Änderungen speichern möchten. Diese Abfrage können Sie sich schenken, indem Sie das Ereignis aus Listing 7.4 einsetzen.

```
Private Sub Workbook_BeforeClose(Cancel As Boolean)
 Application.DisplayAlerts = False
 ActiveWorkbook.Save
 ActiveWorkbook.Close
End Sub
```

Listing 7.4: Arbeitsmappe ohne Rückfrage schließen

Setzen Sie die Eigenschaft `DisplayAlerts` auf den Wert `False`, um zu verhindern, dass Excel die Änderungsabfrage anzeigt. Wenden Sie die Methode `Save` an, um die Arbeitsmappe zu speichern. Über die Methode `Close` schließen Sie danach die Arbeitsmappe.

Tipp

Wenn Sie zusätzlich die Anweisung `Application.Quit` *als letzten Befehl einsetzen, dann wird Excel geschlossen.*

Die Lösung für das sparsame Drucken

Auf das Symbol DRUCKEN in der Symbolleiste STANDARD ist schnell gedrückt. Oft werden dann völlig unkontrolliert und vor allem umsonst mehrere Arbeitsblätter gedruckt. Das muss nicht sein. Gehen Sie vorher in die Seitenansicht, stellen Sie die Ränder ein und passen Sie den Ausdruck bei Bedarf auf eine Seite an. Damit der Anwender an diese Sparmaßnahme erinnert wird, bauen Sie sicherheitshalber das Ereignis `Workbook_BeforePrint` ein.

```
Private Sub Workbook_BeforePrint(Cancel As Boolean)
Dim i As Integer

i = MsgBox _
("Haben Sie die Seitenansicht kontrolliert?", _
 vbYesNo, "Drucken")
If i <> 6 Then Cancel = True: Exit Sub
End Sub
```

Listing 7.5: Vor dem Drucken eine Meldung anzeigen

Drückt der Anwender auf die Schaltfläche NEIN, dann setzen Sie das Argument `Cancel` auf den Wert `True`, um den Druckvorgang erst gar nicht zu starten, und verlassen Sie das Ereignis danach über die Anweisung `Exit Sub`.

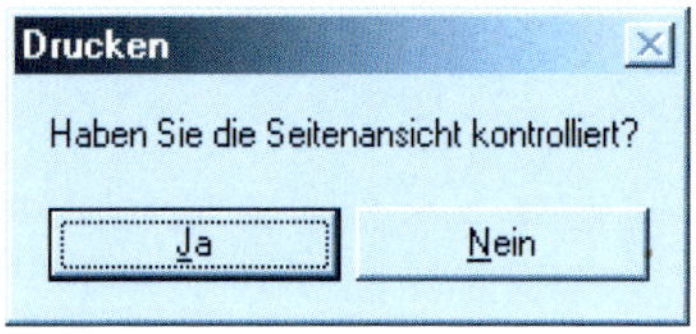

Rückfrage einholen

Einfügen von Blättern verhindern

Im folgenden Beispiel möchten Sie das Einfügen von Tabellen in eine Arbeitsmappe verhindern. Dazu setzen Sie das neue Ereignis `WorkBook_NewSheet` ein. Dieses Ereignis ist neu ab Excel 2002.

```
Private Sub Workbook_NewSheet _
(ByVal Sh As Object)
Application.DisplayAlerts = False
Sh.Delete
Application.DisplayAlerts = True
End Sub
```

Listing 7.6: Neuanlage von Tabellen verhindern

Sobald ein neues Tabellenblatt in Ihre Arbeitsmappe eingefügt wird, löschen Sie dieses sofort wieder. Setzen Sie dazu die Methode `Delete` ein. Um zu verhindern, dass eine Warnmeldung angezeigt wird, setzen Sie die Eigenschaft `DisplayAlerts` auf den Wert `False`. Nach dem Löschen müssen Sie diese Eigenschaft wieder auf den Wert `True` setzen, damit Excel Meldungen auf dem Bildschirm ausgeben kann.

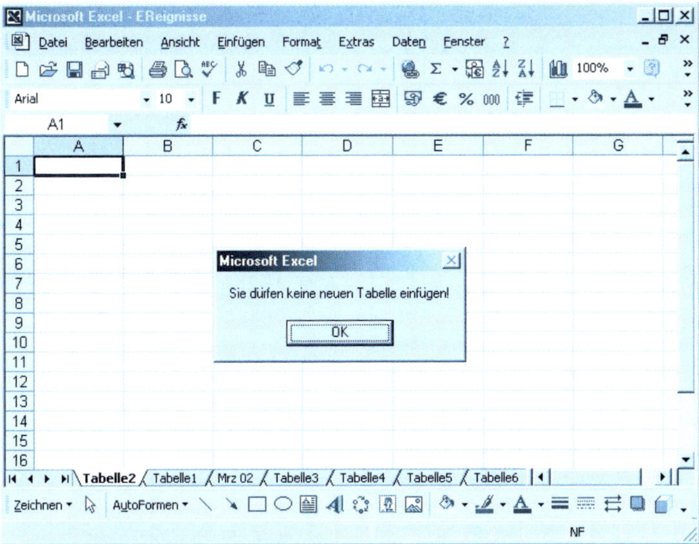

Neuanlage von Tabellen unterbinden

Alle Ereignisse für die Arbeitsmappe im Überblick

Leider können in diesem Kapitel aus Platzgründen nicht alle Ereignisse angesprochen werden. Entnehmen Sie der folgenden Tabelle alle möglichen Ereignisse, die Sie für die Arbeitsmappe anwenden können.

Ereignis	Beschreibung
`Workbook_Activate`	Tritt ein, sobald eine Arbeitsmappe aktiviert wird.
`Workbook_AddinInstall`	Tritt ein, wenn ein Add-In eingebunden wird. Dies kann entweder durch direktes Öffnen des Add-Ins erfolgen oder auch durch das Einbinden im Add-Ins-Manager.
`Workbook_AddinUninstall`	Tritt ein, wenn ein Add-In aus dem Add-Ins-Manager deaktiviert wird.
`Workbook_BeforePrint`	Tritt vor dem Druck einer Arbeitsmappe oder auch nur einzelner Tabellen ein.

Tabelle 7.1: Alle Arbeitsmappenereignisse im Überblick

Ereignis	Beschreibung
Workbook_BeforeSave	Tritt vor dem Speichern-Vorgang ein. Dabei spielt es keine Rolle, ob Sie über Menübefehle, Symbolleiste oder Tastenkombination speichern.
Workbook_Deactivate	Tritt ein, wenn eine Arbeitsmappe deaktiviert wird, beispielsweise wenn eine Arbeitsmappe minimiert wird.
Workbook_NewSheet	Tritt ein, wenn eine neue Tabelle in die Arbeitsmappe eingefügt wird.
Workbook_SheetActivate	Tritt ein, wenn ein beliebiges Tabellen- oder Diagrammblatt in der Arbeitsmappe aktiviert wird.
Workbook_SheetBeforeDoubleClick	Tritt ein, wenn an einer beliebigen Stelle der Arbeitsmappe ein Doppelklick mit der linken Maustaste durchgeführt wird.
Workbook_SheetBeforeRightClick	Tritt ein, wenn an einer beliebigen Stelle der Arbeitsmappe ein Klick mit der rechten Maustaste durchgeführt wird.
Workbook_SheetCalculate	Tritt nach Neuberechnung jedes Tabellenblattes auf.
Workbook_SheetChange	Tritt ein, wenn sich auf einem beliebigen Tabellenblatt etwas ändert, sei es durch eine Verknüpfung oder den Anwender selbst.
Workbook_SheetDeactivate	Tritt ein, sobald ein beliebiges Tabellenblatt in der Arbeitsmappe verlassen wird.
Workbook_SheetFollowHyperlink	Tritt ein, wenn der Anwender auf einen Hyperlink in einer Tabelle klickt.
Workbook_SheetSelectionChange	Tritt ein, wenn sich die Markierung auf einem Tabellenblatt ändert.

Tabelle 7.1: Alle Arbeitsmappenereignisse im Überblick (Forts.)

Ereignis	Beschreibung
`Workbook_WindowActivate`	Tritt ein, wenn ein Arbeitsmappenfenster aktiviert wird.
`Workbook_WindowDeactivate`	Tritt ein, wenn ein Arbeitsmappenfenster deaktiviert wird.
`Workbook_WindowResize`	Tritt ein, wenn eine Änderung an der Größe des Arbeitsmappenfensters durchgeführt wurde.

Tabelle 7.1: Alle Arbeitsmappenereignisse im Überblick (Forts.)

Ereignisse für das Tabellenblatt

Ein wichtiges Ereignis, das für das Tabellenblatt gilt, ist z.B. das Ereignis `Worksheet_Activate`, mit dem Sie bestimmen können, was passieren soll, wenn ein bestimmtes Tabellenblatt aktiviert wird. Nicht minder interessant ist das Ereignis `Worksheet_Change`, mit dem Sie in die Lage versetzt werden, auf Änderungen in Ihren Tabellen zu reagieren. Des Weiteren können Sie mit den Ereignissen `Worksheet_ BeforeRightClick` und `Worksheet_ BeforeDoubleClick` Mausklicks überwachen.

Der Vorteil bei den Tabellenereignissen ist der, dass Sie ganz gezielt Ereignisse für bestimmte Tabellenblätter einstellen können.

Allgemeine Vorgehensweise bei der Einstellung von Tabellenereignissen

Um für ein Tabellenblatt ein Ereignis einzustellen, verfahren Sie wie folgt:

1 Drücken Sie die Tastenkombination [Alt] + [F11], um in die Entwicklungsumgebung zu gelangen.

2 Im Projekt-Explorer klicken Sie die Tabelle, welcher Sie das Ereignis zuweisen möchten, doppelt an.

3 Klicken Sie im Codefenster auf den Pfeil des linken Kombinationsfeldes und wählen Sie den Eintrag WORKSHEET aus.

4 Im zweiten Kombinationsfeld wählen Sie dann das gewünschte Ereignis aus.

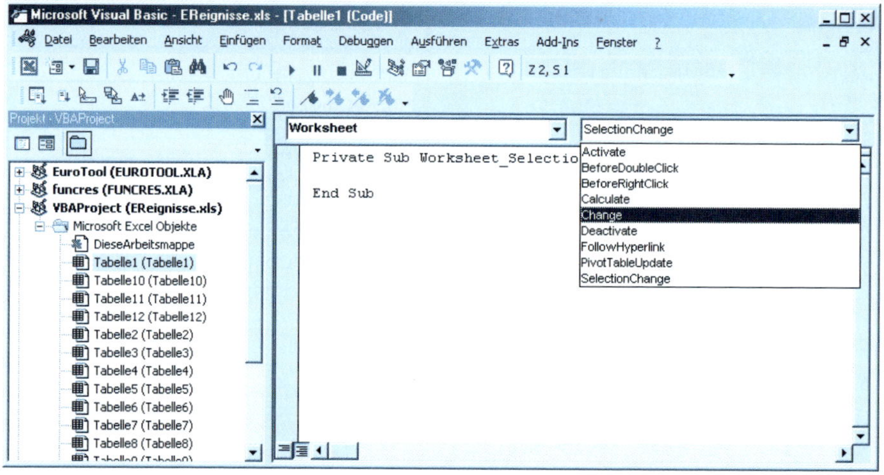

Tabellenereignis einstellen

Tipp

Wenn Sie noch schneller die Ereignisse einer Tabelle einblenden möchten, dann klicken Sie mit der rechten Maustaste auf die Registerkarte der Tabelle und wählen Sie aus dem Kontextmenü den Befehl CODE ANZEIGEN.

Automatisch die Spaltenbreite einstellen

Standardmäßig hat eine Excel-Spalte eine Breite von 10,71. Wenn Sie Daten erfassen, passt sich die Zelle nicht automatisch an die benötigte Breite an. Mit dem Ereignis `WorkSheet_Change` können Sie dafür sorgen, dass direkt nach der Eingabe diese Breite automatisch eingestellt wird. Das Ereignis für diese Aufgabe sehen Sie in Listing 7.7.

```
Private Sub Worksheet_Change _
(ByVal Target As Excel.Range)
 Anpassen
End Sub

Sub Anpassen()
Cells.EntireColumn.AutoFit
Cells.EntireRow.AutoFit
End Sub
```

Listing 7.7: Spaltenbreiten automatisch einstellen

Geben Sie jetzt einmal einen etwas längeren Text in eine beliebige Zelle ein und bestätigen Sie mit [↵]. Die Spalte wird danach automatisch in der Breite angepasst.

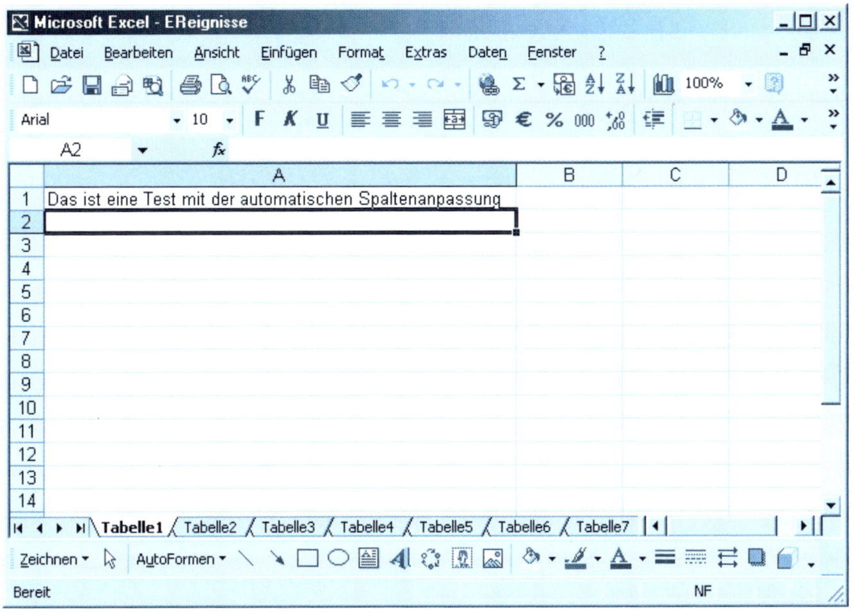

Spalte automatisch anpassen

Tabellenname aus Zelle herleiten

Die Benennung einer Tabelle können Sie u. a. auch abhängig von einer bestimmten Zelle machen. Im nächsten Beispiel wird die Zelle A1 für die Benennung des Tabellenblattes herangezogen. Jede Änderung dieser Zelle bedingt danach auch eine Änderung des Tabellenblattnamens.

Gehen Sie wie folgt vor:

1 Hinterlegen Sie nun das Ereignis aus Listing 7.8 hinter die TABELLE2.

```
Private Sub Worksheet_Change _
(ByVal Target As Excel.Range)
Dim s As String

 If Target.Address = "$A$1" _
 And IsDate(Target.Value) Then
  s = Range("A1").Value
```

```
 s = Format(s, "mmm yy")
  ActiveSheet.Name = s
 End If
End Sub
```

Listing 7.8: Tabellennamen aus Zelle beziehen

Das Ereignis `Worksheet_Change` wird nur ausgelöst, wenn in Zelle A1 eine Änderung stattfindet. Als zweites Kriterium muss in diese Zelle ein gültiges Datum eingegeben werden. Wenn beide Kriterien erfüllt sind, wird das Datum in Zelle A1 in die Variable `s` überführt. Danach wird das Datumsformat über die Funktion `Format` festgelegt. Im Anschluss daran wird der Inhalt der Variablen `s` als neuer Tabellenblattname verwendet.

2 Setzen Sie den Mauszeiger auf Zelle A1 und drücken die Tastenkombination `Strg` + `.`, um das aktuelle Datum in die Zelle einzufügen. Der Tabellenblattname wird augenblicklich geändert.

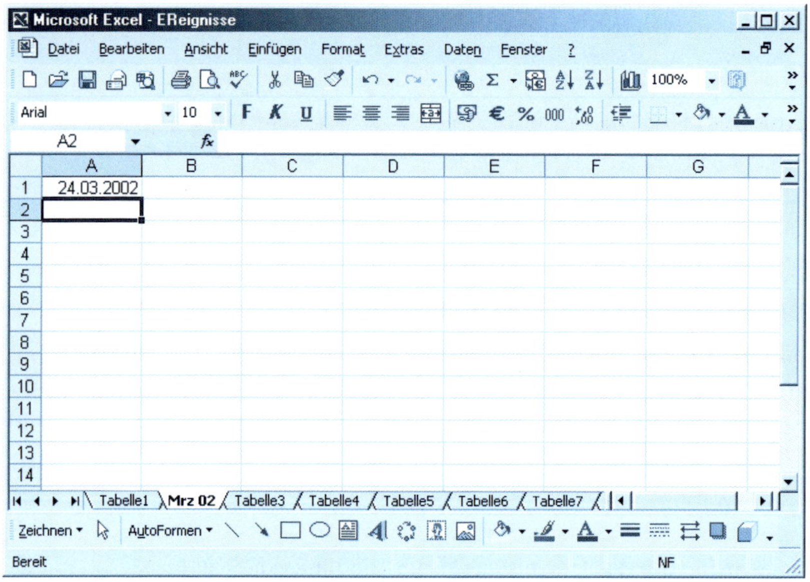

Tabelle nach Zelleninhalt benennen

Die Lesbarkeit der aktuellen Auswahl erhöhen

Die aktive Zelle wird durch den Mauszeiger festgelegt. Wenn Sie möchten, können Sie zusätzlich dazu jeweils die Schriftart innerhalb der Markierung vergrößern, damit noch klarer herausgestellt wird, welche Zelle bzw. Markierung aktiviert ist. Wird somit eine Zelle markiert, so wird die Schriftart kurzfristig auf den Schriftgrad 12 gesetzt. Beim Verlassen der Zelle wird der ursprüngliche Schriftgrad wieder eingestellt. Um diesen Automatismus umzusetzen, benötigen Sie das Ereignis `Worksheet_SelectionChange`. Dieses Ereignis tritt ein, wenn sich die Markierung auf einem Tabellenblatt ändert.

Um dieses Ereignis anzuwenden, befolgen Sie die nächsten Arbeitsschritte:

1 Stellen Sie das Ereignis `Worksheet_SelectionChange` hinter die Tabelle MRZ 02 ein.

```
Private Sub Worksheet_SelectionChange _
 (ByVal Target As Excel.Range)
    Static Zelle As Range
    If Not Zelle Is Nothing Then
        Zelle.Font.Size = 10
    End If
    Target.Font.Size = 12
    Set Zelle = Target
End Sub
```

Listing 7.9: Die aktive Zelle hervorheben

Setzen Sie die Anweisung `Static` ein, um eine Variable zu deklarieren, die jeweils die Adresse der aktiven Zelle aufnehmen soll. Die mit der `Static`-Anweisung deklarierte Variable behält ihren Wert bei, solange der Code ausgeführt wird. Mit dem Schlüsselwort `Nothing` überprüfen Sie, ob die Zelle verlassen wurde. Wenn ja, muss der Schriftgrad wieder auf 10 gesetzt werden. Wird eine neue Zelle aktiviert, dann wird der Schriftgrad 12 eingestellt. Am Ende setzen Sie die Objektvariable `Zelle` mit der aktiven Zelle gleich.

2 Markieren Sie eine beliebige Zelle. Die markierte Zelle wird augenblicklich vergrößert und ist somit besser lesbar.

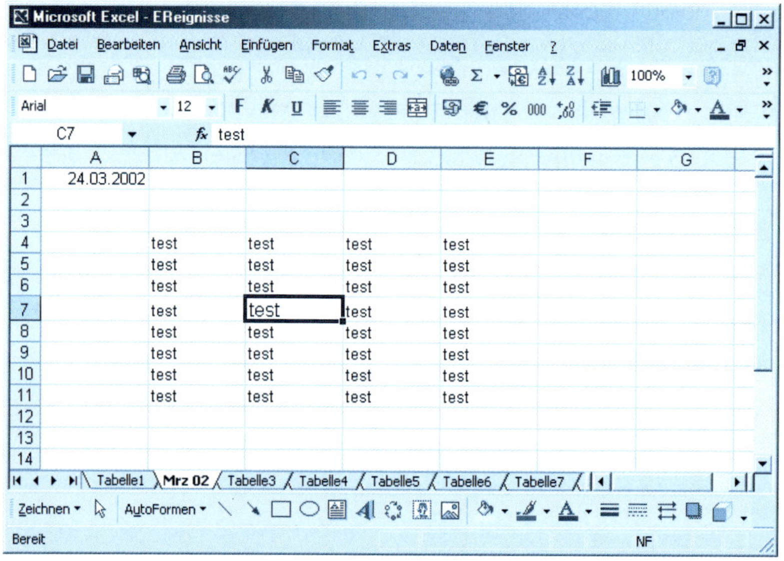

Aktive Zelle hervorheben

Eine weitere Möglichkeit, um die jeweils aktive Zelle bzw. den markierten Zellbereich deutlich hervorzuheben, ist die Verwendung einer helleren Hintergrundfarbe für die aktive Zelle.

Ersetzen Sie für diesen Zweck das Makro aus Listing 7.9 durch das Makro aus Listing 7.10.

```
Private Sub Worksheet_SelectionChange _
(ByVal Target As Range)
 Static Zelle As Range
 If Not Zelle Is Nothing Then
    Zelle.Interior.ColorIndex = xlColorIndexNone
 End If
 Target.Interior.ColorIndex = 6
 Set Zelle = Target
End Sub
```

Listing 7.10: Die aktuelle Zelle färben

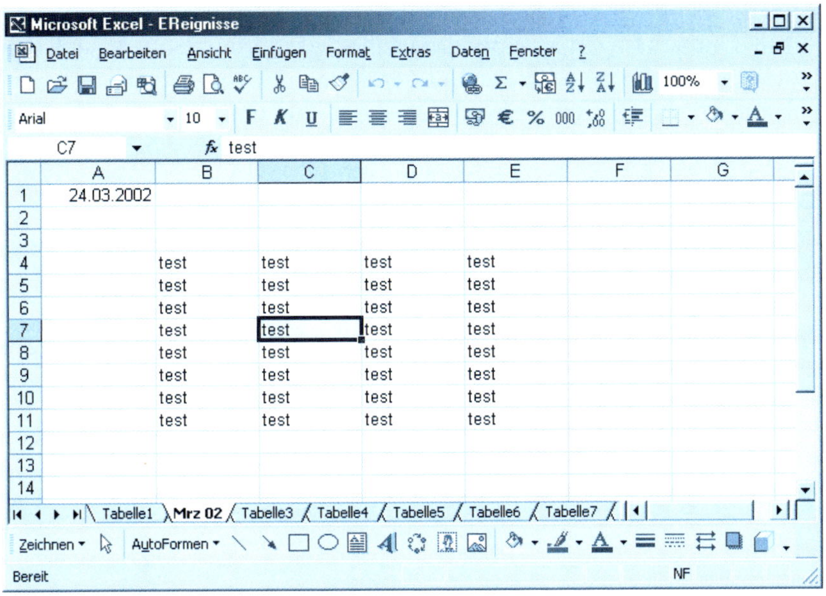

Aktive Zelle färben

Mausklicks überwachen

Mit den Ereignissen `Worksheet_BeforeRightClick` und `Worksheet_BeforeDoubleClick` können Sie entscheiden, was passieren soll, sofern die rechte Maustaste einmal geklickt bzw. die linke Maustaste doppelt angeklickt wird.

Falls Sie auf einem Tabellenblatt verhindern möchten, dass das Zellenkontextmenü für einen bestimmten Bereich herunterklappt, wenn Sie die rechte Maustaste drücken, erfassen Sie folgendes Ereignismakro:

```
Private Sub Worksheet_BeforeRightClick _
(ByVal Target As Range, Cancel As Boolean)
Dim VerbotenerBereich As Range

Set VerbotenerBereich = Range("A1:D10")
If Intersect(Target, VerbotenerBereich) _
 Is Nothing Then Exit Sub
Cancel = True
End Sub
```

Listing 7.11: Kontextmenü deaktivieren

Definieren Sie zuerst den Zielbereich, für den das Kontextmenü deaktiviert werden soll. Danach fragen Sie über die Methode `Intersect` ab, ob sich die aktuell markierte Zelle im Zielbereich befindet oder nicht. Wenn ja, setzen Sie das Argument `Cancel` einfach auf den Wert `True` und das Herunterklappen des Kontextmenüs unterbleibt.

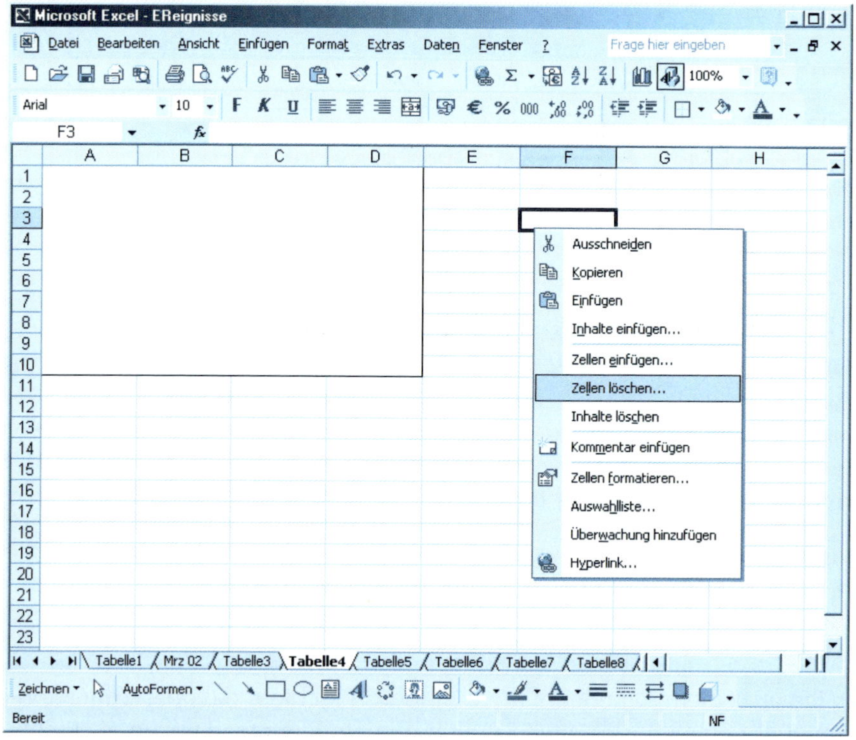

Kontextmenü aktivieren bzw. deaktivieren

Das Kontextmenü ist aktiv, da die aktive Zelle sich außerhalb des definierten Bereichs befindet. Im Bereich A1:D10 bleibt das Kontextmenü deaktiviert.

Werterhöhung bei Doppelklick

Neben der rechten Maustaste können Sie aber auch einen Doppelklick auf eine Zelle abfangen. In der folgenden Aufgabe soll eine bestimmte Zelle immer um den Wert 1 hochgezählt werden, und zwar immer dann, wenn auf diese Zelle ein Doppelklick ausgeführt wird. Damit ist es aber noch nicht genug. Auf diese hochgezählte Zelle sollen sich andere Zellen beziehen, so dass Sie nach jedem Doppelklick mehrere Zellen automatisch ändern.

Die Zelle A5 ist die veränderbare Zelle. In Zelle B5 steht der Stückpreis, in Zelle C5 wird die Menge mit dem Stückpreis multipliziert (=A5*B5).

Erfassen Sie nun das Ereignis `Worksheet_BeforeDoubleClick`.

```
Private Sub Worksheet_BeforeDoubleClick _
(ByVal Target As Excel.Range, Cancel As Boolean)
    If Target.Address = "$B$5" Then
        Target.Value = Target.Value + 1
        Cancel = True
    End If
End Sub
```

Listing 7.12: Automatische Werterhöhung per Doppelklick

Stimmt die Zelle, auf der Sie einen Doppelklick ausführen, mit der definierten Zelle B5 überein, dann wird der aktuelle Zelleninhalt um den Wert 1 erhöht. Das Argument `Cancel` wird auf den Wert `True` gesetzt, um zu verhindern, dass die normale Aktion bei einem Doppelklick auf die Zelle ausgeführt wird.

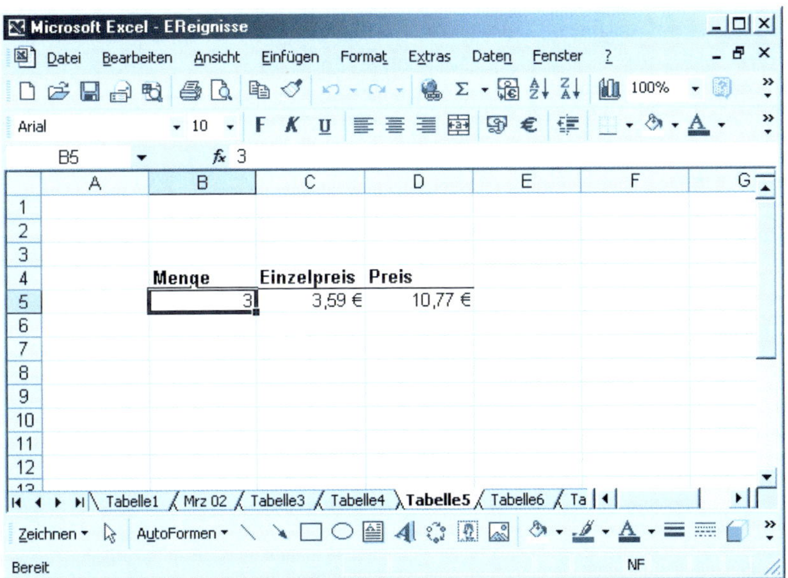

Bei jedem Doppelklick wird verdoppelt

Mit jedem Klick wird die Menge in Zelle B5 um den Wert 1 erhöht.

Alle Ereignisse für Tabellen im Überblick

Entnehmen Sie alle Ereignisse für Tabellen und eine Kurzerklärung der nachfolgenden Tabelle.

Ereignis	**Beschreibung**
`Worksheet_Activate`	Tritt ein, wenn ein Tabellenblatt aktiviert wird.
`Worksheet_Change`	Tritt ein, wenn sich der Wert in einer Zelle ändert.
`Worksheet_Calculate`	Tritt ein, wenn eine Tabelle neu berechnet wird.
`Worksheet_Deactivate`	Tritt ein, wenn ein Tabellenblatt deaktiviert wird, beispielsweise wenn ein Tabellenblatt verlassen wird.
`Worksheet_FollowHyperlink`	Tritt ein, wenn der Anwender auf einen Hyperlink in einer Tabelle klickt.
`WorkSheet_SelectionChange`	Tritt ein, wenn sich die Markierung auf einem Tabellenblatt ändert.

Tabelle 7.2: Alle Ereignisse für das Tabellenblatt in der Übersicht

Die kleine Erfolgskontrolle

Beantworten Sie auch zu diesem Kapitel bitte noch ein paar Verständnisfragen:

1. Wie können Sie eine Arbeitsmappenereignis einstellen?
2. Wie können Sie eine Arbeitsmappe ohne weitere Rückfrage schließen?
3. Wie können Sie Mausklicks in Excel überwachen?
4. Wie heißt das Ereignis, welches automatisch ausgeführt wird, wenn Sie auf einen Hyperlink in Ihrer Tabelle klicken?

Kapitel 8

Eigene Funktionen schreiben

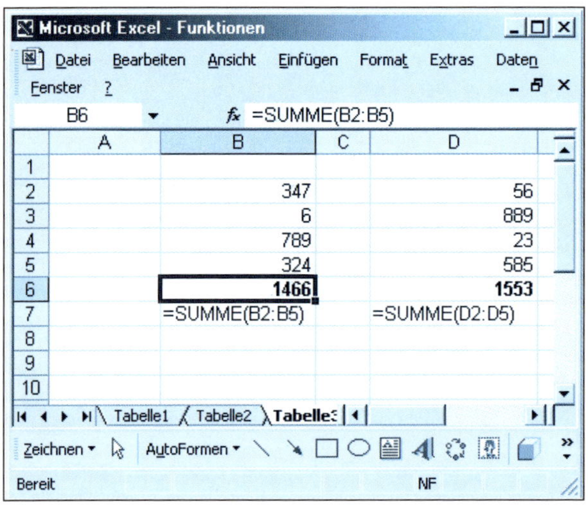

Neben den eingebauten Ereignissen, die Sie in Excel relativ einfach einstellen können, haben Sie ebenso die Möglichkeit, eigene Funktionen für Excel zu programmieren, um Ihre Arbeitsabläufe zu vereinfachen.

Das können Sie schon:

Das lernen Sie neu:

Bei der Programmierung mit Funktionen müssen Sie erwägen, ob Sie eine Funktion in eine Tabelle einbauen oder ob Sie eine Funktion in der VBA-Umgebung einsetzen möchten. Je nachdem müssen Sie die Funktion dann anders aufsetzen. Im ersten Teil dieses Kapitels lernen Sie den Gebrauch von benutzerdefinierten Funktionen in Excel anhand einiger ausgewählter Beispiele kennen. Im zweiten Teil dieses Kapitels erfahren Sie, wie Sie Funktionen bei der Entwicklung von VBA-Programmen einsetzen können, um schnell, übersichtlich und vor allem effektiv zu programmieren.

Benutzerdefinierte Funktionen

Was verbirgt sich hinter diesem Begriff? Benutzerdefinierte Funktionen stellen Zusatzfunktionen in Excel dar, die Sie selbst erstellt haben und die auf einem Tabellenblatt als Zellenfunktion genützt werden können. Normalerweise rufen Sie in einer Tabelle eine Funktion auf, indem Sie den Funktionsassistenten nutzen oder die Funktion direkt in eine Zelle schreiben. Alle benutzerdefinierten Funktionen stehen unter der Rubrik BENUTZERDEFINIERT.

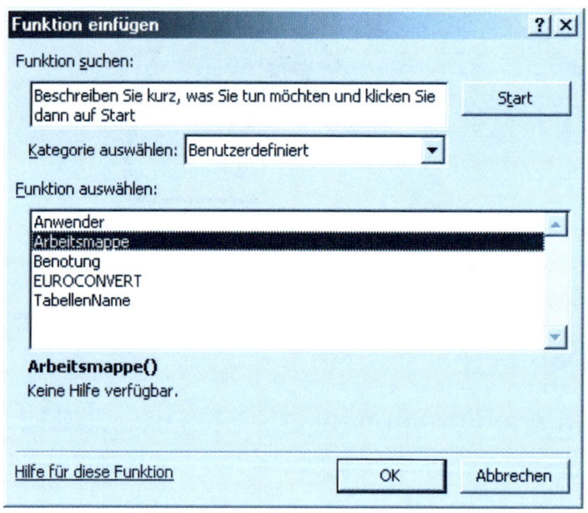

Funktionsassistenten aufrufen

Aktive Arbeitsmappe ermitteln

Um zu prüfen, in welcher Arbeitsmappe Sie sich gerade befinden, können Sie eine benutzerdefinierte Funktion schreiben. Dabei gehen Sie wie folgt vor:

1 Drücken Sie die Tastenkombination `Alt` + `F11`, um in die Entwicklungsumgebung von Excel zu gelangen.

2 Fügen Sie ein neues Modul ein, indem Sie aus dem Menü EINFÜGEN den Befehl MODUL wählen.

3 Erfassen Sie folgende Funktion, die Sie in der nächsten Abbildung sehen können.

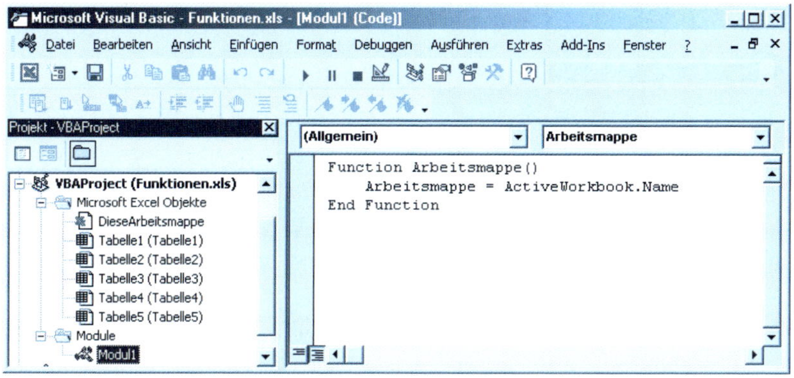

Funktion eingeben

Mit Hilfe der Anweisung `ActiveWorkbook.Name` können Sie den Namen der aktiven Arbeitsmappe ermitteln.

Wenden Sie jetzt die neue Funktion an, indem Sie die folgenden Arbeitsschritte befolgen:

1 Wechseln Sie aus der Entwicklungsumgebung wieder auf eine Tabelle der Arbeitsmappe.

2 Setzen Sie den Mauszeiger auf eine beliebige Zelle.

3 Wählen Sie aus dem Menü EINFÜGEN den Befehl FUNKTION.

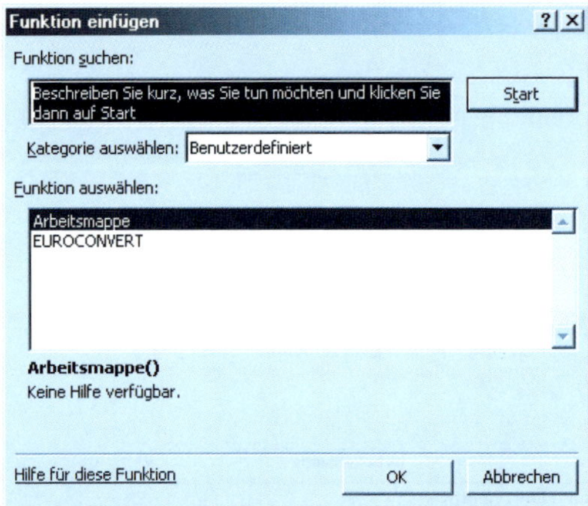

4 Wählen Sie aus dem Dropdown-Feld KATEGORIE AUSWÄHLEN den Eintrag BENUTZERDEFINIERT.

5 Markieren Sie im Listenfeld FUNKTION AUSWÄHLEN die Funktion ARBEITSMAPPE.

6 Klicken Sie auf OK.

7 Bestätigen Sie auch den folgenden Dialog mit OK.

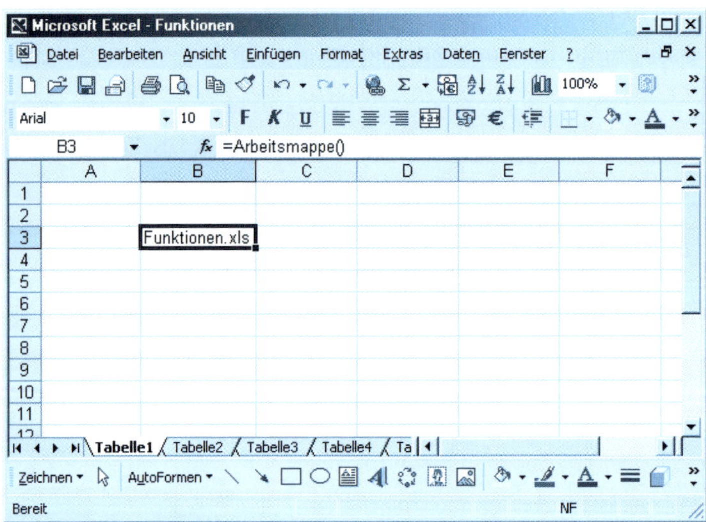

Dateinamen ausgeben

Aktives Tabellenblatt ermitteln

Als Nächstes stellt sich automatisch die Frage, wie wohl die aktive Tabelle heißt, auf der Sie sich gerade befinden. Um diese Aufgabe zu lösen, wechseln Sie wiederum in die Entwicklungsumgebung und erfassen folgende Funktion:

```
Function TabellenName() As String
  TabellenName = Application.Caller.Parent.Name
End Function
```

Listing 8.1: Den Namen der aktuellen Tabelle ermitteln

Mit Hilfe der Anweisung `Application.Caller.Parent.Name` können Sie die aktuelle Tabelle ermitteln.

Wechseln Sie jetzt wieder auf Ihre Tabelle und geben Sie in eine beliebige Zelle die Funktion direkt ein.

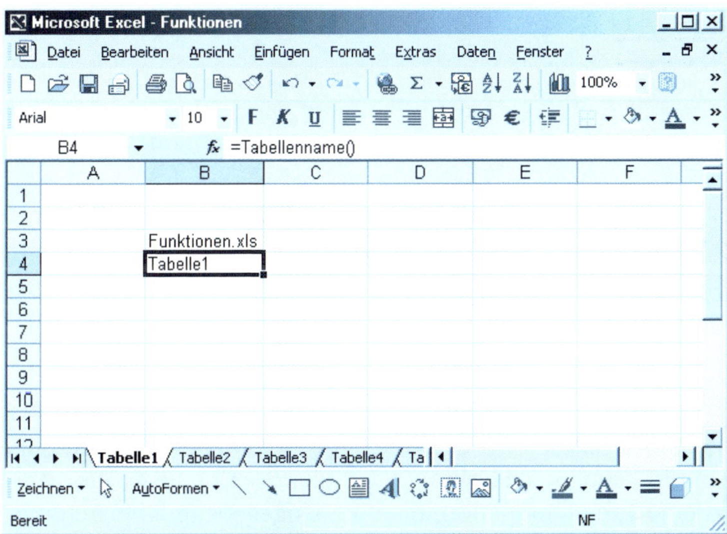

Tabellenname ausgeben

Aktiven Bearbeiter identifizieren

Mit Hilfe einer benutzerdefinierten Funktion können Sie auch den aktuellen Bearbeiter der Arbeitsmappe erkennen. Geben Sie jetzt die Funktion aus Listing 8.2 in ein Modul ein.

```
Function Anwender()
  Anwender = Application.UserName
End Function
```

Listing 8.2: Den Benutzernamen ermitteln

Die Eigenschaft `UserName` gibt den Namen des aktuellen Benutzers zurück.

Wechseln Sie zurück auf Ihre Tabelle und erfassen Sie die Funktion `Anwender()` in einer Zelle Ihrer Wahl.

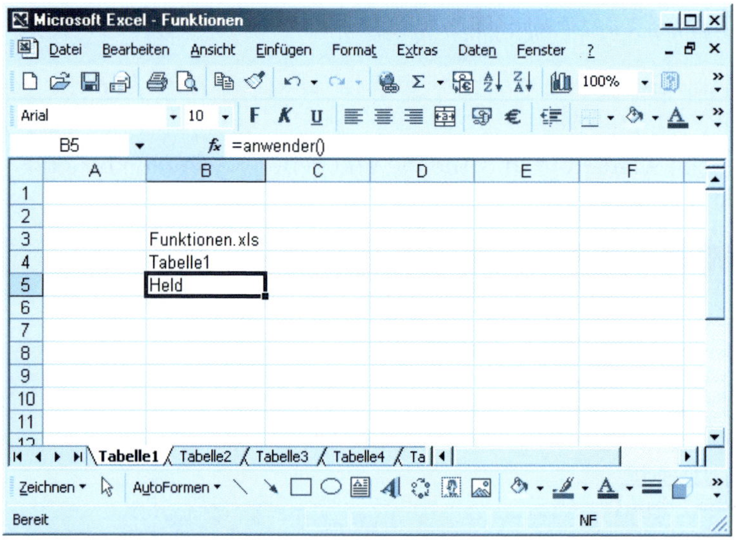

Benutzernamen ausgeben

Funktion zum Umsetzen von Noten

Sicher kennen Sie noch aus Schulzeiten die Zensuren und deren Bedeutung. Dabei entspricht die 1 einem »Sehr gut«, die 2 einem »Gut« usw. Programmieren Sie jetzt eine Tabellenfunktion, die eine eingegebene Note automatisch in den dazugehörigen Text umsetzt. Dazu wechseln Sie in die Entwicklungsumgebung, fügen ein neues Modul ein und erfassen folgende Funktion:

```
Function Benotung(r)
 Application.Volatile
    Select Case r.Value
        Case Is = 1: Benotung = "Sehr gut"
        Case Is = 2: Benotung = "Gut"
        Case Is = 3: Benotung = "Befriedigend"
```

```
        Case Is = 4: Benotung = "Ausreichend"
        Case Is = 5: Benotung = "Mangelhaft"
        Case Is = 6: Benotung = "Ungenügend"
        Case Else: Benotung = "keine gültige Zensur"
    End Select
End Function
```

Listing 8.3: Umsetzung von Noten in Texte

Jede Funktion beginnt mit dem Wort `Function`, gefolgt von einem Namen, den Sie nahezu beliebig wählen können, sowie den Argumenten, die der Funktion übergeben werden. Im obigen Beispiel wurde das Argument `r` übergeben. Dieser Buchstabe steht für einen Zellenbezug, auf den Sie sich beziehen möchten.

Damit die Funktion jederzeit automatisch den richtigen Wert liefert, wenn Sie eine Note ändern, schreiben Sie die Methode `Volatile`, welche die Funktion als »veränderlich« kennzeichnet. Für die Umsetzung der Noten setzen Sie eine `Select Case`-Struktur ein. Wird keine gültige Note in die Zelle eingegeben, so wird ein alternativer Text in der Zelle ausgegeben.

Gehen Sie jetzt wie folgt vor, um die Funktion zu testen:

1 Wechseln Sie zurück auf eine beliebige, noch leere Tabelle.

2 Geben Sie in Zelle A1 die Zahl 1 ein.

3 Halten Sie die Taste [Strg] gedrückt und ziehen Sie das Ausfüllkästchen bis in Zelle A6. Damit haben Sie eine Nummerierung von 1 bis 6.

4 Geben Sie in Zelle B1 die Funktion =BENOTUNG(A1) ein.

5 Führen Sie einen Doppelklick auf das Ausfüllkästchen der Zelle B1 durch, um die Funktion nach unten auszufüllen.

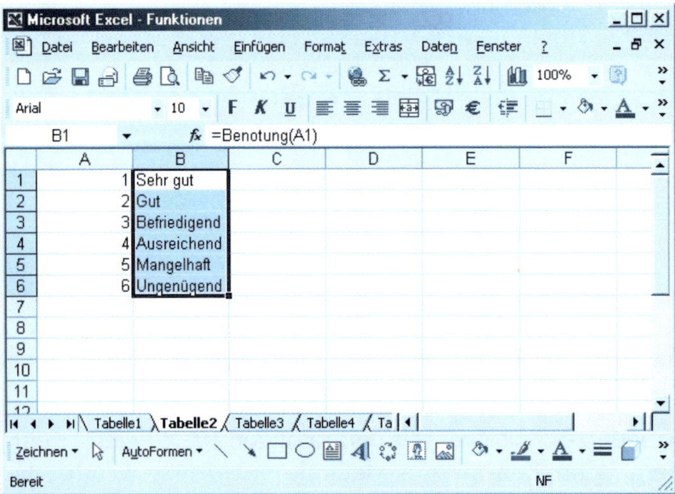

Zahlen in Texte umsetzen

Formeln und Verknüpfungen in Festwerte umwandeln

Zellen, welche Verknüpfungen, Funktionen oder Formeln enthalten, erkennen Sie daran, dass diese Zellen jeweils als erstes Zeichen ein Gleichheitszeichen erhalten. Die Zelle zeigt jedoch immer das Ergebnis aus der Verknüpfung, Funktion oder auch Formel an.

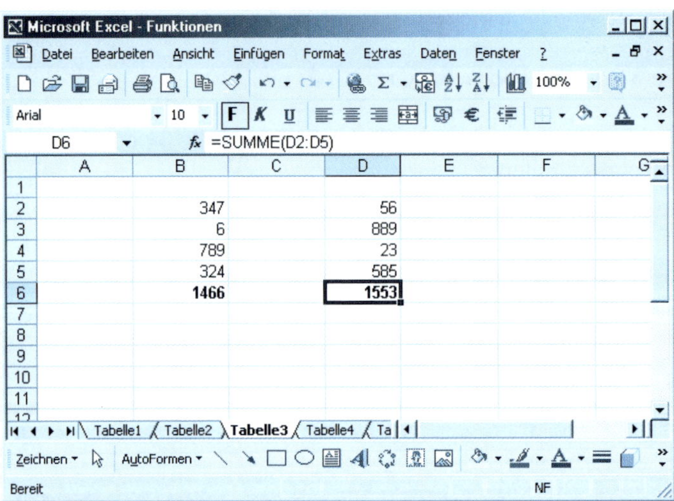

Die Ausgangsituation

Sie können eine Formel nur dann sofort erkennen, wenn Sie den Mauszeiger auf diese Zelle setzen. Dann wird die Formel in der Bearbeitungsleiste angezeigt.

Wenn Sie beispielsweise erreichen möchten, dass die ausgeschriebene Verknüpfung, Funktion oder Formel in der Nebenzelle angezeigt wird, dann erfassen Sie eine Funktion.

```
Function FormelInText(r)
   Application.Volatile
   FormelInText = r.FormulaLocal
End Function
```

Listing 8.4: Formeltexte anzeigen

Gehen Sie jetzt wie folgt vor, um die Funktion zu testen:

1 Wechseln Sie jetzt auf die Tabelle3.

2 Setzen Sie den Mauszeiger in Zelle B7.

3 Wählen Sie aus dem Menü Einfügen den Befehl Funktion.

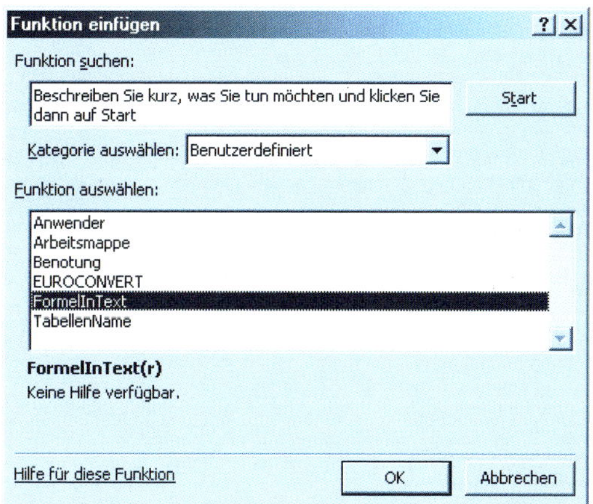

Den Funktions-Assistenten aufrufen

4 Wählen Sie aus dem Dropdown-Feld Kategorie auswählen den Eintrag Benutzerdefiniert.

5 Markieren Sie die Funktion FormelInText.

6 Bestätigen Sie mit OK.

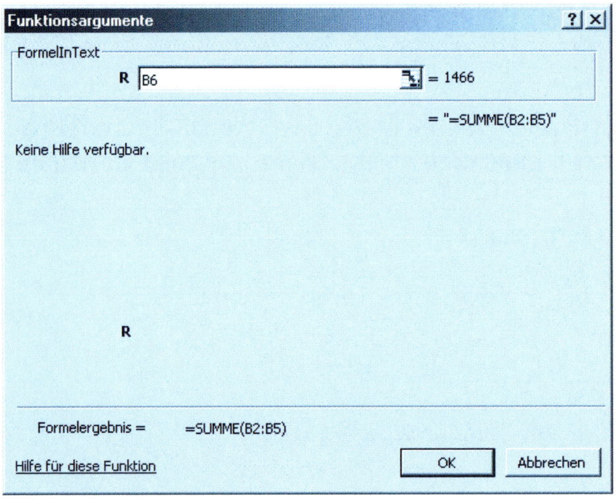

Argumente bekannt geben

7 Geben Sie in das Eingabefeld den Zellenbezug ein.

8 Bestätigen Sie mit OK.

9 Kopieren Sie die Zelle C7 nun auch auf die Zelle D7.

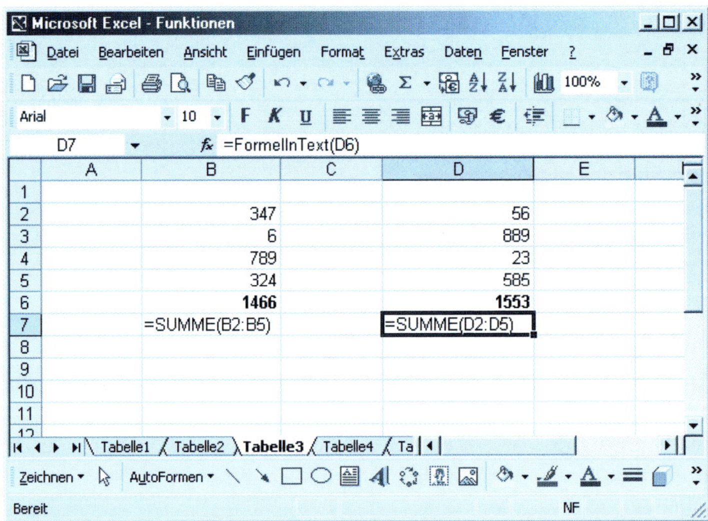

Als Ergebnis liegen nur noch »Formeltexte« vor

Nur Zellen mit Fettdruck addieren

Im nächsten Beispiel geht es darum, in einem Bereich nur Zellen zu addieren, die zum einen numerische Werte enthalten und zum anderen mit dem Schriftschnitt FETT formatiert wurden.

Geben Sie dazu einmal folgende Funktion ein:

```
Function FormatAddieren(r As Range)
   Application.Volatile
    For Each r In r.Cells
        If IsNumeric(r) Then
            If r.Font.Bold = True Then
              FormatAddieren = FormatAddieren + r.Value
            End If
        End If
    Next r
End Function
```

Listing 8.5: Nur bestimmte Zellen addieren

Für die obige Funktion kann ein ganzer Bereich angegeben werden. Jede Zelle im angesprochenen Bereich wird dann erstens auf numerischen Inhalt und zweitens auf den richtigen Schriftschnitt geprüft. Für die Überprüfung auf numerischen Inhalt setzen Sie die Funktion `IsNumeric` ein.

Geben Sie jetzt einmal ein paar Zahlen in eine neue Tabelle ein und formatieren ein paar davon mit dem Schriftschnitt FETT.

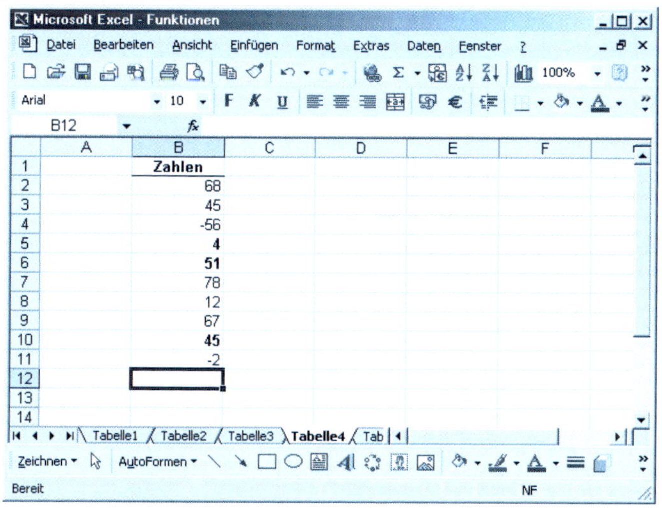

Bedingtes Addieren von Zahlenwerten

Gehen Sie nun wie folgt vor:

1 Wechseln Sie auf die TABELLE4.

2 Setzen Sie den Mauszeiger in Zelle B12.

3 Geben Sie die Funktion =FORMATADDIEREN(B2:B11) ein und bestätigen Sie mit [↵].

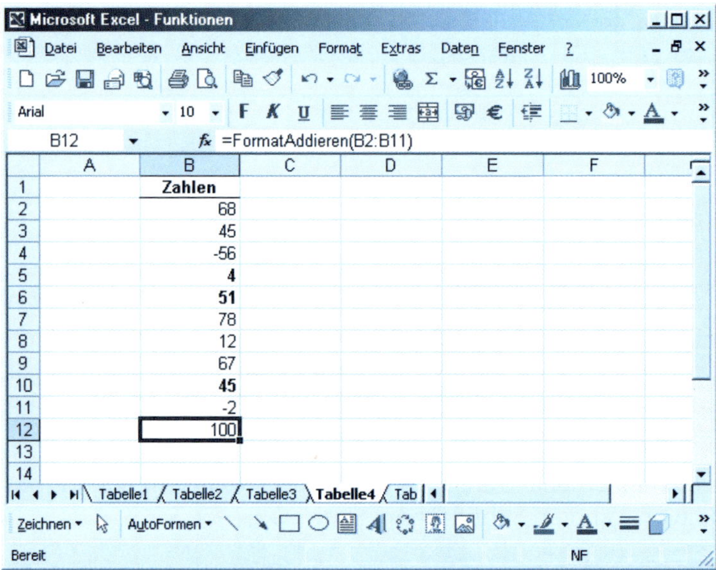

Nur fette Zellen wurden addiert

> **Tipp**
>
> *Benutzerdefinierte Funktionen liefern einmalig ein Ergebnis zurück. Wenn Sie danach Werte in einer Tabelle ändern, werden die benutzerdefinierten Zellen standardmäßig nicht angepasst. Wenn Sie Ihre benutzerdefinierten Funktionen daher ein wenig feinfühliger machen möchten, ergänzen Sie in der ersten Zeile der Funktion die Anweisung* `Application.Volatile`. *Damit wird die Funktion als flüchtig gekennzeichnet. Solche Funktionen werden immer neu berechnet, wenn in einer beliebigen Zelle des Tabellenblattes eine Berechnung durchgeführt wird. Allerdings haben Formatänderungen keine Auswirkung auf die Funktion.*

Hintergrundfarben auslesen

Stellen Sie sich vor, Sie arbeiten mit gefärbten Zellen. Dafür definieren Sie eine Reihe von Farben, die in Ihrer Tabelle gültig sein sollen. Bei Verwendung von anderen Farben soll der Text KEINE GÜLTIGE FARBE! ausgegeben werden. Die Funktion für diese Aufgabe können Sie dem Listing 8.6 entnehmen.

```
Function Farbe(r As Range)
Dim FarbeG As String
    Application.Volatile
    Select Case r.Interior.ColorIndex
     Case 1
        FarbeG = "Schwarz"
     Case 2
        FarbeG = "Weiß"
     Case 3
        FarbeG = "Rot"
    Case 4
        FarbeG = "Grün"
    Case 5
        FarbeG = "Blau"
    Case Else
        FarbeG = "keine gültige Farbe!"
    End Select
    Farbe = FarbeG
End Function
```

Listing 8.6: Farben erkennen

Wenden Sie die Anweisung `Select Case` an, um auf elegante Weise verschiedene Bedingungen, hier Farben, abfragen zu können. Fragen Sie direkt den Hintergrund der Zelle ab, indem Sie die Eigenschaft `Interior` einsetzen. Den eigentlichen Farbindex erhalten Sie über die Eigenschaft `ColorIndex`.

Führen Sie einen Test der Funktion durch, indem Sie die folgenden Arbeitsschritte durchführen:

1. Wechseln Sie jetzt auf eine neue, noch leere Tabelle.
2. Formatieren Sie die Zellen A1:A5 mit verschiedenen Hintergrundfarben.
3. Setzen Sie den Mauszeiger auf Zelle B1.

4 Erfassen Sie die Funktion =FARBE(A1).

5 Kopieren Sie die Zelle B1 in die Zellen B2 bis B5.

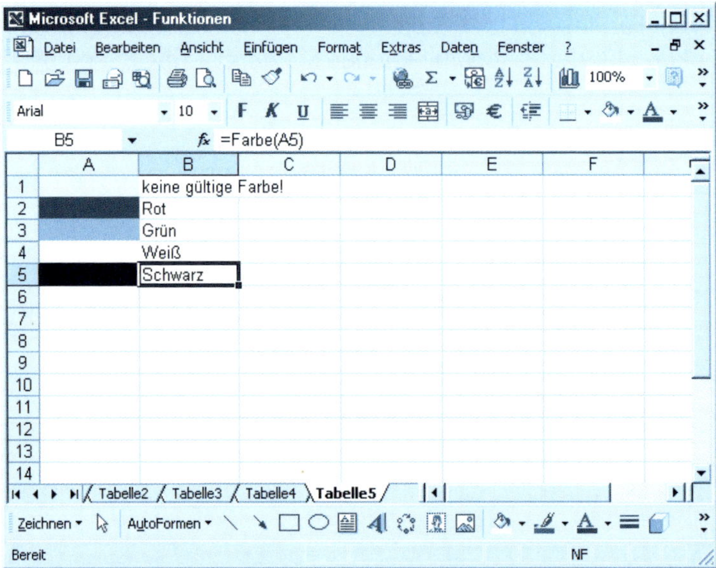

Farben überprüfen

Modulare Funktionen schreiben

Neben Funktionen, die Sie speziell für das Tabellenblatt schreiben, können Sie auch Funktionen programmieren, die Sie innerhalb der Entwicklungsumgebung im Zusammenspiel mit Makros einsetzen. Diese Funktionen sind dann ratsam, wenn sie in mehreren Makros gebraucht werden. Anstatt denselben Programmcode mehrfach zu erfassen, schreiben Sie einmal eine Funktion dazu und rufen diese aus den Makros einfach auf. Diese Programmierweise ist übersichtlich, pflegeleicht und macht Spaß.

Dateien in einem Verzeichnis zählen

Stellen Sie sich vor, Sie müssten in einem Makro feststellen, wie viele Dateien sich in einem Verzeichnis befinden. Dazu können Sie eine Funktion schreiben. Gehen Sie dazu wie folgt vor:

1 Drücken Sie die Tastenkombination [Alt] + [F11], um in die Entwicklungsumgebung von Excel zu gelangen.

2 Fügen Sie ein neues Modul ein, indem Sie aus dem Menü EINFÜGEN den Befehl MODUL wählen.

3 Erfassen Sie die Funktion aus Listing 8.7.

```
Function DZ(str) As Long
Dim DatNam As String
Dim n As Long

    DatNam = Dir$(str & "\*.*")
    Do While Len(DatNam) > 0
            n = n + 1
            DatNam = Dir$()
    Loop
    DZ = n
End Function
```

Listing 8.7: Dateien zählen

Die Funktion DZ erwartet als Eingabe den Namen des Verzeichnisses, auf welches Sie zugreifen möchten. Als Ergebnis liefert die Funktion Ihnen im Datentyp `Long` die Anzahl der ermittelten Dateien. Wenn Sie nur bestimmte Dateien gezählt haben möchten, können Sie die obige Funktion abändern, indem Sie die Zeichenfolge `DatNam = Dir$(str & "\*.*")` beispielsweise in `DatNam = Dir$(str & "\*.xls")` ändern. Diese kleine Änderung bewirkt, dass nur Excel-Dateien gezählt werden. Jetzt fehlt nur noch das Makro, welches der Funktion das Verzeichnis übergibt und die Rückmeldung der Funktion auswertet.

```
Sub ZählenDateien()
Dim i As Long
  i = DZ("c:\Eigene Dateien\")
  MsgBox "Es wurden " & i & " Dateien gezählt!"
End Sub
```

Listing 8.8: Abfrage von Dateien

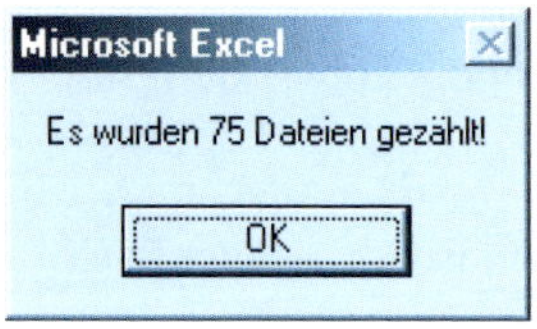

Dateien zählen

Prüfung, ob eine bestimmte Datei existiert

In diesem Beispiel möchten Sie über eine Funktion prüfen lassen, ob es eine bestimmte Datei überhaupt gibt. Gerade wenn Sie vorhaben, eine Datei zu öffnen, sollten Sie vorher sicherstellen, dass es diese Datei auch gibt. Dazu erfassen Sie eine Funktion und übergeben dieser Funktion den Dateinamen mitsamt der Laufwerks- und Pfadangabe.

Erfassen Sie zunächst einmal die Funktion aus Listing 8.9.

```
Function DateiVorhanden(str As String) As Boolean
   DateiVorhanden = False
   If Len(str) > 0 Then DateiVorhanden = _
   (Dir(str) <> "")
   Exit Function
End Function
```

Listing 8.9: Dateiexistenz-Prüfung durchführen

Wie schon gesagt, erwartet die Funktion den Namen der Datei, deren Vorhandensein sie prüfen soll. Die Prüfung, ob überhaupt eine Zeichenfolge an die Funktion übergeben wurde, erfolgt über die Funktion `Len`. Wird eine Länge von 0 gemeldet, wurde überhaupt keine Zeichenfolge an die Funktion übergeben. Wenn ja, entspricht diese in jedem Fall einer Größe > 0. Die Funktion `Dir` versucht nun auf die Datei zuzugreifen. Ist die Datei nicht vorhanden, meldet die Funktion eine Leerfolge zurück. Damit wird der Datentyp `Boolean` mit dem Wert `False` an das aufrufende Makro zurückgemeldet. Im anderen Falle liefert die Funktion den Wert `True` zurück.

```
Sub DateiDa()
Dim bln As Boolean
bln = DateiVorhanden("C:\eigene Dateien\Mappe1.xls")
If bln = False Then _
 MsgBox "Die Datei ist nicht vorhanden!"
End Sub
```

Listing 8.10: Den Pfad sowie den Namen einer Funktion übergeben

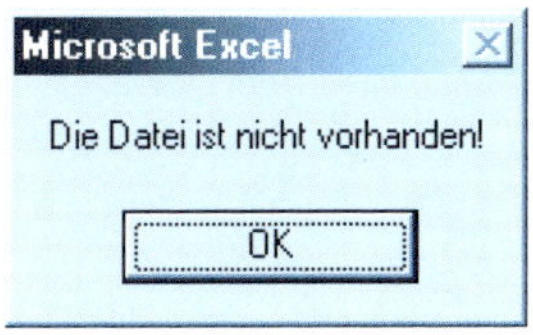

Dateiexistenz prüfen

Prüfung, ob ein Add-In eingebunden ist

In der nächsten Praxisaufgabe soll geprüft werden, ob ein bestimmtes Add-In im Add-Ins-Manager schon installiert ist oder nicht. Prüfen Sie vorab einmal, welche Add-Ins Sie überhaupt schon installiert haben. Dazu wählen Sie den Menübefehl EXTRAS/ADD-INS.

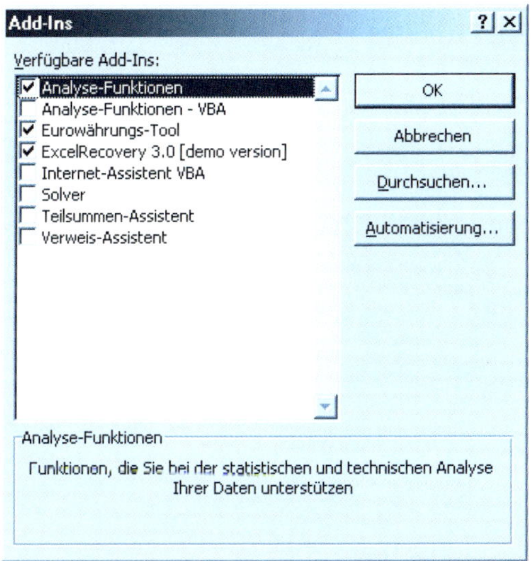

Den Add-Ins-Manager aufrufen

Schreiben Sie nun die Funktion, um zu prüfen, ob z.B. das Add-In SOLVER.XLA in Excel verfügbar ist.

```
Function AddInEingebunden(ByVal str As String) _
 As Boolean
Dim add As Object

    Set add = AddIns(str)
    If add.Installed = True Then
        AddInEingebunden = True
    Else
```

```
        AddInEingebunden = False
    End If
End Function
```

Listing 8.11: Prüfung, ob Add-In schon eingebunden ist

Die Eigenschaft `Installed` liefert den Wert `True`, wenn das entsprechende Add-In eingebunden ist. Schreiben Sie jetzt das Makro, welches die Funktion ADDINEINGEBUNDEN aufruft.

```
Sub AddInDa()
Dim b As Boolean

    b = AddInEingebunden("Solver")
    If b = False Then
    MsgBox "Solver Add-In ist nicht installiert."
    Else
    MsgBox "Solver Add-In ist installiert."
    End If
End Sub
```

Listing 8.12: Ist das Add-In Solver eingebunden?

Bei der Angabe des Add-Ins verwenden Sie den Namen des Add-Ins, das Sie im Dialog ADD-INS vorfinden.

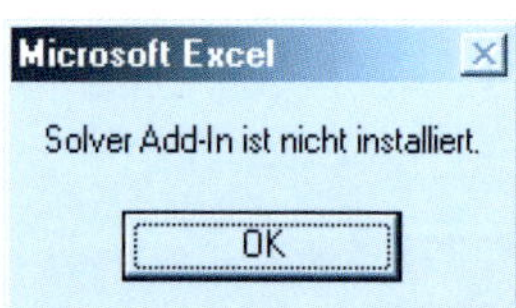

Überprüfung des Status eines Add-Ins

Letzten Wert einer Spalte ermitteln

In der letzten Aufgabe dieses Kapitels soll eine Funktion erstellt werden, die mit Hilfe der angegebenen Tabelle sowie Spalte den letzten Wert einer vorgegebenen Spalte der Tabelle ausgibt. Die Funktion für diese Aufgabe lautet:

```
Function LetzterWert(s As String, Spalte As Integer)
 LetzterWert = Worksheets(s).Columns(Spalte) _
.SpecialCells(xlCellTypeLastCell).Value
End Function
```

Listing 8.13: Letzten Wert einer bestimmten Spalte ermitteln

Testen Sie die Funktion, indem Sie die nächsten Arbeitschritte befolgen.

1 Fügen Sie eine neue Tabelle ein und erfassen Sie einmal in Spalte C einige Werte.

2 Wechseln Sie in die Entwicklungsumgebung und geben Sie das folgende Makro aus Listing 8.14 ein.

```
Sub LetzteZelleInSpalte()
MsgBox LetzterWert("Tabelle6", 3)
End Sub
```

Listing 8.14: Welcher Wert steht in der letzten Zelle der Spalte C der Tabelle6?

Im Makro rufen Sie die Funktion LETZTERWERT auf. Dieser Funktion übergeben Sie im ersten Argument den Namen der Tabelle, auf der Sie den Inhalt der letzten Zeile ausfindig machen möchten. Im zweiten Argument geben Sie die gewünschte Spalte an, in der nach der letzten gefüllten Zelle gesucht werden soll. Mit Hilfe der Methode `SpecialCells`, der Sie die Konstante `xlCellTypeLastCell` zuweisen, ermitteln Sie die letzte gefüllte Zelle. Dadurch, dass Sie vorher die Spalte angegeben haben, wird diese Suche nach der letzten Zelle lediglich auf die angegebene Spalte beschränkt. Über die Eigenschaft `Value` holen Sie sich den Wert dieser Zelle.

Starten Sie nun das Makro LETZTEZELLEINSPALTE.

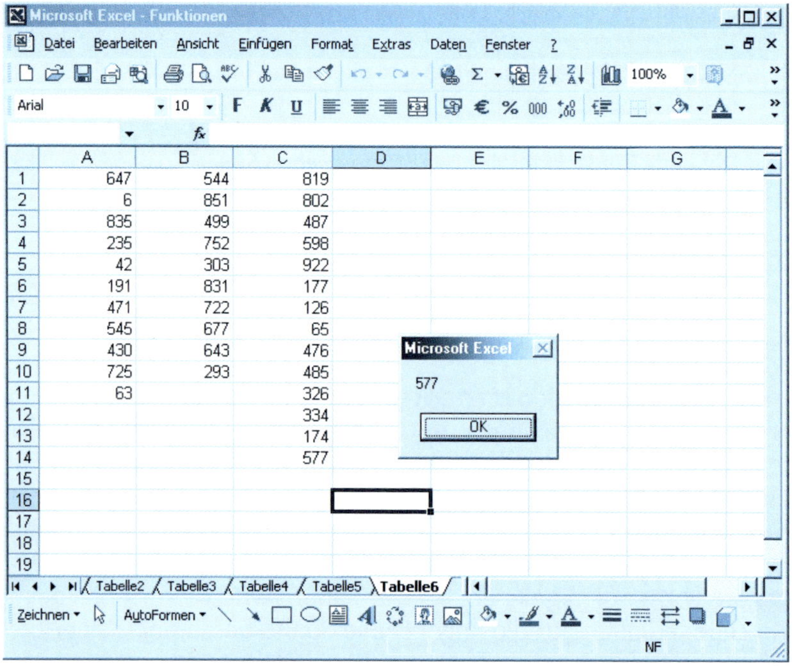

	A	B	C
1	647	544	819
2	6	851	802
3	835	499	487
4	235	752	598
5	42	303	922
6	191	831	177
7	471	722	126
8	545	677	65
9	430	643	476
10	725	293	485
11	63		326
12			334
13			174
14			577

Letzten Wert in Spalte C ermitteln und ausgeben

Die kleine Erfolgskontrolle

Beantworten Sie zum Abschluss dieses Kapitels bitte noch ein paar Verständnisfragen:

1. Was versteht man unter benutzerdefinierten Funktionen?
2. Wie heißt die Eigenschaft, um den aktuellen Benutzer einer Tabelle ausfindig zu machen?
3. Wie können Sie dafür sorgen, dass sich eine benutzerdefinierte Funktion bei einer Zellenanpassung in Ihrer Tabelle automatisch mit ändert, sofern diese von der Änderung betroffen ist?
4. Was versteht man unter modularen Funktionen?

Kapitel 9

In Interaktion mit Excel

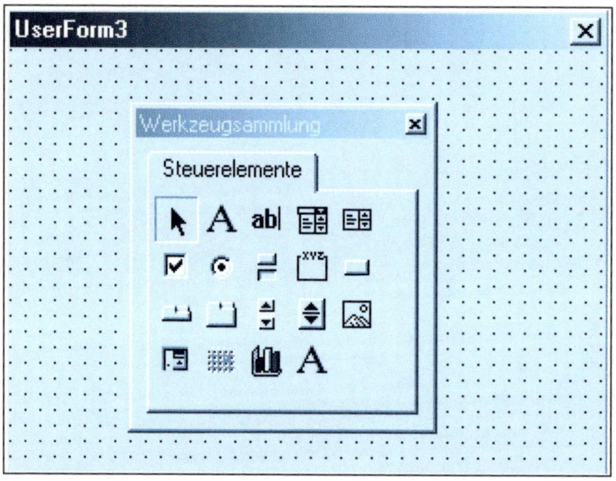

Nachdem wir bereits gelernt haben, wie wir eigene Funktionen in Excel programmieren, lernen Sie in diesem Kapitel, wie Sie Dialoge in Excel erstellen und programmieren können.

Das können Sie schon:

Das lernen Sie neu:

In diesem Kapitel lernen Sie, wie Sie Dialoge in der Programmierung einsetzen können, um anwenderfreundliche Anwendungen zu erstellen. Dabei haben Sie die Möglichkeit, schon bestehende Dialoge in Excel zu nutzen oder sich eigene Dialoge (UserForms) zu erstellen.

Die Bildschirmmeldung Msgbox

In den vorherigen Kapiteln wurde die Funktion `Msgbox` schon öfter eingesetzt. Diese Funktion wird z.B. dazu verwendet, um den Anwender über ein Ergebnis eines Makros zu informieren oder auch um eine Warnmeldung auf dem Bildschirm anzuzeigen. Dabei können Sie das Aussehen dieser Maske selbst bestimmen.

Um eine Meldung auf dem Bildschirm anzuzeigen, verwenden Sie die Funktion `Msgbox`, welche folgende Syntax hat:

```
=MsgBox(prompt[, buttons] [, title] [, helpfile, context])
```

Das erste Argument `prompt` muss angegeben werden. Es besteht aus einem Text, der als Meldung im Dialogfeld erscheinen soll.

Das nächste Argument `buttons` bestimmt, welche Schaltflächen Sie in Ihrer Meldung mit anzeigen möchten. Diese Einstellung können Sie durch eine Konstante vornehmen. Entnehmen Sie aus der nächsten Tabelle die möglichen Varianten dazu.

Konstante	**Beschreibung**
`VbOKOnly`	Zeigt nur die Schaltfläche OK an.
`VbOKCancel`	Zeigt die Schaltflächen OK und Abbrechen an.
`VbAbortRetryIgnore`	Zeigt die Schaltflächen Abbruch, Wiederholen und Ignorieren an.
`VbYesNoCancel`	Zeigt die Schaltflächen Ja, Nein und Abbrechen an.
`VbYesNo`	Zeigt die Schaltflächen Ja und Nein an.
`VbRetryCancel`	Zeigt die Schaltflächen Wiederholen und Abbrechen an.
`VbCritical`	Zeigt eine Meldung mit Stop-Symbol an.
`VbQuestion`	Zeigt eine Meldung mit Fragezeichen-Symbol an.
`VbExclamation`	Zeigt Meldung mit Ausrufezeichen-Symbol an.

Tabelle 9.1: Die verschiedenen Schaltflächen für Msgbox

Konstante	Beschreibung
`VbInformation`	Zeigt Meldung mit Info-Symbol an.
`VbDefaultButton1`	Erste Schaltfläche ist Standardschaltfläche.
`VbDefaultButton2`	Zweite Schaltfläche ist Standardschaltfläche.
`VbDefaultButton3`	Dritte Schaltfläche ist Standardschaltfläche.
`VbDefaultButton4`	Vierte Schaltfläche ist Standardschaltfläche.
`VbApplicationModal`	Der Anwender muss auf das Meldungsfeld zuerst reagieren, bevor er seine Arbeit mit der aktuellen Anwendung fortsetzen kann.
`VbSystemModal`	Alle Anwendungen werden unterbrochen, bis der Benutzer auf das Meldungsfeld reagiert.
`VbMsgBoxHelpButton`	Fügt dem Meldungsfenster eine Hilfeschaltfläche hinzu.

Tabelle 9.1: Die verschiedenen Schaltflächen für Msgbox (Forts.)

Die Anzahl und der Typ der im Dialogfeld angezeigten Schaltflächen werden in der ersten Gruppe beschrieben. Die zweite Gruppe beschreibt die Symbolart. Die dritte Gruppe legt die Standardschaltfläche fest.

Achtung

Je Gruppe kann jeweils nur ein Wert angegeben werden.

Im nächsten Argument `Title` legen Sie einen Text fest, der im Fenstertitel angezeigt werden soll.

Die letzten beiden Argumente `helpfile` und `context` setzen Sie ein, wenn Sie auf einen Hilfetext im Meldungsfenster verweisen möchten.

Gerade haben Sie erfahren, wie Sie zusätzliche Schaltflächen in einer Meldung integrieren können. Wie aber können Sie ermitteln, welche Schaltfläche der Anwender letztendlich anklickt?

Welche Schaltfläche wurde geklickt?

Je nachdem, welche Schaltfläche der Anwender im Meldungsfenster klickt, sollen unterschiedliche Aktionen folgen. Wird z.B. die Schaltfläche ABBRECHEN geklickt, muss das Makro sofort beendet werden. Entnehmen Sie der nächsten Tabelle die möglichen Rückgabewerte.

Konstante	Beschreibung
vbOK	Die Schaltfläche OK wurde geklickt.
vbCancel	Die Schaltfläche Abbrechen wurde geklickt.
vbAbort	Die Schaltfläche Abbruch wurde geklickt.
vbRetry	Die Schaltfläche Wiederholen wurde geklickt.
vbIgnore	Die Schaltfläche Ignorieren wurde geklickt.
VbYes	Die Schaltfläche Ja wurde geklickt.
VbNo	Die Schaltfläche Nein wurde geklickt.

Tabelle 9.2: Rückgabewerte der Funktion Msgbox

Üben Sie den Einsatz der `Msgbox` mit Hilfe des nächsten Beispiels.

Löschrückfrage einholen

Stellen Sie sich vor, Sie haben eine Zelle oder einen Zellbereich markiert, um diese/n mit einem Makro zu löschen. Vorher möchten Sie aber noch eine Meldung auf dem Bildschirm anzeigen lassen, die noch einmal nachfragt, ob der markierte Bereich wirklich gelöscht werden darf.

Gehen Sie wie folgt vor:

1 Drücken Sie die Tastenkombination [Alt] + [F11], um in die Entwicklungsumgebung zu gelangen.

2 Wählen Sie aus dem Menü EINFÜGEN den Befehl MODUL.

3 Erfassen Sie das Makro aus Listing 9.1.

```
Sub LöschenMarkierterBereich()
Dim i As Integer
i = MsgBox _
("Wollen Sie den markierten Bereich löschen?", _
 1 + vbQuestion, "Löschenabfrage")
If i = vbCancel Then Exit Sub
Selection.Clear
End Sub
```

Listing 9.1: Bereich löschen oder nicht?

Um zu ermitteln, welche Schaltfläche der Anwender klickt, fragen Sie die Variable `i` ab. Klickt der Anwender auf die Schaltfläche `ABBRECHEN`, so meldet die Variable die Konstante `vbCancel`, was ein sofortiges Beenden des Makros zur Folge hat. Im anderen Fall werden über die Methode `Clear` die Daten innerhalb der Markierung gelöscht.

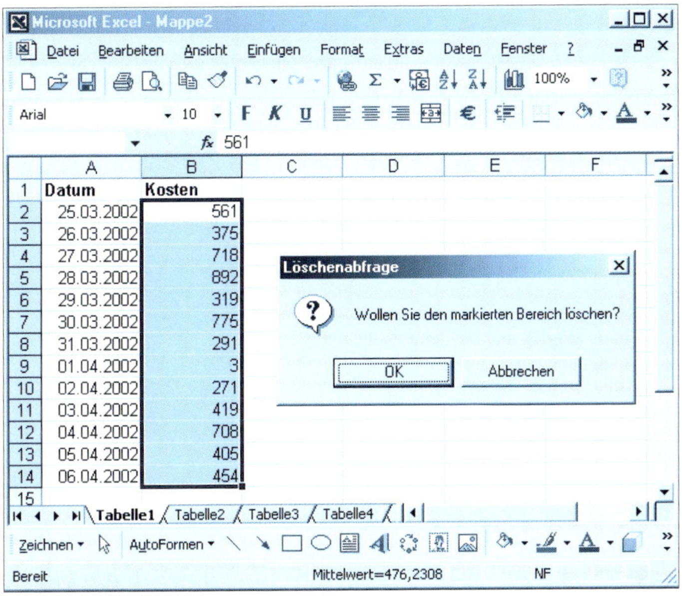

Löschrückfrage einholen

Informationen anzeigen

Im nächsten Beispiel sollen mehrere Informationen in einem Meldungsfenster auf dem Bildschirm in mehreren Zeilen angezeigt werden. Dazu möchten Sie unter anderem wissen:

- welcher Anwender gerade die Excel-Arbeitsmappe bearbeitet
- das genaue Tagesdatum
- die aktuelle Uhrzeit

Alle diese Informationen können Sie über VBA-Funktionen abfragen und in einem Meldungsfenster auf dem Bildschirm ausgeben. Geben Sie hierfür den folgenden Code ein:

```
Sub Info()
MsgBox _
"Hallo Anwender " & Application.UserName & Chr(13) & _
```

```
  "Heute ist der " & Date & Chr(13) & "Genau " & _
    Time & " Uhr!", vbInformation, "Information"
End Sub
```

Listing 9.2: Informationen im Meldungsfenster ausgeben

Wenn Sie mehrzeilige Informationen in einem Meldungsfenster ausgeben möchten, verbinden Sie die einzelnen Stücke jeweils mit einem beginnenden & sowie einem endenden Zeichen &. Am Ende jeder Zeile geben Sie ein Leerzeichen gefolgt von einem Unterstrich ein, um Excel mitzuteilen, dass der Befehl noch nicht zu Ende ist und in der nächsten Zeile fortgesetzt werden soll. Setzen Sie die Funktion `Chr(13)` ein, um einen Zeilenumbruch in der Meldung zu erzeugen.

Eine Informationsmeldung anzeigen

Die Eingabemaske Inputbox

Mit Hilfe der Methode `Inputbox` versetzen Sie den Anwender in die Lage, einzelne Eingaben in einer Maske vorzunehmen. Diese Funktion eignet sich hervorragend für kleinere Aufgaben und auch hier können Sie Aussehen und Funktion des Dialogs selber bestimmen.

Die Syntax dieser Funktion sieht wie folgt aus:

```
= InputBox(prompt, title, default, Left, Top, helpFile,
 helpContext, type)
```

Das erste Argument `prompt` muss angegeben werden. Es besteht aus einem Text, der als Meldung im Dialogfeld erscheinen soll.

Im nächsten Argument `title` legen Sie einen Text fest, der im Fenstertitel angezeigt werden soll.

Im Argument `default` können Sie eine Vorbelegung wählen, die im Textfeld angezeigt wird, wenn der Benutzer keine Eingabe vorgenommen hat. Wenn Sie das Argument weglassen, wird ein leeres Textfeld angezeigt.

Mit den nächsten beiden Argumenten `left` und `top` können Sie die Position auf dem Bildschirm festlegen, wo die Inputbox angezeigt werden soll. So wird beim Argument `left` der horizontale Abstand des linken Rands des Dialogfeldes vom linken Rand des Bildschirms festgelegt. Beim Argument `top` wird der vertikale Abstand des oberen Rands des Dialogfeldes vom oberen Rand des Bildschirms festgelegt.

Die beiden Argumente `helpfile` und `context` setzen Sie ein, wenn Sie auf einen Hilfetext im Meldungsfenster verweisen möchten.

Das letzte Argument `type` legt den Datentyp des Rückgabewertes fest. Folgende verschiedene Typen sind dabei möglich:

Wert	Beschreibung
0	Formel
1	Zahl
2	Text
4	Logischer Wert (True oder False)
8	Zellenbezug
16	Fehlerwert
64	Wertematrix

Tabelle 9.3: Die verschiedenen Typen der Inputbox

Mehrwertsteuer errechnen

Beim nächsten Beispiel soll dem Anwender nach der Eingabe eines Nettobetrags automatisch die Mehrwertsteuer angezeigt werden.

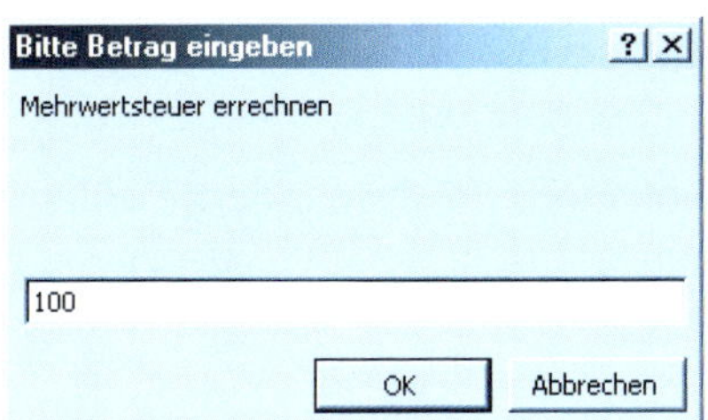

Mehrwertsteuer eingeben

Erfassen Sie zu diesem Zweck einmal das Makro aus Listing 9.3.

```
Sub MwstErrechnen()
Dim Betrag As Currency
Dim Gesamt As Currency
Const mwst = "1,16"

 Betrag = Application.InputBox _
 ("Mehrwertsteuer errechnen", "Bitte Betrag eingeben")
 If Betrag = 0 Then Exit Sub
 Gesamt = Betrag * mwst
 MsgBox "Die Mehrwertsteuer ist: " & _
         Gesamt - Betrag & " _"
End Sub
```

Listing 9.3: Errechnen der Mehrwertsteuer

Legen Sie zuerst in einer Konstanten den derzeitigen Mehrwertsteuersatz fest. Danach rufen Sie die Methode Inputbox auf und fordern den Anwender auf, einen Betrag einzugeben. Sollte der Anwender die Schaltfläche ABBRECHEN geklickt haben, wird das Programm durch die Anweisung `Exit Sub` sofort verlassen. Im anderen Fall wird zuerst der Gesamtbetrag aus dem Nettobetrag und dem Prozentsatz der Mehrwertsteuer errechnet. Danach wird der Mehrwertsteuerbetrag ermittelt und in einem Meldungsfenster ausgegeben.

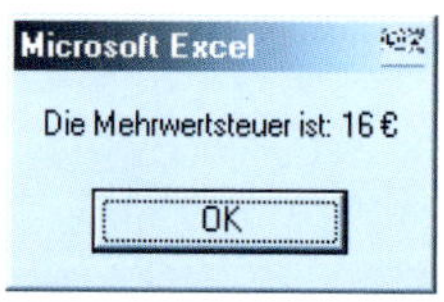

Mehrwertsteuer ausgeben

Bereiche über eine Inputbox markieren

Sie können einzelne Daten über eine Inputbox erfassen, das ist klar. Haben Sie aber gewusst, dass Sie damit auch Bereiche markieren können?

Im folgenden Beispiel soll über eine Inputbox ein Bereich markiert werden. Danach soll der markierte Bereich über ein Meldungsfenster ausgegeben werden.

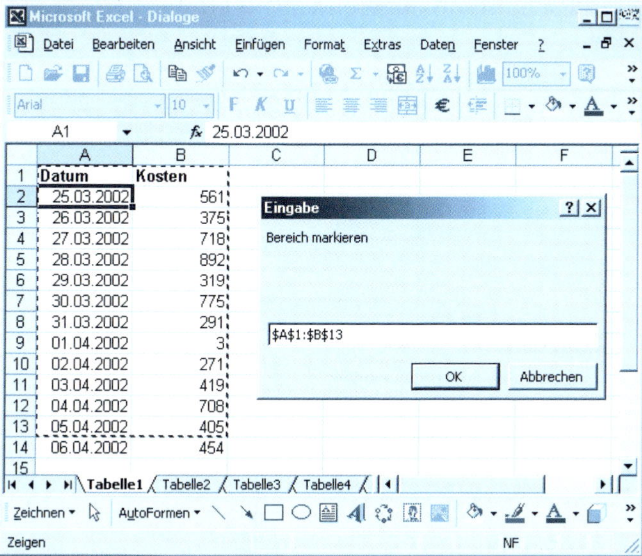

Bereich über Inputbox markieren

Erfassen Sie dazu das Makro aus Listing 9.4.

```
Sub BereichMarkieren()
Dim Bereich As Range

 On Error Resume Next
 Set Bereich = _
 Application.InputBox(prompt:="Bereich markieren", _
  Type:=8)
 If Bereich Is Nothing Then
  MsgBox "Sie haben keinen Bereich ausgewählt", _
  vbExclamation
 Else
    Bereich.Select
    MsgBox "Sie haben den Bereich " & _
 Bereich.Address & " ausgewählt!"
 End If
End Sub
```

Listing 9.4: Bereiche markieren und ausgeben

Zuerst müssen Sie eine `Range`-Variable deklarieren, welche den ausgewählten Bereich aufnehmen soll. Um einen Bereich mit der Inputbox zu markieren, muss diese vom Typ `8` sein. Wird kein Bereich ausgewählt, erscheint eine Meldung auf dem Bildschirm, im anderen Falle wird der Bereich auf dem Tabellenblatt markiert.

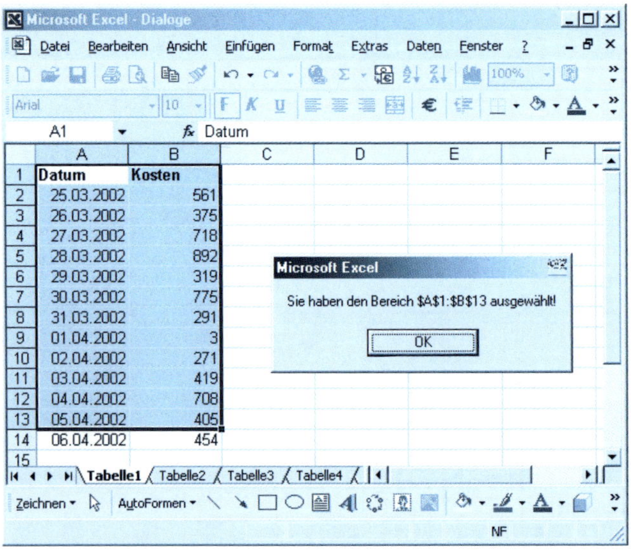

Markierte Bereiche auslesen

> **Tipp**
>
> *Wenn Sie möchten, können Sie auch mehrere Bereiche über die Inputbox markieren. Dazu markieren Sie bei aufgerufener Inputbox den ersten Bereich auf dem Tabellenblatt, halten die* Strg *-Taste gedrückt und markieren den nächsten Bereich. Klicken Sie zum Abschluss auf die Schaltfläche* OK.

Integrierte Dialoge einsetzen

> **Tipp**
>
> *Bei der Programmierung mit Dialogen müssen Sie nicht unbedingt eigene Dialoge erstellen. Oft reicht es auch aus, wenn Sie bereits vorhandene Dialoge in Excel für Ihre eigenen Projekte nutzen. Ein weiterer Vorteil ist, dass ein Anwender diese Dialoge bereits kennt und sich nicht mehr in fremde Dialoge einarbeiten muss.*

Den Öffnen-Dialog aufrufen

Normalerweise können Sie Excel-Arbeitsmappen auch direkt mit einem Makro öffnen, ohne den ÖFFNEN-Dialog einzusetzen. Stehen jedoch mehrere Arbeitsmappen zur Auswahl, zwischen denen sich der Anwender entscheiden muss, verwenden Sie den integrierten Öffnen-Dialog und lassen den Anwender die gewünschte Arbeitsmappe auswählen. Der Vorteil liegt auf der Hand: Sie brauchen sich um bestimmte Dinge, wie das Anzeigen der Arbeitsmappen im Dialog oder auch das Markieren und Öffnen der Mappen, nicht selbst zu kümmern. Die gesamte Funktionalität ist schon vorhanden.

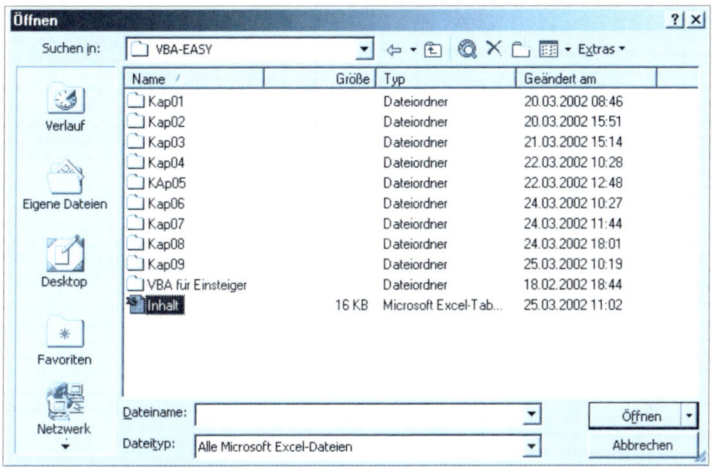

Den Öffnen-Dialog aufrufen

Starten Sie jetzt den Dialog Öffnen, indem Sie das Makro aus Listing 9.5 eingeben.

```
Sub DialogÖffnen()
Dim b As Boolean
  b = Application.Dialogs(xlDialogFindFile).Show
  If b = False Then MsgBox _
"Sie haben die Abbrechen-Schaltfläche geklickt"
End Sub
```

Listing 9.5: Den Dialog Öffnen anzeigen

Definieren Sie zuerst einmal eine Variable vom Typ `Boolean`, um zu ermitteln, ob eine Datei geöffnet worden ist oder nicht. Wurde über den Öffnen-Dialog eine Datei geöffnet, steht in der Variablen `b` der Wert Wahr. Wurde dagegen im Dialog Öffnen auf die Schaltfläche Abbrechen geklickt, meldet die Variable `b` den Wert Falsch.

Die Farbpalette aufrufen

Wenn der Anwender selber entscheiden soll, welche Hintergrundfarbe er für bestimmte Zellen haben möchte, stellen Sie ihm per Makro den Dialog ZELLEN FORMATIEREN zur Verfügung.

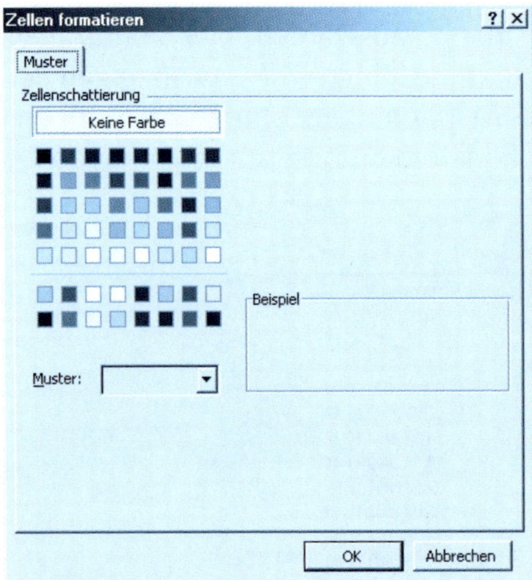

Farbpalette aufrufen

Diese Aufgabe können Sie erledigen, indem Sie das Makro aus Listing 9.6 starten.

```
Sub FarbenAuslesenAusFarbpalette()
Dim b As Boolean
Dim I As Integer

b = Application.Dialogs(xlDialogPatterns).Show
If b = True Then
  I = ActiveCell.Interior.ColorIndex
  MsgBox "Farbindex ist: " & I
Else
 I = xlNone
 MsgBox "Der Dialog wude abgebrochen"
End If
End Sub
```

Listing 9.6: In den Farbtopf greifen

Testen Sie das Makro jetzt, indem Sie wie folgt vorgehen:

1 Starten Sie das Makro aus Listing 9.6.

2 Setzen Sie in der Farbpalette den Mauszeiger auf die Farbe ROT.

3 Bestätigen Sie mit OK.

Farbindex feststellen

Weitere integrierte Dialoge in Excel

Wenn Sie sich informieren möchten, welche integrierten Dialoge es in Excel gibt und vor allem, wie diese heißen, dann verfahren Sie wie folgt:

1 Drücken Sie die Tastenkombination `Alt` + `F11`, um in die Entwicklungsumgebung zu gelangen.

2 Wählen Sie aus dem Menü ANSICHT den Befehl OBJEKTKATALOG.

3 Klicken Sie auf die Rubrik XLBUILDINDIALOG.

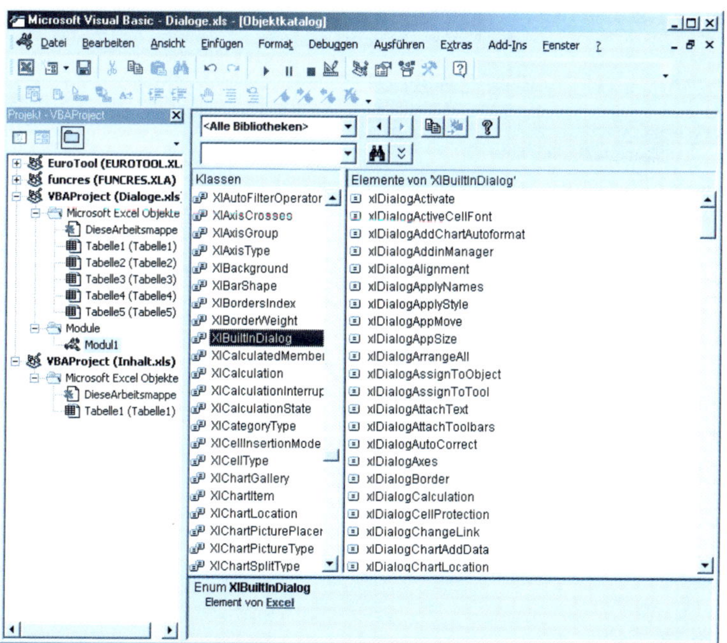

Integrierte Dialoge nützen

Eigene Dialoge entwerfen und programmieren

Wenn Sie größere Aufgaben über Dialoge abwickeln möchten und mit den standardmäßig angebotenen Elementen, Eingabemasken, Meldungen und integrierten Dialogen nicht mehr auskommen, können Sie sich eigene Dialoge zeichnen und danach mit Makros automatisieren.

Eine UserForm zeichnen

Für das Zeichnen der UserForms steht Ihnen eine eigene Symbolleiste zur Verfügung. Bevor Sie jedoch an das Zeichnen gehen, müssen Sie eine UserForm anlegen. Dazu befolgen Sie die nächsten Arbeitsschritte:

1 Wechseln Sie über die Tastenkombination `Alt` + `F11` in die Entwicklungsumgebung.

2 Klicken Sie mit der rechten Maustaste im Bereich des Projekt-Explorers.

3 Wählen Sie aus dem Kontextmenü den Befehl EINFÜGEN/USERFORM.

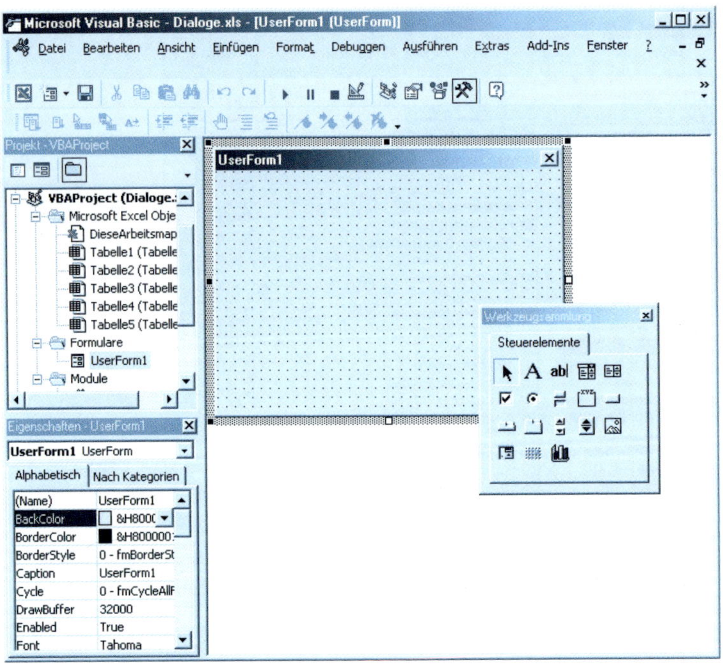

UserForm anlegen

Sobald Sie Ihre erste UserForm einfügen und diese mit einem Mausklick aktivieren, wird automatisch die Symbolleiste WERKZEUGSAMMLUNG miteingeblendet. Diese Werkzeugsammlung nutzen Sie, um den noch leeren Dialog mit Elementen zu bestücken.

Entnehmen Sie der folgenden Tabelle die wichtigsten Steuerelemente der Symbolleiste WERKZEUGSAMMLUNG.

Steuerelement	**Funktionsbeschreibung**
Objekte auswählen	Markiert das entsprechende Element in der UserForm.
Bezeichnungsfeld	Hiermit können Sie Texte in Ihrer UserForm erfassen, meist im Zusammenspiel mit Textfeldern zu verwenden. Die Bezeichnungsfelder sind mit grauem Hintergrund auf der UserForm hinterlegt.
Textfeld	Damit sind Eingabefelder gemeint. Hiermit können Sie Texte oder Zahlen erfassen.
Kombinationsfeld	Ein Kombinationsfeld besteht streng genommen aus einem Eingabefeld, welches mit einem Listenfeld gekoppelt ist. Kombinationsfelder erkennen Sie daran, dass sich rechts neben dem Eingabefeld ein kleiner Pfeil nach unten befindet. Mit einem Klick darauf werden Ihnen weitere Auswahlmöglichkeiten angeboten. In einem Kombinationsfeld kann immer nur ein Eintrag gewählt werden.
Listenfeld	Verwandt mit dem Kombinationsfeld ist auch das Listenfeld. Das Listenfeld benötigt jedoch mehr Platz, weil mehrere Einträge gleichzeitig angezeigt werden. Ein Listenfeld kann so eingestellt werden, dass mehrere Einträge ausgewählt werden können.
Rahmen	Das Rahmen-Steuerelement können Sie verwenden, um einzelne Elemente in einer Gruppe zusammenzufassen. Wichtig bei der Erstellung eines Rahmens ist, dass dieser vor den einzelnen Steuerelementen, die darin platziert werden sollen, eingefügt wird. Das Steuerelement RAHMEN besticht auch durch seine räumliche Darstellung und kann so auch eingesetzt werden, um die UserForm optisch aufzupeppen.

Tabelle 9.4: Die Steuerelemente im Überblick

Steuerelement	Funktionsbeschreibung
Kontrollkästchen	Das Kontrollkästchen kann entweder aktiviert oder nicht aktiviert sein. Bei aktiviertem Zustand erscheint im Kästchen ein Häkchen. Wenn Sie Kontrollkästchen in einer Gruppe verwenden, können sowohl ein als auch mehrere Kontrollkästchen aktiviert sein.
Optionsfeld	Das Optionsfeld, auch bekannt als Radiobutton, kann aktiviert oder nicht aktiviert sein. Bei aktiviertem Zustand ist das Optionsfeld mit einem schwarzen Punkt ausgefüllt. Wenn Sie mehrere Optionsfelder innerhalb einer Gruppe verwenden, kann immer nur eine Option aktiviert sein.
Umschaltfeld	Das Umschaltfeld können Sie sich vorstellen wie einen Lichtschalter. Er hat genau zwei Zustände: Ein und Aus, die sich optisch leicht voneinander abheben.
Befehlsschaltfläche	Hinter Befehlsschaltflächen legen Sie Makros, um bestimmte Aktionen durch einen Mausklick mit der UserForm auszuführen. Wenn Sie möchten, können Sie aber auch mit einer Tastenkombination eine Schaltfläche bedienen. Dazu schreiben Sie in der CAPTION-Eigenschaft das Zeichen & vor den gewünschten Buchstaben. Dieser Buchstabe in Verbindung mit der Taste % bildet dann die Tastenkombination für diese Schaltfläche.
Register	Wenn Sie auf einer UserForm mehrere Register anbringen möchten, können Sie dieses Element einsetzen.
Bildlaufleiste	Dieses Steuerelement verwenden Sie bei größeren UserForms, wenn Sie horizontal oder auch vertikal scrollen müssen, um bestimmte Elemente anzuzeigen.
Drehfeld	Das Drehfeld können Sie verwenden, wenn Sie einen Wert schrittweise hochzählen möchten. Das Steuerelement wird meist in Verbindung mit einem Textfeld verwendet.
Anzeige	Mit Hilfe dieses Elements können Sie Grafiken in Ihre UserForm einfügen.
RefEdit	Mit dem `RefEdit`-Element können Sie über ein Eingabefeld einen Bereich markieren bzw. auch Texte eingeben.

Tabelle 9.4: Die Steuerelemente im Überblick (Forts.)

Adressen über eine UserForm erfassen

Um die Programmierung mit UserForms anzugehen, erstellen Sie nun eine UserForm, über die Sie Daten in einer Tabelle erfassen werden. Legen Sie sich für diese Aufgabe erst einmal eine Tabelle nach folgendem Vorbild an:

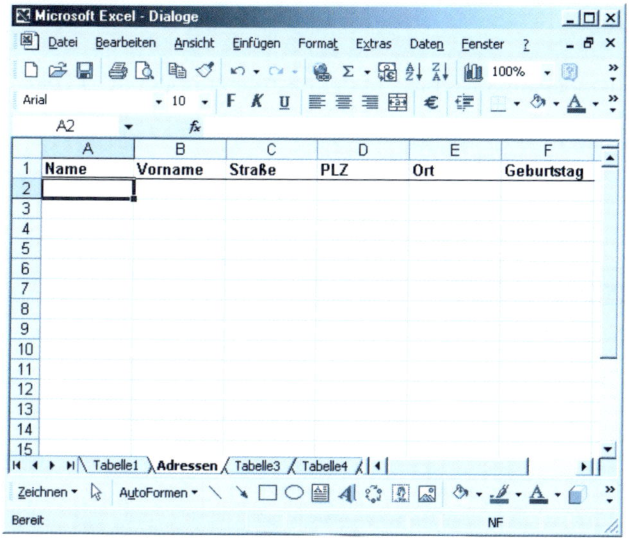

Die Ausgangstabelle (noch leer)

Wechseln Sie jetzt in die Entwicklungsumgebung und fügen Sie die dazu benötigten Steuerelemente in die gerade erstelle Userform ein. Dabei befolgen Sie die nächsten Arbeitsschritte.

1 Vergrößern Sie zuerst einmal die UserForm, indem Sie mit der linken Maustaste die untere rechte Ecke anklicken und diese schräg nach unten ziehen.

2 Fügen Sie einen Rahmen ein, um die Steuerelemente darin zu platzieren und somit optisch ein wenig hervorzuheben. Der leere Rahmen trägt noch die Überschrift FRAME1.

3 Fügen Sie danach ein Bezeichnungsfeld und ein Textfeld ein. Dazu klicken Sie in der Symbolleiste WERKZEUGSAMMLUNG auf das entsprechende Symbol und ziehen es auf Ihrer UserForm auf.

4 Das Bezeichnungsfeld trägt noch den Namen LABEL1. Ändern Sie diese Bezeichnung, indem Sie den Text mit der linken Maustaste markieren und den Text NAME erfassen. Das Textfeld bekommt standardmäßig den Namen TEXTBOX1, den Sie auch beibehalten können.

5 Positionieren Sie die nächsten fünf Bezeichnungsfelder und Textfelder innerhalb dieses Rahmens und passen Sie die Labels wieder an.

6 Fügen Sie noch zwei Schaltflächen außerhalb des Rahmens am unteren Rand der UserForm ein. Klicken Sie dazu auf das Symbol BEFEHLSCHALTFLÄCHE der Symbolleiste WERKZEUGSAMMLUNG und ziehen das Symbol in der gewünschten Größe direkt auf Ihrer Userform auf.

7 Beschriften Sie die beiden Schaltflächen wie in der nächsten Abbildung gezeigt.

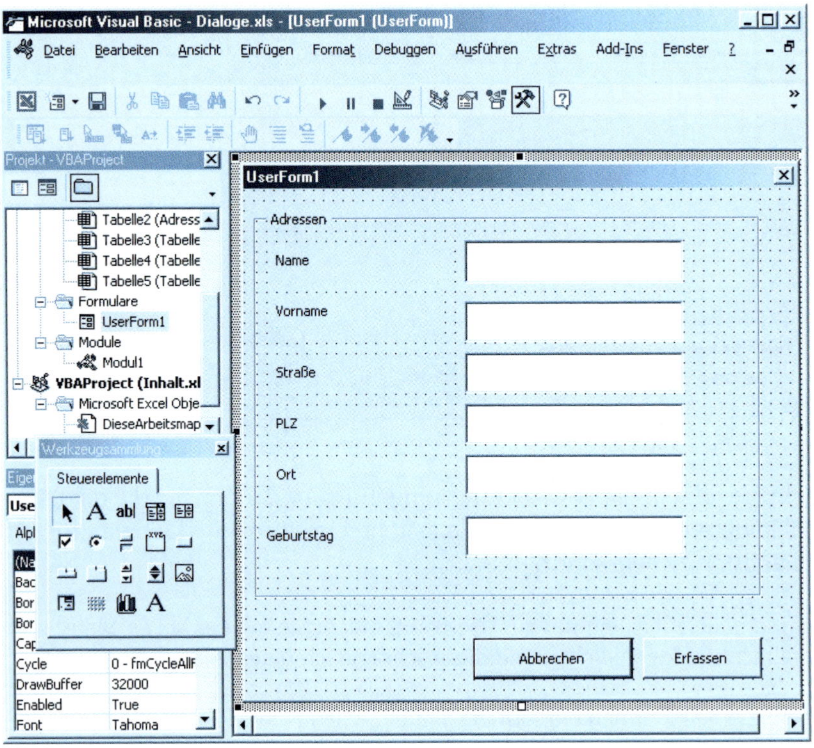

UserForm mit Steuerelementen bestücken

Der erste Aufruf der neuen UserForm

Klicken Sie mit der linken Maustaste einmal auf die UserForm und drücken Sie danach die Taste F5.

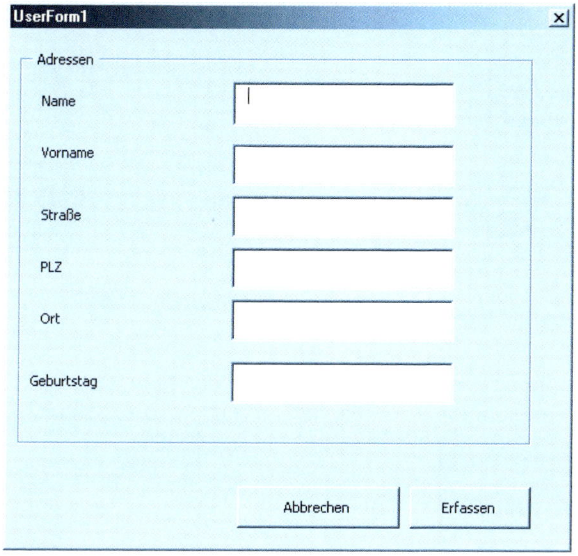

UserForm anzeigen

Die UserForm wird am Bildschirm angezeigt. Erfassen Sie nun einmal ein paar Daten. Sie gelangen am schnellsten von Feld zu Feld, indem Sie die Taste [Tab] drücken. Wenn Sie ein Feld zurückspringen möchten, drücken Sie jeweils die Tastenkombination [⇧] + [Tab]. Beenden Sie den Dialog, indem Sie auf das x-Symbol an der rechten oberen Ecke der UserForm klicken.

Reihenfolge der Elemente festlegen

Wenn Sie die Reihenfolge ändern möchten, mit der Sie über die Taste [Tab] von Element zu Element in der UserForm springen, können Sie dies ohne weiteres einstellen.

Dazu verfahren Sie wie folgt:

1 Wählen Sie dazu den Menübefehl ANSICHT/ AKTIVIERREIHENFOLGE. Ist dieser Menübefehl bei Ihnen deaktiviert, dann markieren Sie vorher eines der Textfelder oder Schaltflächen auf der UserForm.

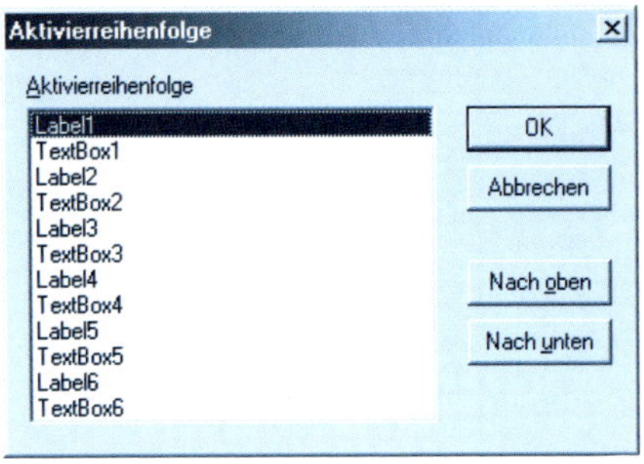

Aktivierreihenfolge ändern

2 Die Reihenfolge ändern Sie, indem Sie das entsprechende Element im Listenfeld AKTIVIERREIHENFOLGE markieren und auf die Schaltfläche NACH OBEN bzw. NACH UNTEN klicken.

3 Bestätigen Sie Ihre Anpassung mit OK.

Wie Sie sehen, geht schon einiges, auch ohne eine einzige Zeile zu programmieren. Um letztendlich die Funktionalität, also das Zurückschreiben der Daten zu erreichen, beginnen Sie nun mit der Programmierung der User Form.

UserForms mit Makros bestücken

Um die UserForm programmgesteuert anzuzeigen, gehen Sie wie folgt vor:

1 Wechseln Sie in die Entwicklungsumgebung.

2 Wählen Sie aus dem Menü EINFÜGEN den Befehl MODUL.

3 Erfassen Sie das Makro aus Listing 9.7.

```
Sub UserFormAnzeigen()
 UserForm1.Show
End Sub
```

Listing 9.7: Die UserForm über ein Makro aufrufen

Die Methode `Show` aktiviert die UserForm mit dem Namen USERFORM1.

Tipp

Seit Excel 2000 ist es erstmalig möglich, Dialoge auch ungebunden aufzurufen, d.h. ungebundene Dialoge müssen nicht beendet werden, um mit anderen Arbeiten in Excel fortzufahren. Wenn Sie eine ungebundene UserForm aufrufen möchten, verwenden Sie die Anweisung `UserForm1.Show vbModeless`.

Daten von UserForm in Tabellen übertragen

Wechseln Sie jetzt wieder auf Ihre UserForm, indem Sie im Projekt-Explorer unter der Rubrik FORMULARE auf den Eintrag USERFORM1 doppelklicken.

Als nächste Aufgabe haben Sie genau zwei VBA-Makros zu schreiben:

- ein Makro zum Zurückschreiben der in der UserForm erfassten Daten auf das Tabellenblatt (Schaltfläche ERFASSEN)
- ein Makro, welches die UserForm ohne weitere Aktion beendet (Schaltfläche ABBRECHEN)

Um das Makro für die Datenerfassung zu schreiben, führen Sie zunächst in der UserForm einen Doppelklick auf die Schaltfläche ERFASSEN aus. Excel generiert Ihnen automatisch einen noch leeren Programmrahmen, den Sie wie folgt ergänzen:

```
Private Sub CommandButton1_Click()
Set Frm = UserForm1
  Sheets("Adressen").Activate
  Range("A65536").End(xlUp).Offset(1, 0).Select
  With Frm
  ActiveCell.Value = .TextBox1.Value
  ActiveCell.Offset(0, 1).Value = .TextBox2.Value
  ActiveCell.Offset(0, 2).Value = .TextBox3.Value
  ActiveCell.Offset(0, 3).Value = .TextBox4.Value
  ActiveCell.Offset(0, 4).Value = .TextBox5.Value
  ActiveCell.Offset(0, 5).Value = .TextBox6.Value
  End With
End Sub
```

Listing 9.8: Daten von UserForm in Tabelle schreiben

Bei dem Makro `CommandButton1_Click` handelt es sich um ein Ereignis, d.h., immer wenn die Schaltfläche ERFASSEN geklickt wird, läuft obiges Makro ab. Als Erstes wird der Begriff `UserForm1`, welcher ja nicht gerade kurz ist, durch ein Kürzel ersetzt. Zukünftig können alle Elemente auf der UserForm kürzer und damit auch schneller angesprochen werden.

Vorher

```
UserForm1.Textbox1.value
```

Nachher

```
Frm.Textbox1.value
```

Jetzt wird das Tabellenblatt ADRESSEN aktiviert. Mit der Eigenschaft `End` wird die Position ermittelt, welche die Zelle am Ende der Region darstellt, die den Quellbereich enthält. Diese Vorgehensweise entspricht dem Drücken der Tastenkombination [Strg] + [↓] auf dem Tabellenblatt.

Hinweis

Die Zahl 65.536 steht für die maximale Anzahl Zeilen pro Excel-Tabellenblatt. Innerhalb dieses Bereiches wird nach der zuletzt verwendeten Zelle gesucht und der Zellenzeiger um eine Zeile nach unten (nächste freie Zelle) versetzt.

Mit der Anweisung `With` machen Sie den Programmiercode noch kürzer und übersichtlicher.

Vorher

```
ActiveCell.Value = frm.TextBox1.Value
ActiveCell.Offset(0, 1).Value = frm.TextBox2.Value
ActiveCell.Offset(0, 2).Value = frm.TextBox3.Value
```

Nacher

```
With Frm
 ActiveCell.Value = .TextBox1.Value
 ActiveCell.Offset(0, 1).Value = .TextBox2.Value
 ActiveCell.Offset(0, 2).Value = .TextBox3.Value
End With
```

Ist das Kürzel `Frm` einmal mit der Anweisung `With` definiert, kann der Name weggelassen werden, stattdessen steht dafür ein Punkt.

In der Eigenschaft `Value` der Textfelder steht jeweils der vorgenommene Eintrag. Dieser Eintrag wird in die Tabelle übertragen. Dabei wird der Inhalt des ersten Textfeldes in die aktive Zelle übertragen, die Inhalte der weiteren Textfelder werden dann jeweils eine Zelle weiter nach rechts verschoben eingefügt.

UserForm beenden

Wenn Sie die UserForm wieder schließen möchten, ohne eine weitere Aktion durchzuführen, dann gehen Sie wie folgt vor:

1 Klicken Sie auf der UserForm die Schaltfläche ABBRECHEN doppelt an.

2 Ergänzen Sie den vorgegebenen Rahmen um die nächsten Zeilen aus Listing 9.9.

```
Private Sub CommandButton2_Click()
 UserForm1.Hide
End Sub
```

Listing 9.9: UserForm beenden

Die Methode `Hide` blendet die UserForm aus. Damit steht die UserForm aber noch im Speicher für weitere Aktionen bereit. Möchten Sie die User-Form richtig aus dem Speicher laden, verwenden Sie die Anweisung `unload me`.

Alle Textfelder initialisieren

Nachdem Sie einen Satz erfasst und abgespeichert haben, möchten Sie erreichen, dass jeglicher Inhalt aller Textfelder bei Bedarf gelöscht werden kann. Dazu fügen Sie nun eine zusätzliche Schaltfläche in Ihre UserForm ein und geben dieser Schaltfläche den Namen FELDER LÖSCHEN.

Hinterlegen Sie danach dieser Schaltfläche ein Makro. Dabei verfahren Sie folgendermaßen:

1 Klicken Sie die Schaltfläche FELDER LÖSCHEN in der UserForm doppelt an.

2 Erfassen Sie danach das folgende Makro aus Listing 9.10.

```
Private Sub CommandButton3_Click()
Dim tb As Object

    For Each tb In UserForm1.Controls
      If TypeName(tb) = "TextBox" Then tb.Text = ""
    Next tb
End Sub
```

Listing 9.10: Alle Textfelder löschen

Deklarieren Sie zuerst eine Objektvariable, um die UserForm anschließend in einer `For Each`-Schleife zu durchlaufen und zu bereinigen. Innerhalb dieser Schleife springen Sie jedes Textfeld der UserForm an und weisen diesen Feldern über die Eigenschaft `Text` Leerzeichen zu.

Testen Sie die UserForm nun und geben einmal ein paar Daten ein. Dazu gehen Sie wie folgt vor:

1 Wechseln Sie auf Ihre Tabelle ADRESSEN.

2 Wählen Sie aus dem Menü EXTRAS den Befehl MAKRO/MAKROS.

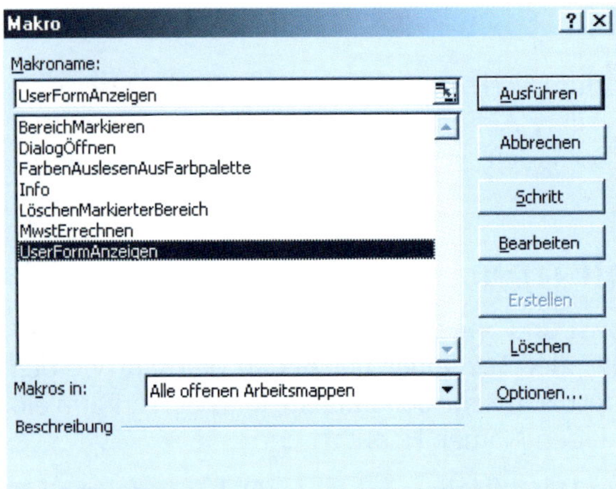

Makro ausführen

3 Markieren Sie im Listenfeld das Makro USERFORMANZEIGEN.

4 Klicken Sie auf die Schaltfläche AUSFÜHREN.

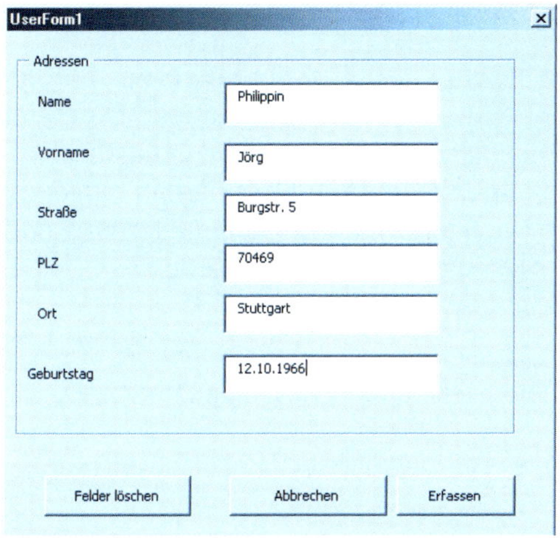

UserForm ausfüllen

5 Geben Sie die Adressdaten in die UserForm ein.

6 Bestätigen Sie Ihre Eingabe mit einem Klick auf die Schaltfläche ERFASSEN.

7 Klicken Sie auf die Schaltfläche FELDER LÖSCHEN und geben danach weitere Daten ein.

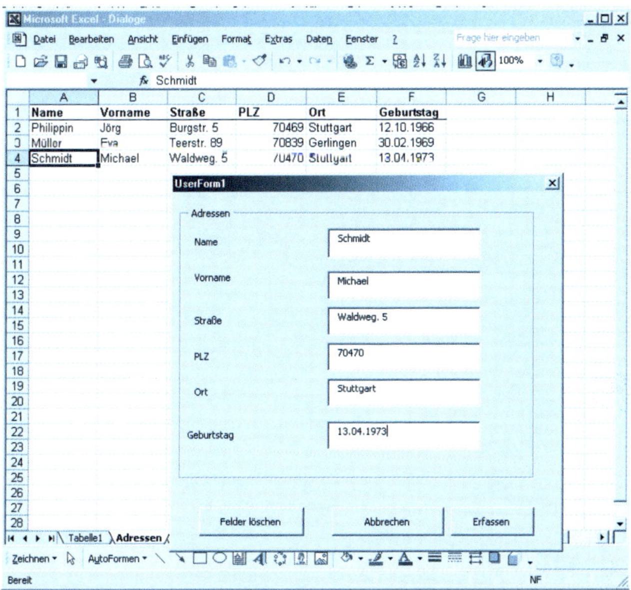

Über eine UserForm Daten in eine Tabelle einfügen

UserForm mit Tabellendaten füllen

Wie Sie Daten aus einer UserForm in eine Tabelle schreiben, wissen Sie jetzt. Wie aber geht es genau andersherum, also aus einer Tabelle Daten in einer UserForm anzeigen? Um die Lösung dieser Aufgabe aufzuzeigen, wird dasselbe Beispiel verwendet. Im Einzelnen sollen die Nachnamen eingegeben werden und danach sollen alle dazugehörigen Personendaten aus der Tabelle ADRESSEN ermittelt und in der UserForm angezeigt werden.

Dazu gehen Sie wie folgt vor:

1 Fügen Sie eine neue UserForm ein. Diese bekommt den Namen USERFORM2.

2 Vergrößern Sie auch diese Userform, so dass Sie dieselbe Größe aufweist wie die USERFORM1.

3 Da Sie für die neue Userform weitestgehend dieselben Elemente wie in USERFORM1 verwenden, wechseln Sie auf die USERFORM1 und drücken die Tastenkombination [Strg] + [A], um alle Elemente zu markieren.

4 Drücken Sie die Tastenkombination [Strg] + [C], um die Elemente in die Zwischenablage zu kopieren.

5 Wechseln Sie auf Ihre neue UserForm und drücken Sie die Tastenkombination [Strg] + [V], um die Elemente einzufügen.

6 Ändern Sie den Text der Schaltfläche ERFASSEN in SUCHEN.

7 Führen Sie einen Doppelklick auf diese Schaltfläche durch und erfassen das Makro aus Listing 9.11.

```
Private Sub CommandButton1_Click()
Set frm2 = UserForm2
With frm2
Sheets("Adressen").Select
Range("A:A").Select
 On Error GoTo fehler
 Selection.Find(What:=.TextBox1.Value, _
 After:=ActiveCell, _
 LookIn:=xlFormulas, LookAt:=xlWhole, _
 SearchOrder:=xlByRows, SearchDirection:=xlNext, _
 MatchCase:=False).Activate
 .TextBox1.Value = ActiveCell.Value
 .TextBox2.Value = ActiveCell.Offset(0, 1).Value
 .TextBox3.Value = ActiveCell.Offset(0, 2).Value
```

```
  .TextBox4.Value = ActiveCell.Offset(0, 3).Value
  .TextBox5.Value = ActiveCell.Offset(0, 4).Value
  .TextBox6.Value = ActiveCell.Offset(0, 5).Value
  Exit Sub
fehler:
 MsgBox "Die Person : " & _
 .TextBox1.Value & " konnte nicht gefunden werden!"
 End With
End Sub
```

Listing 9.11: Daten aus Tabelle in UserForm übertragen

Um nach dem eingegebenen Namen zu suchen, setzen Sie die Methode `Find` ein. Diese Methode hat folgende Syntax:

```
Selection.Find(What, After, LookIn, LookAt, _
SearchOrder, SearchDirection, MatchCase)
```

Das erste Argument `What` steht für den Suchbegriff. Dabei handelt es sich in diesem Fall um den Inhalt des Textfeldes TEXTBOX1, dem Namen der gesuchten Person.

Das zweite Argument `After` gibt die Zelle an, nach der die Suche beginnen soll. Dies entspricht der Position der aktiven Zelle, wenn eine Suche von der Benutzeroberfläche aus durchgeführt wird.

Mit dem Argument `LookAt` können Sie festlegen, ob der Suchbegriff als ganzes Wort wiedergefunden werden muss oder ob es auch reicht, wenn der Suchbegriff als Teil eines Wortes gefunden wird. Im ersten Fall verwenden Sie die Konstante `xLWhole`, im zweiten Fall ist die Konstante `xLPart` einzusetzen.

Beim Argument `SearchOrder` ist die Suchreihenfolge gemeint. Bei `xLByColumns` wird die Tabelle erst Spalte für Spalte durchsucht. Wenn Sie dagegen die Konstante `xLByRows` verwenden, erfolgt die Suche Zeile für Zeile. Da Sie in Ihrem Beispiel jedoch vor der Suche die Spalte A markiert und damit den Suchbereich eingegrenzt haben, spielt dieses Argument hier keine große Rolle.

Das Argument `SearchDirection` gibt ebenfalls die Suchreihenfolge an. Die Konstante `xlNext` sucht jeweils nach dem nächsten vorkommenden Suchbegriff, es ist hier demnach eine Vorwärtssuche gemeint. Die Konstante `xL-Previous` hingegen durchsucht eine Tabelle in umgekehrter Reihenfolge.

Wenn Sie bei der Suche zwischen Groß- und Kleinschreibung unterscheiden möchten, setzen Sie das Argument `MatchCase` auf den Wert `True`. Soll dagegen die Schreibweise des Suchbegriffes bei der Suche unberücksichtigt bleiben, so setzen Sie das Argument auf den Wert `False`.

Testen Sie die Funktion, indem Sie die nächsten Arbeitsschritte befolgen:

1 Schreiben Sie ein Makro, welches die UserForm2 aufruft.

```
Sub UserFormSuchen()
 UserForm2.Show
End Sub
```

Listing 9.12: Den Suchen-Dialog aufrufen

2 Wechseln Sie auf die Tabelle ADRESSEN.

3 Wählen Sie aus dem Menü EXTRAS den Befehl MAKRO/MAKROS.

4 Markieren Sie das Makro UserFormSuchen im Listenfeld.

5 Klicken Sie die Schaltfläche AUSFÜHREN.

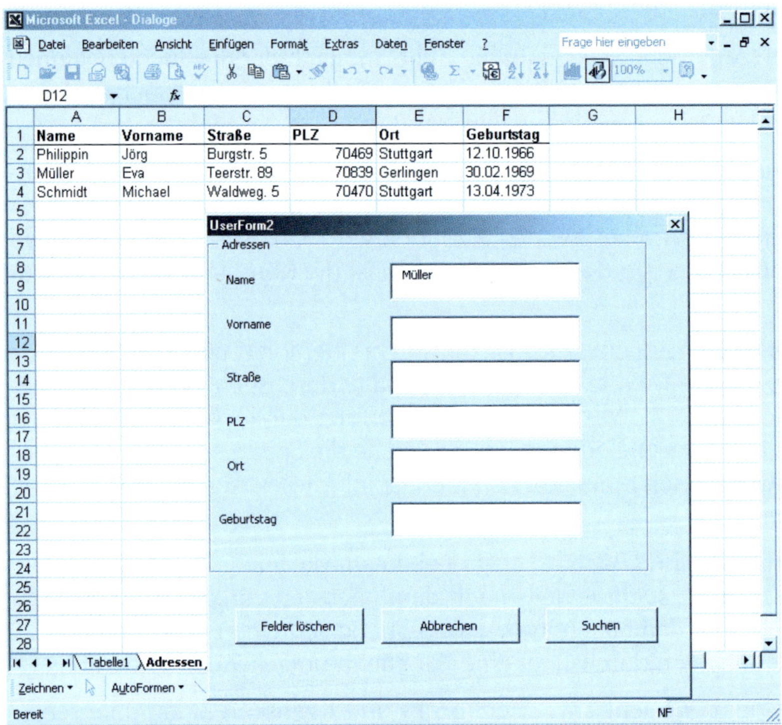

Daten aus Tabelle über eine UserForm suchen

6 Geben Sie in der ersten Textbox den Namen MÜLLER ein.

7 Klicken Sie auf die Schaltfläche SUCHEN.

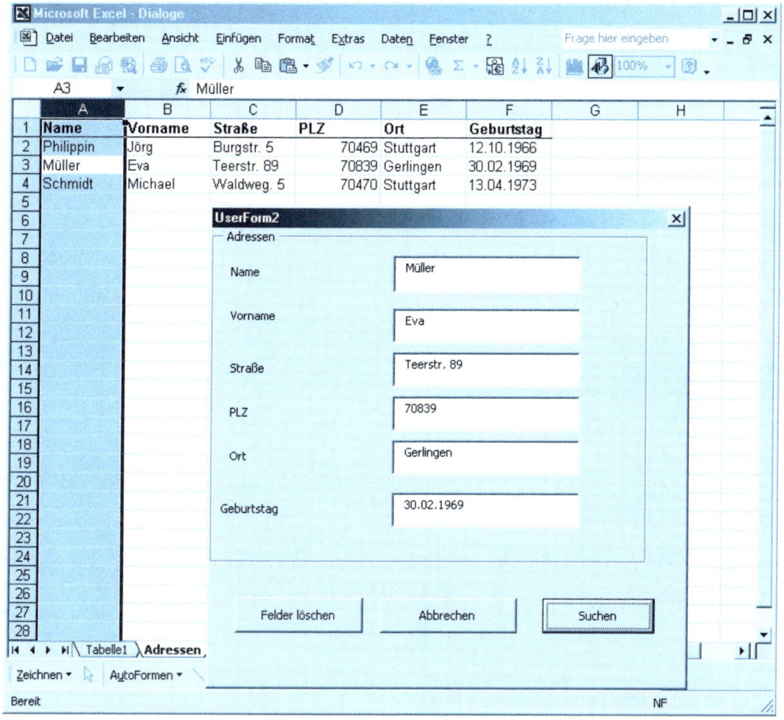

Gefundene Daten aus Tabelle in Userform übertragen

Die kleine Erfolgskontrolle

Beantworten Sie bitte zum Abschluss dieses Kapitels die folgenden Verständnisfragen:

1. Wie können Sie ein mehrzeiliges Meldungsfenster auf dem Bildschirm anzeigen?
2. Wie können Sie eine Inputbox dazu verwenden, um einen Zellenbereich zu markieren?
3. Wie können Sie die Aktivierreihenfolge auf einer UserForm einstellen?
4. Wie können Sie eine UserForm aufrufen?

Kapitel 10

Die Kür – Leisten programmieren

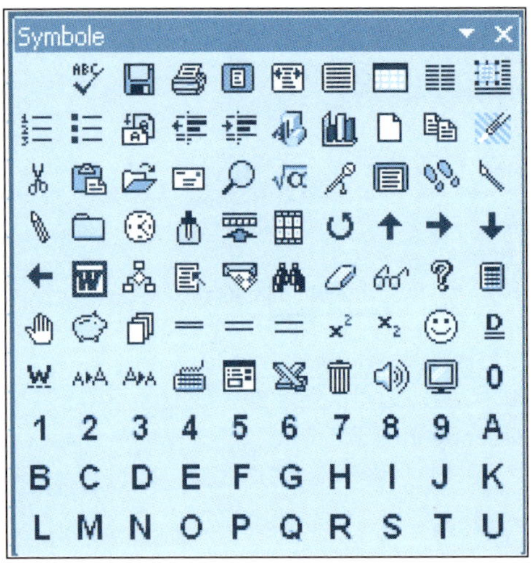

Nachdem Sie gelernt haben, eigene UserForms zu basteln und zu programmieren, steht in diesem Kapitel ein weiteres »Oberflächenthema« an. Lernen Sie hier, wie Sie Menüs und Symbolleisten in Excel erstellen und programmieren können.

Das können Sie schon:

Das lernen Sie neu:

Der Leisten-Workshop

In Excel können Sie sich eigene Menü- und Symbolleisten dynamisch erstellen lassen. Alle Leisten werden durch das Objekt `Commandbars` beschrieben. Die einzelnen Leisten können Sie über die Eigenschaft `Type` unterscheiden; so liefert eine Symbolleiste den Index `0`, eine Menüleiste den Index `1` und ein Kontextmenü den Index `2`. Weiterhin können Leisten ganz gezielt über einen eindeutigen ID-Wert angesprochen werden.

Im folgenden Beispiel identifizieren Sie die einzelnen Leisten von Excel über die Eigenschaft `Type` und geben diese im Direktfenster von Excel aus. Dabei befolgen Sie die nächsten Arbeitsschritte:

1 Drücken Sie die Tastenkombination `Alt` + `F11`, um in die Entwicklungsumgebung zu gelangen.

2 Fügen Sie ein neues Modul ein, indem Sie aus dem Menü EINFÜGEN den Befehl MODUL auswählen.

3 Erfassen Sie das Makro aus Listing 10.1.

```
Sub ArtenVonLeisten()
Dim i As Integer
Dim s As String

 For i = 1 To CommandBars.Count
  Select Case CommandBars(i).Type
   Case 0
      s = "Symbolleiste"
   Case 1
      s = "Menüleiste"
   Case 2
      s = "Kontextmenü"
   Case Else
      s = "nicht ermittelbar"
   End Select
   Debug.Print i & " --> " & _
   CommandBars(i).Name & " --> " & s
 Next I
End Sub
```

Listing 10.1: Die Leisten von Excel identifizieren

4 Setzen Sie den Mauszeiger auf den Beginn des Makros und drücken Sie die Taste `F5`, um das Makro zu starten.

5 Blenden Sie das Direktfenster ein, indem Sie aus dem Menü ANSICHT den Befehl DIREKTFENSTER wählen.

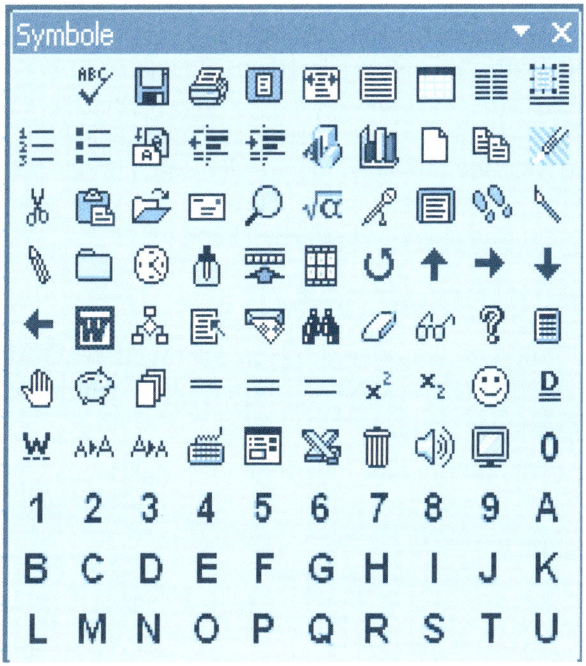

Leisten identifizieren

Ermitteln Sie im Makro aus Listing 10.1 im ersten Schritt alle vorhandenen Leisten von Excel, indem Sie diese mit Hilfe der Methode `Count` zählen. Über die Eigenschaft `Type` geben Sie die Art der Befehlsleiste zurück. Entnehmen Sie die möglichen Konstanten bzw. Indexwerte der nächsten Tabelle.

Index	Konstante	Leiste
0	`msoBarTypeNormal`	Symbolleiste
1	`msoBarTypeMenuBar`	Menüleiste
2	`msoBarTypePopup`	Kontextmenü

Tabelle 10.1: Die möglichen Typen von Befehlsleisten

Mit der Eigenschaft `Name` ermitteln Sie den Namen der Befehlsleiste. Den eindeutigen Index haben Sie bereits über das Hochzählen der Variablen `i` herausgefunden. Über die Anweisung `Debug.Print` geben Sie alle Informationen über die vorhandenen Befehlsleisten im Direktbereich aus.

Menüleisten programmieren

Wenn Sie eigene Menüs erstellen möchten, können Sie sich überlegen, ob Sie die bereits bestehende Arbeitsblatt-Menüleiste ergänzen oder gar ersetzen möchten. Für die meisten Fälle empfiehlt sich jedoch die zuerst genannte Vorgehensweise, da Sie dann noch in der Lage sind, neben Ihren dazukommenden Funktionen auch bestehende Funktionen in Excel abzurufen. Die Position, an der ein Menübefehl eingefügt werden soll, können Sie in Excel ganz genau festlegen. Lernen Sie auf den nächsten Seiten ein paar typische Aufgabenstellungen in Bezug auf Menüleisten kennen.

Ein- und Ausblenden der Menüleiste

Möchten Sie ausschließlich mit Symbolleisten arbeiten oder ganz bewusst auf die Menüleiste verzichten, dann können Sie die Arbeitsblatt-Menüleiste bei Bedarf ein- und ausblenden.

Blenden Sie die Arbeitsplatz-Menüleiste aus, indem Sie das Makro aus Listing 10.2 erfassen und starten.

```
Sub MenüleisteAusblenden()
 Application.CommandBars(1).Enabled = False
End Sub
```

Listing 10.2: Die Arbeitsplatz-Menüleiste ausblenden

Die Arbeitsblatt-Menüleiste wird durch das `CommandBars`-Objekt mit dem Index `1` eindeutig identifiziert. Setzen Sie die Eigenschaft `Enabled` dieser Menüleiste auf den Wert `False`, um diese auszublenden.

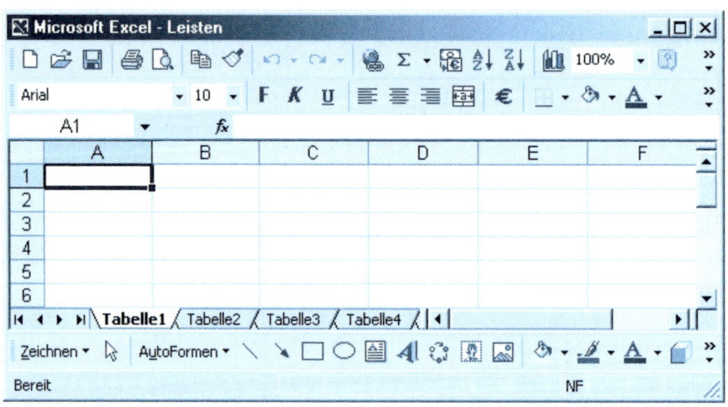

Die eingeblendete Menüleiste

Um die Menüleiste wieder verfügbar zu machen, starten Sie das Makro aus Listing 10.3.

```
Sub MenüleisteEinblenden()
 Application.CommandBars(1).Enabled = True
End Sub
```

Listing 10.3: Die Arbeitsplatzmenüleiste wieder einblenden

Setzen Sie die Eigenschaft `Enabled` dieser Menüleiste auf den Wert `True`, um diese wieder einzublenden.

Ein eigenes Menü erstellen

In der nächsten Aufgabe soll ein zusätzliches Menü genau vor dem Hilfe-Menü eingefügt werden, welches zunächst nur einen Befehl aufnehmen soll.

Geben Sie für diese Aufgabe das Makro aus Listing 10.4 ein.

```
Sub NeuesMenüEinfügen()
Dim i As Integer
Dim i_Hilfe As Integer
Dim MenüNeu As CommandBarControl

 i = Application.CommandBars(1).Controls.Count
 i_Hilfe = Application.CommandBars(1).Controls(i).Index
 Set MenüNeu = Application.CommandBars(1). _
  Controls.Add(Type:=msoControlPopup, _
  Before:=i_Hilfe, Temporary:=True)
 MenüNeu.Caption = "&Zusatzmenü"
End Sub
```

Listing 10.4: Ein neues Menü einfügen

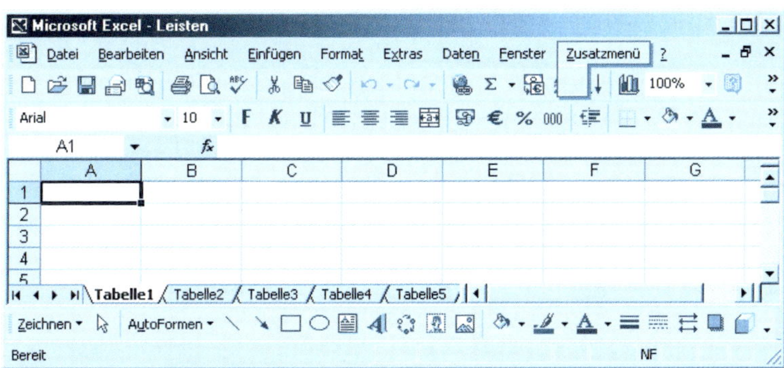

Neues Menü einfügen

Definieren Sie im ersten Schritt zwei Integer-Variablen, die zum einen die Anzahl der Menüs ermitteln, die momentan in der Arbeitsplatz-Menüleiste eingebunden sind, und zum anderen die Position des Hilfe-Menüs ermitteln. Eine weitere Objektvariable vom Typ `CommandBarControl` wird gebraucht, um den neuen Menüpunkt einzufügen. Über die Methode `Count` zählen Sie die Anzahl der Menüs in der Arbeitsblatt-Menüleiste und speichern sie in der Variablen `i`. Im nächsten Schritt ermitteln Sie die Position des Hilfe-Menüs, welches standardmäßig ganz rechts in der Arbeitsblatt-Menüleiste steht. Die Arbeitsblatt-Menüleiste können Sie direkt über das Objekt `Command-Bars(1)` ansprechen. Über die Eigenschaft `Controls` bekommen Sie alle Steuerelemente der angegebenen Menüleiste.

Mit Hilfe der Methode `Add` fügen Sie ein neues Menü ein. Die Methode `Add` hat die Syntax:

```
Add(Type, Id, Before, Temporary)
```

Beim Argument `Type` geben Sie an, um welche Art Steuerelement es sich dabei handeln soll. Zur Auswahl stehen die Konstanten der nachfolgenden Tabelle.

Konstante	**Beschreibung**
`msoControlButton`	Fügt ein Schaltflächenelement ein.
`msoControlEdit`	Fügt ein Eingabefeld ein.
`msoControlDropdown`	Fügt ein Dropdown-Feld ein.
`msoControlComboBox`	Fügt ebenso ein Dropdown-Feld ein.
`msoControlPopup`	Fügt ein Dropdown-Menü ein.

Tabelle 10.2: Die möglichen Steuerelemente für Leisten

Beim Argument `ID` können Sie sich entscheiden, ob Sie zusätzlich zum Menütext auch noch ein Symbol anzeigen möchten. Mit dem Argument `Before` legen Sie die genaue Position des Menüs fest. Übergeben Sie dem Argument die vorher ermittelte Position des Hilfe-Menüs. Setzen Sie das letzte Argument `Temporary` auf den Wert `True`, wenn das neue Steuerelement temporär sein soll. Temporäre Steuerelemente werden automatisch gelöscht, wenn Excel beendet wird.

Menü löschen

Möchten Sie gezielt das neu eingefügte Menü löschen, dann wenden Sie die Methode Delete an. Im folgenden Makro aus Listing 10.5 wird das soeben erstellte Menü wieder gelöscht.

```
Sub MenüLöschen()
On Error Resume Next
    With Application.CommandBars(1)
        .Controls("&Zusatzmenü").Delete
    End With
End Sub
```

Listing 10.5: Menü löschen

Menübefehle im neuen Menü einfügen

Das vorher neu eingefügte Menü enthält noch keine Menübefehle. Diese fügen Sie jetzt ein. Erweitern Sie dazu das Makro aus Listing 10.5 wie folgt:

```
Sub NeuesMenüEinfügen()
Dim i As Integer
Dim i_Hilfe As Integer
Dim MenüNeu As CommandBarControl
Dim MB As CommandBarControl

 i = Application.CommandBars(1).Controls.Count
 i_Hilfe = Application.CommandBars(1).Controls(i).Index
 Set MenüNeu = Application.CommandBars(1). _
  Controls.Add(Type:=msoControlPopup, _
  before:=i_Hilfe, Temporary:=True)
 MenüNeu.Caption = "&Zusatzmenü"

 Set MB = MenüNeu.Controls.Add _
        (Type:=msoControlButton)
 With MB
        .Caption = _
  "Ak&tive Tabelle als E-Mail versenden"
        .Style = msoButtonIconAndCaption
        .OnAction = "EmailAktivesTabellenblatt"
        .FaceId = 3738
        .BeginGroup = True
   End With
End Sub
```

Listing 10.6: Menübefehl einfügen

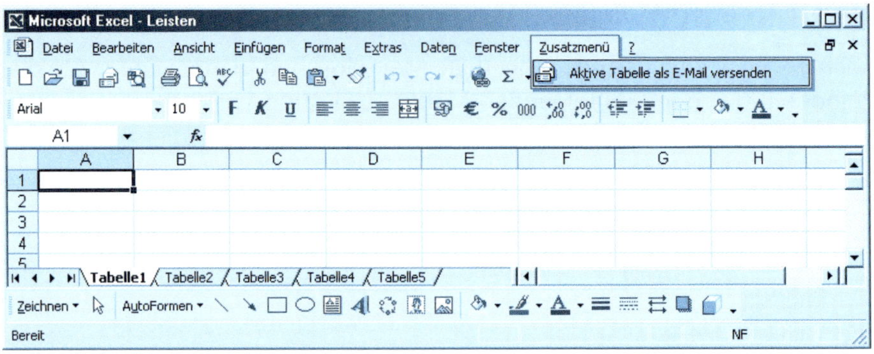

Menübefehle einfügen

Für die Menübefehle im Menü ZUSATZMENÜ benötigen Sie eine weitere Objektvariable vom Typ `CommandBarControl`. Wenden Sie die Methode `Add` auf das neu eingefügte Menü an, um nun den Menübefehl hinzuzufügen. Mit der Anweisung `With` legen Sie übersichtlich weitere Eigenschaften des neuen Menübefehls fest.

Mit der Eigenschaft `Caption` legen Sie die Beschriftung des Menübefehls fest. Verwenden Sie das kaufmännische Zeichen &, um den Shortcut für diesen Befehl festzulegen. Ist das Menü einmal aktiviert, können Sie durch die Eingabe des unterstrichenen Buchstabens des Menübefehls die dahinter liegende Funktion bzw. das Makro starten.

Über die Eigenschaft `FaceId` können Sie dem Menübefehl auch noch ein Symbol hinzufügen. Allerdings muss dabei dann die Eigenschaft `Styles` mit der Konstante `msoButtonIconAndCaption` angegeben werden.

Wenn Sie mehrere neue Menübefehle zusammenfassen möchten, dann fassen Sie sie optisch zusammen, indem Sie eine Trennlinie zwischen einzelnen Menübefehlen ziehen. Diesen Effekt erreichen Sie über die Eigenschaft `BeginGroup`. Setzen Sie diese Eigenschaft auf den Wert `True`, wenn sich der angegebene Menübefehl am Anfang einer Gruppe von Menübefehlen im Menü befindet.

Mit der Eigenschaft `OnAction` geben Sie an, welches Makro hinter dem Menübefehl liegt. Dabei gibt diese Eigenschaft den Namen des Visual Basic-Makros zurück, das ausgeführt wird, wenn der Anwender den entsprechenden Menübefehl auswählt.

Bevor Sie den neuen Menübefehl verwenden können, müssen Sie noch das Makro eingeben, welches ausgeführt werden soll, wenn dieser Menübefehl ausgewählt wird. Erfassen Sie zu diesem Zweck das Makro aus Listing 10.7.

```
Sub EmailAktivesTabellenblatt()
Dim s As String
Dim s2 As String

 ActiveWorkbook.Worksheets(ActiveSheet.Name).Copy
 s = InputBox _
 ("Bitte geben Sie den Adressaten ein!", "Adressat")
 If s = "" Then MsgBox "Sie haben abgebrochen!": _
   Exit Sub
 s2 = InputBox _
 ("Bitte geben Sie den Titel der E-Mail ein!", "Titel")
 If s2 = "" Then MsgBox "Sie haben abgebrochen!": _
  Exit Sub
 Application.Dialogs(xlDialogSendMail).Show s, s2
 ActiveWorkbook.Close savechanges:=False
End Sub
```

Listing 10.7: Aktive Tabelle als E-Mail versenden

Fragen Sie über zwei Eingabemasken den Adressaten bzw. den Titel der E-Mail ab. Danach rufen Sie den integrierten Dialog für den E-Mail-Versand auf und übergeben die beiden Informationen.

Erstellung der Menüleiste automatisieren

Die Erstellung der Menüleiste können Sie automatisieren, indem Sie die Menüleiste automatisch beim Öffnen der Arbeitsmappe erstellen. Dazu setzen Sie das Ereignis `Worbook_Open` ein und rufen das Makro `NeuesMenüEinfügen` auf. Sobald die Arbeitsmappe geschlossen wird, können Sie die Menüleiste wieder entfernen. Dazu setzen Sie das Ereignis `Workbook_BeforeClose` ein und rufen innerhalb der Ereignisprozedur das Makro `MenüLöschen` auf.

Stellen Sie die beiden Ereignisse ein, indem Sie wie folgt vorgehen:

1 Wechseln Sie in die Entwicklungsumgebung von Excel, indem Sie die Tastenkombination `Alt` + `F11` drücken.

2 Führen Sie einen Doppelklick auf den Eintrag DIESEARBEITSMAPPE durch.

3 Erfassen Sie die folgenden beiden Ereignisprozeduren.

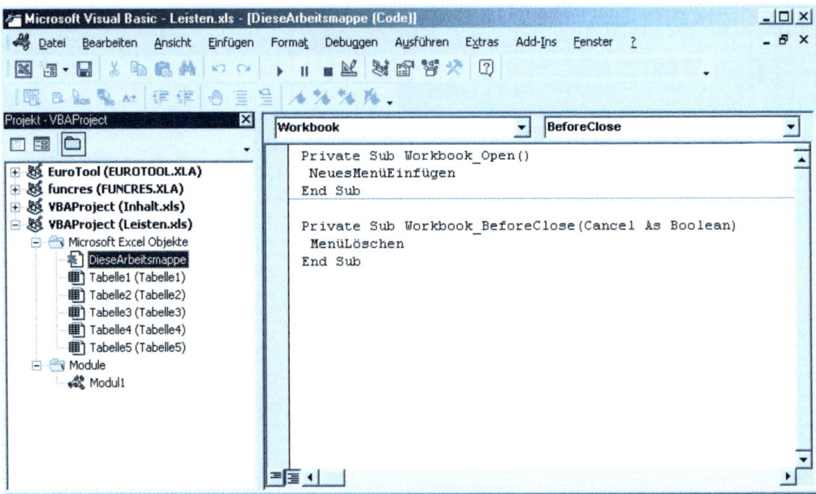

Dynamische Menüerstellung

4 Speichern Sie Ihre Arbeitsmappe.

5 Schließen Sie Ihre Arbeitsmappe und öffnen Sie diese erneut.

Nachdem Sie Ihre Arbeitsmappe wieder geöffnet haben, bindet Excel automatisch das neue Menü ZUSATZMENÜ ein. Beim Schließen der Arbeitsmappe wird dieses Menü wieder aus der Arbeitsplatz-Menüleiste entfernt.

Die Programmierung von Kontextmenüs

Kontextmenüs finden Sie in Excel überall. Wenn Sie dabei mit der rechten Maustaste auf ein Objekt klicken, wird Ihnen in den meisten Fällen ein Kontextmenü angeboten. Dieses Kontextmenü enthält dann die wichtigsten Befehle zu dem angeklickten Objekt.

Das am meisten eingesetzte Kontextmenü ist das Zellenkontextmenü, welches über das Objekt `CommandBars("Cell")` angesprochen werden kann.

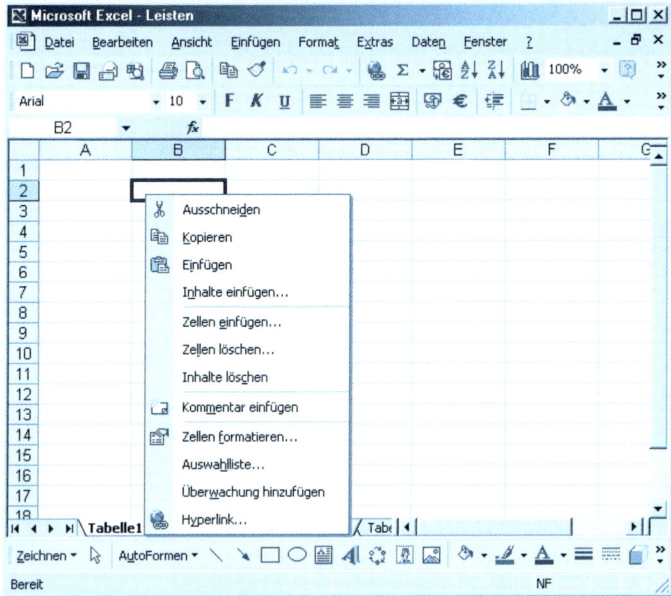

Kontextmenü anzeigen

Entnehmen Sie der nachfolgenden Tabelle weitere Kontextmenüs und deren Identifikation.

Kontextmenü	**Beschreibung**
`CommandBars ("Cell")`	Das Zellenkontextmenü
`CommandBars ("System")`	Das System-Kontextmenü (am oberen linken Fensterrand)
`CommandBars ("Toolbar List")`	Das Kontextmenü für die Menü- und Symbolleisten
`CommandBars ("Ply")`	Das Kontextmenü für die Registerkarten
`CommandBars ("Column")`	Kontextmenü für Spaltenköpfe
`CommandBars ("Row")`	Kontextmenü für Zeilenköpfe

Tabelle 10.3: Die verschiedenen Kontextmenüs

Kontextmenüs deaktivieren

Wenn Sie möchten, können Sie beispielsweise Kontextmenüs deaktivieren, wenn Sie eine Arbeitsmappe in Excel öffnen. Dann bauen Sie diese Funktionalität direkt in das Arbeitsmappen-Ereignis `Workbook_Open` ein. Setzen Sie die Eigenschaft `Enabled` auf den Wert `False`, um die einzelnen Kontextmenüs zu deaktivieren.

Befolgen Sie dazu die nächsten Arbeitsanweisungen.

1 Wechseln Sie über die Tastenkombination `Alt` + `F11` in die Entwicklungsumgebung von Excel.

2 Führen Sie im Projekt Explorer einen Doppelklick auf den Eintrag DIESEARBEITSMAPPE durch.

3 Erfassen Sie folgenden Code aus Listing 10.8:

```
Private Sub Workbook_Open()
 Application.CommandBars("Cell").Enabled = False
 Application.CommandBars("System").Enabled = False
 Application.CommandBars("Toolbar list").Enabled = False
 Application.CommandBars("Ply").Enabled = False
 Application.CommandBars("Column").Enabled = False
 Application.CommandBars("Row").Enabled = False
End Sub
```

Listing 10.8: Kontextmenüs deaktivieren

4 Setzen Sie den Mauszeiger auf die erste Zeile des Ereignisses `Workbook_Open` und drücken die Taste `F5`, um das Makro auszuführen.

5 Wechseln Sie zurück auf Ihre Tabelle und klicken eine beliebige Zelle mit der rechten Maustaste an. Jetzt muss das Herunterklappen des Zellenkontextmenüs unterbleiben.

Vor dem Schließen der Datei sollen die Kontextmenüs wieder verfügbar gemacht werden. Dazu setzen Sie das Arbeitsmappen-Ereignis `Workbook_BeforeClose` ein. Erfassen Sie zu diesem Zweck das Makro aus Listing 10.9.

```
Private Sub Workbook_BeforeClose(Cancel As Boolean)
Application.CommandBars("Cell").Enabled = True
Application.CommandBars("System").Enabled = True
Application.CommandBars("Toolbar list").Enabled = True
Application.CommandBars("Ply").Enabled = True
```

```
Application.CommandBars("Column").Enabled = True
Application.CommandBars("Row").Enabled = True
End Sub
```

Listing 10.9: Kontextmenüs aktivieren

Das Zellenkontextmenü erweitern

Wenn Sie sich das Zellenkontextmenü einmal ansehen, dann sehen Sie, dass die wichtigsten Befehle für die Zelle schon darin enthalten sind. Trotzdem können Sie weitere Befehle in das Kontextmenü einfügen.

Im nächsten Beispiel werden Sie dem Zellenkontextmenü eine neue Funktion hinzufügen. Bei dieser Funktion wird in einer Zelle bzw. im markierten Zellbereich automatisch ein Zellenumbruch gesetzt. Sie sparen sich dadurch den längeren Weg über das Menü FORMAT und den Befehl ZELLEN über die Registerkarte AUSRICHTUNG, um den Zellenumbruch dann in einem Kontrollkästchen festzulegen.

Erfassen Sie zu diesem Zweck das Makro aus Listing 10.10.

```
Sub ZellenkontextmenüErgänzen()
Dim MB As CommandBarControl

 Set MB = Application.CommandBars("Cell").Controls.Add
 With MB
     .Caption = "Zellenumbruch setzen"
     .OnAction = "ZellenumbruchSetzen"
 End With
End Sub
```

Listing 10.10: Das Zellenkontextmenü erweitern

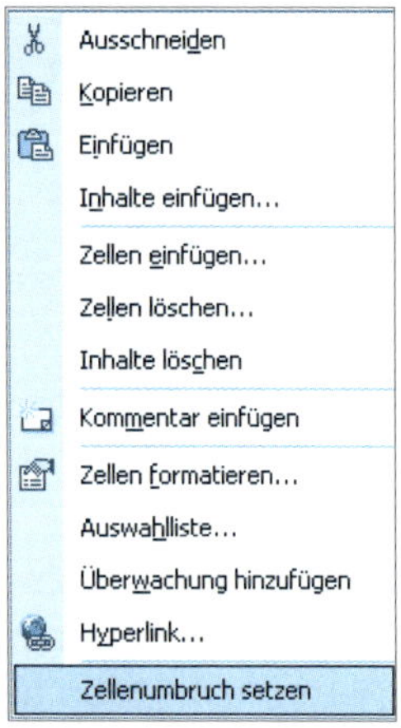

Kontextmenü erweitern

Fügen Sie über die Methode `Add` dem Kontextmenü weitere Menübefehle hinzu. Mit der Eigenschaft `Caption` geben Sie dem neuen Menübefehl eine Beschriftung. Durch die Eigenschaft `OnAction` hinterlegen Sie, welches Makro bei der Auswahl des Menübefehls gestartet werden soll. Ziehen Sie einen horizontalen Trennstreifen im Kontextmenü, indem Sie die Eigenschaft `BeginGroup` auf den Wert `True` setzen.

Was jetzt noch fehlt, ist das Makro, welches ausgeführt werden soll, wenn der Befehl ZELLENUMBRUCH SETZEN aus dem Zellenkontextmenü gewählt wird. Erfassen Sie jetzt dieses Makro.

```
Sub ZellenumbruchSetzen()
Dim Zelle As Range

 For Each Zelle In Selection
   Zelle.WrapText = True
 Next Zelle
End Sub
```

Listing 10.11: Zellenumbruch setzen

Setzen Sie die Eigenschaft `WrapText` auf den Wert `True`, um alle Zellen innerhalb der Markierung mit einem Zellenumbruch zu belegen. Zelleneinträge, die dann länger sind als die Spalte, werden damit automatisch umbrochen.

Kontextmenübefehle löschen

Mit Hilfe der Methode `Delete` können Sie einzelne Menübefehle aus dem Kontextmenü wieder löschen. Entfernen Sie nun den Kontextmenübefehl ZELLENUMBRUCH SETZEN, den Sie vorher dem Kontextmenü hinzugefügt haben. Starten Sie zu diesem Zweck das Makro aus Listing 10.12.

```
Sub ZellenkontextmenüBefehleLöschen()
Dim Menü As CommandBar

Set Menü = Application.CommandBars("Cell")
 On Error Resume Next
 With Menü
  .Controls("Zellenumbruch setzen").Delete
 End With
End Sub
```

Listing 10.12: Kontextmenübefehl löschen

Die Programmierung von Symbolleisten

Auch bei der Programmierung von Symbolleisten wird auf das Objekt `CommandBars` zurückgegriffen. In Excel spielt es daher keine Rolle mehr, ob es sich um Menü- oder Symbolleisten handelt. Alle Leisten werden gleich behandelt.

Neue Symbolleiste anlegen

Erstellen Sie im ersten Schritt eine neue, noch leere Symbolleiste. Gehen Sie dazu wie folgt vor:

1 Drücken Sie die Tastenkombination `Alt` + `F11`, um in die Entwicklungsumgebung zu gelangen.

2 Fügen Sie ein neues Modul ein, indem Sie aus dem Menü EINFÜGEN den Befehl MODUL auswählen.

3 Erfassen Sie das Makro aus Listing 10.13.

```
Sub NeueSymbolleiste()
Dim SB As CommandBar

 On Error Resume Next
 Set SB = CommandBars.Add("Neue Symbolleiste")
```

```
With SB
   .Visible = True
   .Top = 400
   .Left = 70
 End With
End Sub
```

Listing 10.13: Neue Symbolleiste einfügen

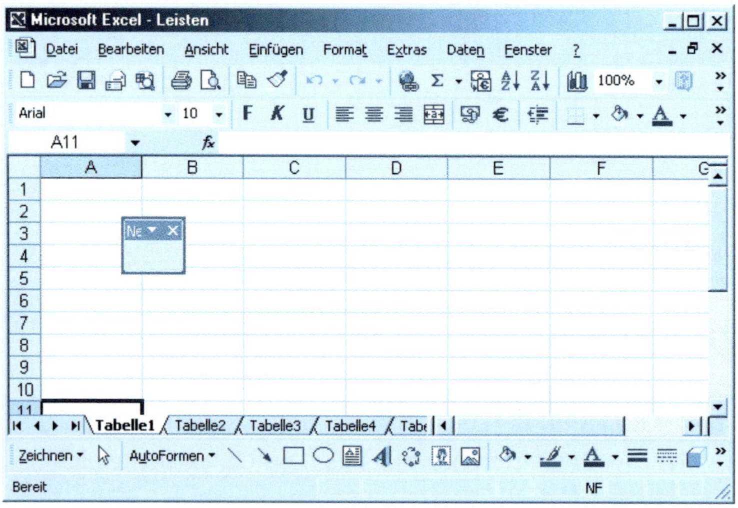

Symbolleiste anlegen (noch leer)

Mit Hilfe der Methode `Add` fügen Sie eine neue Symbolleiste ein. Dabei bestimmen Sie über die Eigenschaft `Visible`, dass die Symbolleiste auf dem Bildschirm angezeigt wird. Mit den Eigenschaften `Top` und `Left` legen Sie die exakte Anzeigeposition (linke obere Ecke) fest.

Symbole identifizieren

Jedes einzelne Symbol in Excel hat eine eindeutige Kennzeichnung. Die `FaceId`-Eigenschaft bestimmt das Aussehen, jedoch nicht die Funktion einer Befehlsleisten-Schaltfläche.

Im nächsten Makro aus Listing 10.14 werden die ersten 100 `FaceIds` in Excel in eine neue Symbolleiste eingefügt.

```
Sub IconsEinfügen()
Dim symb As CommandBar
Dim Icon As CommandBarControl
```

```
Dim i As Integer

On Error Resume Next
Set symb = Application.CommandBars.Add("Symbole", _
 msoBarFloating)
For i = 1 To 100
 Set Icon = symb.Controls.Add(msoControlButton)
 Icon.FaceId = i
 Icon.TooltipText = i
Next i
symb.Visible = True
End Sub
```

Listing 10.14: Neue Symbole einfügen und identifizieren

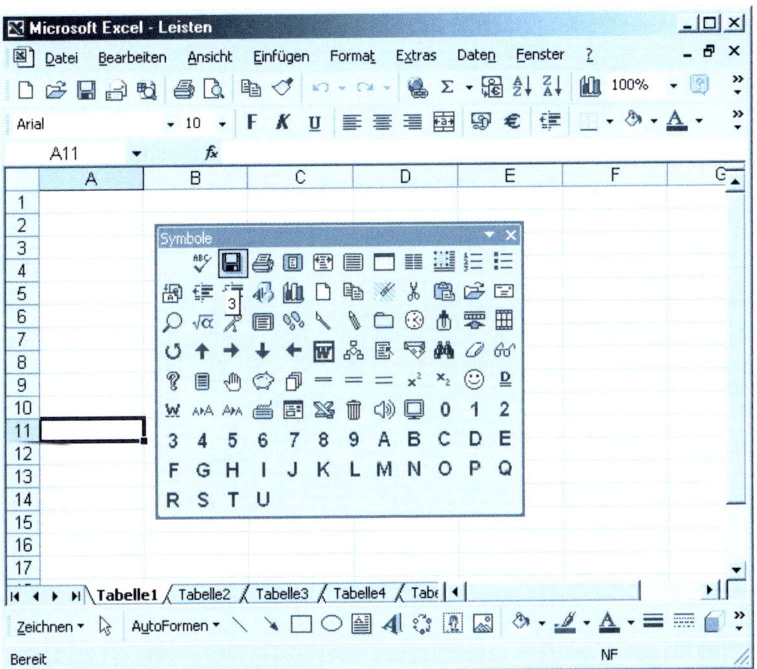

Symbole auslesen

Wenn Sie mit der Maus über ein Symbol streichen, wird die `FaceId` des Symbols angezeigt.

Möchten Sie nicht das Aussehen, sondern die Funktion eines Symbols nützen, dann müssen Sie wissen, welche ID zu welchem Symbol gehört. Im folgenden Makro aus Listing 10.15 wird die Symbolleiste STANDARD untersucht. Jedes Symbol wird dabei angesteuert und dessen Bezeichnung sowie dessen ID in eine neue Tabelle geschrieben.

```
Sub IDsErmitteln()
Dim symb As CommandBar
Dim Icon As CommandBarControl

Sheets.Add
Range("A1").Select
On Error Resume Next
Set symb = Application.CommandBars("Standard")
For Each Icon In symb.Controls
 ActiveCell.Value = Icon.TooltipText
 ActiveCell.Offset(0, 1).Value = Icon.ID
 ActiveCell.Offset(1, 0).Select
Next Icon
End Sub
```

Listing 10.15: Symbol-IDs auslesen

Mit Hilfe der Eigenschaft `ToolTipText` können Sie den Text ermitteln, der in der QuickInfo des angegebenen Befehlsleisten-Steuerelements angezeigt wird. Über die Eigenschaft `ID` können Sie die integrierte Aktion für dieses Steuerelement abfragen.

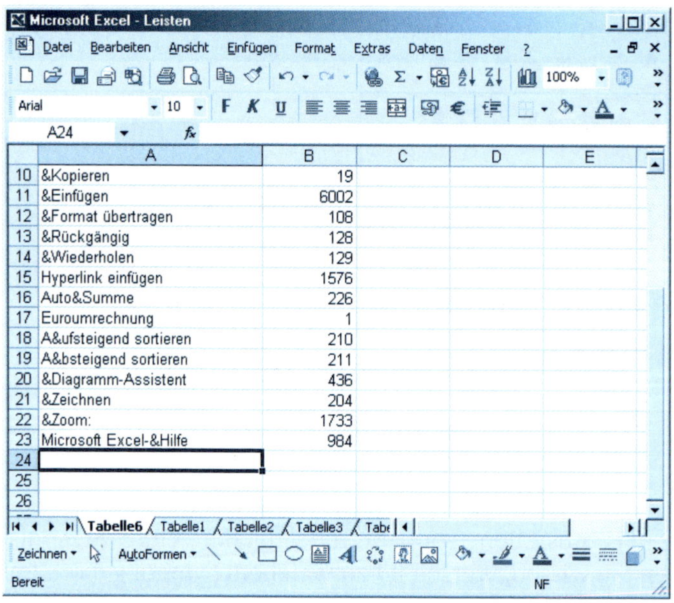

Symbol-IDs ermitteln

Symbolleiste löschen

Möchten Sie die neu eingefügte Symbolleiste wieder löschen, wenden Sie die Methode `Delete` an.

Im nächsten Beispiel löschen Sie die Symbolleiste SYMBOLE und setzen für diese Aufgabe das Makro aus Listing 10.16 ein.

```
Sub SymbolleisteLöschen()
Dim SB As CommandBar

 Set SB = CommandBars("Symbole")
 On Error Resume Next
 SB.Delete
End Sub
```

Listing 10.16: Symbolleiste löschen

> **Tipp**
>
> *Denken Sie daran, die Anweisung* `On Error Resume Next` *vor den Löschbefehl zu integrieren. Damit sorgen Sie dafür, dass das Makro nicht abstürzt, wenn versucht wird, die bereits gelöschte Symbolleiste erneut zu löschen.*

Die kleine Erfolgskontrolle

Beantworten Sie bitte zum Abschluss des Buches noch die letzten Verständnisfragen:

1. Wie können Sie die Arbeitsplatzmenüleiste ausblenden?
2. Welche Bedeutung hat die Eigenschaft `Caption` bei Menübefehlen?
3. Wie können Sie einen horizontalen Trennstrich in einem Kontextmenü erzeugen?
4. Wie können Sie eine QuickInfo zu einem Symbol in der Symbolleiste anzeigen?

Anhang – Antworten

Antworten zu Kapitel 1

1. Wählen Sie aus dem Menü EXTRAS den Befehl MAKRO/AUFZEICHNEN. Belassen Sie den voreingestellten Namen des Makros. Belassen Sie den Eintrag DIESE ARBEITSMAPPE, wenn Sie das Makro in der momentan geöffneten Arbeitsmappe ablegen möchten. Wenn Sie hingegen ein Makro aufzeichnen, welches immer für jede Arbeitsmappe verfügbar sein soll, dann wählen Sie aus dem Dropdown den Eintrag PERSÖNLICHE MAKROARBEITSMAPPE, ansonsten behalten Sie den standardmäßig eingestellten Eintrag DIESE ARBEITSMAPPE bei. In diesem Fall können Sie die Makros nur nutzen, wenn Sie die entsprechende Arbeitsmappe auch geöffnet haben. Starten Sie die Aufzeichnung mit einem Klick auf OK. Führen Sie nun ein paar beliebige Aktionen in Ihrer Tabelle durch. Klicken Sie auf das Symbol AUFZEICHNUNG BEENDEN.
2. Die VBA-Funktion `Date` liefert Ihnen das aktuelle Tagesdatum.
3. Mithilfe der Anweisung `Debug.Print Activecell.Address` können Sie die Zellenadresse der aktiven Zelle im Direktfenster von Excel ausgeben.
4. Drücken Sie innerhalb der Entwicklungsumgebung die Taste [F2], um den Objektkatalog aufzurufen.

Antworten zu Kapitel 2

1. Der `ColorIndex` für die Farbe Rot lautet: 3
2. Die Eigenschaft für die Festlegung des Schriftschnitts lautet: `Italic`
3. Die Anweisung zum Markieren der letzten verwendeten Zelle einer Tabelle lautet: `ActiveSheet.Cells.SpecialCells (xlCellTypeLastCell).Activate`
4. Mithilfe der Methode `ClearFormats` können Sie die Formatierung einer Zelle entfernen. Die dazugehörige Anweisung lautet: `ActiveCell.ClearFormats`.

Antworten zu Kapitel 3

1. Über die Anweisung `Cells.Select` markieren Sie alle Zellen einer Tabelle.
2. Mithilfe der Anweisung `ActiveSheet.Usedrange.Select` markieren Sie alle verwendeten Zellen einer Tabelle.
3. Die Anweisung, um die letzte gefüllte Zelle in Spalte B zu markieren lautet: `Range("B65536").End(xlUp).Select`.
4. Um den AutoFilter für die aktive Tabelle anzuzeigen, verwenden Sie die Anweisung `ActiveSheet.AutoFilterMode = True`.

Antworten zu Kapitel 4

1. Setzen Sie die Anweisung `Worksheets.Add` ein, um eine neue noch leere Tabelle in Ihre Arbeitsmappe einzufügen.
2. Setzen Sie vor den eigentlichen Lösch-Befehl die Anweisung `Application.DisplayAlerts = False` ein. Damit werden Standardmeldungen und Rückfragen von Excel unterdrückt. Vergessen Sie aber nicht, nach dem Löschen der Tabelle diese Eigenschaft wieder auf den Wert `True` zu setzen.
3. Sie brauchen sich übrigens keine Sorgen zu machen, wenn Sie eine Arbeitsmappe mit integrierten Grafiken verschicken. Sie müssen keineswegs auch die Grafiken mitversenden. Ist die Grafik einmal in der Kopf- oder Fußzeile integriert, bleibt sie auch darin.
4. Möchten Sie eine Tabelle mit zwei Kopien ausdrucken, dann setzen Sie die Anweisung `Sheets("Tabelle1").PrintOut Copies:=3` ein.

Antworten zu Kapitel 5

1. Mit Hilfe der Eigenschaft `SheetsInNewWorkbook` legen Sie fest, wie viele Tabellen in einer neuen Arbeitsmappe eingefügt werden sollen. Um beispielsweise eine Arbeitsmappe mit zehn Tabellen anzulegen, geben Sie folgende Anweisungen an:

   ```
   Application.SheetsInNewWorkbook = 5
   Workbooks.Add
   ```

2. Um den integrierten Speichern unter-Dialog in Excel aufzurufen, setzen Sie die Anweisung `Application.Dialogs(xlDialogSaveAs).Show` ein.

3. Die Anweisung, um eine Arbeitsmappe von Ihrer Festplatte zu entfernen, lautet: Kill `"NameDerDatei.xls"`.

4. Möchten Sie eine Arbeitsmappe ohne Änderungen schließen, dann setzen Sie die Anweisung `ActiveWorkbook.Close SaveChanges:=False` ein.

Antworten zu Kapitel 6

1. Mithilfe der Anweisung `Charts.Add` fügen Sie ein leeres Diagrammobjekt in Ihre Arbeitsmappe ein.

2. Über die Methode `SetSourceData` geben Sie an, woher Excel die Daten für das Diagramm bekommt. Diese Methode benötigt zwei Argumente. Dem ersten Argument `Source` übergeben Sie die Variable Bereich. Mit dem zweiten Argument `PlotBy` legen Sie fest, wie die Daten angezeigt werden sollen. Wählen Sie entweder die Konstante `xlColumns` oder `xlRows`.

3. Die Eigenschaft `HasTitle` müssen Sie auf den Wert `False` setzen, damit eine Überschrift im Diagramm nicht angezeigt wird.

4. Mithilfe der Anweisung `ActiveWorkbook.Charts.Delete` entfernen Sie alle Diagramme in Ihrer Arbeitsmappe.

Antworten zu Kapitel 7

1. Drücken Sie die Tastenkombination `Alt` + `F11`, um in die Entwicklungsumgebung zu gelangen. Im Projekt-Explorer klicken Sie den Eintrag DIESE ARBEITSMAPPE doppelt an. Klicken Sie im Codefenster auf den Pfeil des linken Kombinationsfeldes und wählen Sie den Eintrag WORKBOOK aus. Excel stellt Ihnen nun standardmäßig ein schon vorgefertigtes Ereignismakro zur Verfügung. Mit einem Klick auf das zweite Kombinationsfeld bekommen Sie alle verfügbaren Ereignisse angezeigt, welche für die Arbeitsmappe einsetzbar sind.

2. Indem Sie das Ereignis `Workbook_BeforeClose` einsetzen, haben Sie die Möglichkeit, die Arbeitsmappe vorher ohne weitere Rückfrage zu speichern.

```
Private Sub Workbook_BeforeClose(Cancel As Boolean)
 Application.DisplayAlerts = False
 ActiveWorkbook.Save
 ActiveWorkbook.Close
End Sub
```

3. Mit den Ereignissen Worksheet_BeforeRightClick und Worksheet_BeforeDoubleClick können Sie entscheiden, was passieren soll, sofern die rechte Maustaste einmal geklickt bzw. die linke Maustaste doppelt angeklickt wird.
4. Das Ereignis, welches automatisch ausgeführt wird, wenn Sie einen Hyperlink in einer Tabelle klicken, heißt: Worksheet_FollowHyperlink.

Antworten zu Kapitel 8

1. Benutzerdefinierte Funktionen stellen Zusatzfunktionen in Excel dar, die Sie selbst erstellt haben und die auf einem Tabellenblatt als Zellenfunktion genützt werden können. Normalerweise rufen Sie in einer Tabelle eine Funktion auf, indem Sie den Funktionsassistenten nutzen oder die Funktion direkt in eine Zelle schreiben. Alle benutzerdefinierten Funktionen stehen unter der Rubrik BENUTZERDEFINIERT.
2. Die Eigenschaft UserName gibt den Namen des aktuellen Benutzers zurück.
3. Benutzerdefinierte Funktionen liefern einmalig ein Ergebnis zurück. Wenn Sie danach Werte in einer Tabelle ändern, werden die benutzerdefinierten Zellen standardmäßig nicht angepasst. Wenn Sie Ihre benutzerdefinierten Funktionen daher ein wenig feinfühliger machen möchten, ergänzen Sie in der ersten Zeile der Funktion die Anweisung Application.Volatile. Damit wird die Funktion als flüchtig gekennzeichnet. Solche Funktionen werden immer neu berechnet, wenn in einer beliebigen Zelle des Tabellenblattes eine Berechnung durchgeführt wird. Allerdings haben Formatänderungen keine Auswirkung auf die Funktion.
4. Neben Funktionen, die Sie speziell für das Tabellenblatt schreiben, können Sie auch Funktionen programmieren, die Sie innerhalb der Entwicklungsumgebung im Zusammenspiel mit Makros einsetzen. Diese Funktionen sind dann ratsam, wenn sie in mehreren Makros gebraucht werden. Anstatt denselben Programmcode mehrfach zu erfassen, schrei-

ben Sie einmal eine Funktion dazu und rufen diese aus den Makros einfach auf.

Antworten zu Kapitel 9

1. Um ein mehrzeiliges Meldungsfenster auf dem Bildschirm anzuzeigen verknüpfen Sie die einzelnen Textbausteine bzw. Funktionen über den Verkettungsoperator `&`. Den eigentlichen Zeilenvorschub übernimmt die Funktion `Chr(13)`.

   ```
   MsgBox _
   "Hallo Anwender " & Application.UserName & Chr(13) & _
    "Heute ist der " & Date & Chr(13) & "Genau " & _
      Time & " Uhr!", vbInformation, "Information"
   ```

2. Um über eine Inputbox einen Zellenbereich zu markieren, müssen Sie der Anweisung InputBox mit dem Typ 8 aufrufen. Dies sieht dann wie folgt aus:

   ```
   Application.InputBox(prompt:="Bereich markieren", _
     Type:=8)
   ```

3. Wenn Sie die Reihenfolge ändern möchten, mit der Sie über die Taste (Tab) von Element zu Element in der UserForm springen, können Sie dies ohne weiteres einstellen. Wählen Sie dazu den Menübefehl ANSICHT/AKTIVIERREIHENFOLGE. Ist dieser Menübefehl bei Ihnen deaktiviert, dann markieren Sie vorher eines der Textfelder oder Schaltflächen auf der UserForm. Die Reihenfolge ändern Sie, indem Sie das entsprechende Element im Listenfeld AKTIVIERREIHENFOLGE markieren und auf die Schaltfläche NACH OBEN bzw. NACH UNTEN klicken. Bestätigen Sie Ihre Anpassung mit OK.

4. Mithilfe der Anweisung `UserForm1.Show` zeigen Sie eine UserForm auf dem Bildschirm an.

Antworten zu Kapitel 10

1. Um die Arbeitsplatzmenüleiste von Excel auszublenden, verwenden Sie folgende Anweisung: `Application.CommandBars(1).Enabled = False`.

2. Mit der Eigenschaft `Caption` legen Sie die Beschriftung des Menübefehls fest. Verwenden Sie das kaufmännische Zeichen `&`, um den Shortcut für diesen Befehl festzulegen.
3. Ziehen Sie einen horizontalen Trennstreifen im Kontextmenü, indem Sie die Eigenschaft `BeginGroup` auf den Wert `True` setzen.
4. Mit Hilfe der Eigenschaft `ToolTipText` können Sie den Text ermitteln, der in der QuickInfo des angegebenen Befehlsleisten-Steuerelements angezeigt wird.

Liebe Leserin, lieber Leser!

herzlichen Glückwunsch – Sie haben es geschafft! Die Programmiersprache VBA ist Ihnen nun vertraut. Ist es Ihnen nicht viel leichter gefallen, als Sie am Anfang dachten?

Genau das ist das Ziel unserer Bücher aus der easy-Reihe. Sie sollen helfen, erfolgreich die ersten Schritte zu gehen, und Sie auf keinen Fall mit unverständlichem Fachchinesisch überhäufen.

Als Lektor hoffe ich, dass Sie durch das Buch die richtige Unterstützung bekommen haben. Denn um Ihre Zufriedenheit bemühen sich alle Beteiligten: die Autoren, das Lektorat, die Herstellung, die Druckerei.

Aber niemand ist perfekt. Wenn Sie Fragen haben: Fragen Sie. Wenn Sie Anregungen zum Konzept haben: Schreiben Sie uns. Und wenn Sie uns kritisieren wollen: Kritisieren Sie uns.

Ich verspreche Ihnen, dass Sie Antwort erhalten.

Denn nur durch Sie werden wir noch besser.

Ich freue mich auf Ihr Schreiben!

Rainer Fuchs
Lektor Markt + Technik
Pearson Education Deutschland GmbH
Martin-Kollar-Str. 10 -12
81829 München
E-Mail: rfuchs@pearson.de
Internet: http://www.mut.de

Stichwortverzeichnis